KB145285

OPA 시작하기

OPA 시작하기

클라우드 네이티브 애플리케이션과
마이크로서비스를 위한 정책, 권한 엔진

이상근 지음

에이콘

 에이콘출판의 기틀을 마련하신 故 정완재 선생님 (1935-2004)

지은이 소개

이상근(sangkenlee@gmail.com)

숭실대학교에서 컴퓨터학을 전공하고, 동대학원에서 공학박사 학위를 받았다. 세부 전공
은 분산처리이며, 주로 분산 컴퓨팅 아키텍처와 워크플로 엔진을 연구했다. 학업을 마치
고 개발자로 10년 이상 다양한 경력을 쌓았으며 엔터프라이즈 잡 스케줄러, 렌더팜 관리
시스템, 클라우드 데이터베이스 프로비저닝 서비스, 빅데이터 관련 시스템, 클라이언트
사이드 로드 밸런싱 등 다양한 개발 경험이 있다. 최근에는 클라우드와 빅데이터 관련 여
러 프로젝트에 참여하며 OPA를 통해 마이크로서비스의 정책 관리를 개선할 수 있는 방
안을 고민하고 있다.

지은이의 말

2020년 3월경, 마이크로서비스의 권한 및 정책 부분을 설계하기 위해 기술 검토를 진행하던 중 처음으로 OPA를 접했다. 그 전에는 OPA를 쿠버네티스 환경에서 일부 검증을 위해 사용할 수 있는 기술이라고 단편적으로 알고 있었다. 그러나 조사할수록 쿠버네티스 환경뿐만 아니라 마이크로서비스 기반 애플리케이션의 권한이나 정책을 구현할 때에도 범용으로 사용할 수 있는 기술임을 확실하게 느낄 수 있었다.

OPA를 적용하면서 OPA를 자세히 다룬 책들이 있는지도 찾아봤지만 책의 한 챕터나 부록으로 몇 페이지 다루는 책은 있어도 필요한 내용을 충분히 다룬 책은 찾을 수 없었다. 그래서 OPA 활용에 필요한 내용들을 충분히 알려 주는 책을 기획했다. 항상 최신 클라우드 기술에 관련된 책들은 국외에서 먼저 출판되는 사례가 많으므로 OPA가 국외에서 출판되기 전에 국내에 소개하겠다는 작은 목표를 세웠다.

처음에는 마이크로서비스 환경에서 애플리케이션의 정책 및 권한 부분에만 집중하려고 했다. 하지만 쿠버네티스 환경에서도 널리 활용되는 기술이므로 관련 내용을 꼭 포함하면 좋겠다는 의견을 주신 분들이 많아 관련 내용을 보강했는데 결과적으로 옳은 의견이었고 의견을 주신 분들께 감사드린다.

OPA를 접하고 가장 놀라웠던 점은 커뮤니티 버전과 상용 버전의 기능이 차별화되는 일반적인 오픈소스들과 달리 OPA의 핵심 코드뿐만 아니라 OPA와 함께 사용할 수 있는 좋은 도구들도 함께 오픈소스로 공개된다는 점이었다. 뿐만 아니라 OPA를 사용하다가 해결이 잘 되지 않는 문제가 있다면 Styra사에서 운영하는 OPA 슬랙 채널에 물어보면 친절한 답변을 얻을 수 있다. 지면을 빌어 OPA와 관련 도구들을 자유롭게 사용할 수 있도록 공개해 준 Styra사에 감사의 말을 전하고 싶다. 마이크로서비스 아키텍처의 관점에서 OPA를 논하자면 OPA는 정책/권한이라는 중요하고 특별한 도메인을 담당하는 기술이라고 할 수 있다. 마이크로서비스 아키텍처를 구성하는 모든 도메인에서 도메인 전용 언어[DSL]를 정의한다면 혼란스럽겠지만 정책이라는 도메인은 전용의 DSL을 가질 자격이 충분할 만큼 중요한 도메인이다. 정책의 별도 분리를 통해 서비스가 비즈니스 요건에 따라 계속 정책의 변경을 요구하더라도 유연하게 대처할 수 있다.

또 보안의 관점에서 보면 흔히 암호화와 통신 프로토콜 등에 우선 집중하게 되지만 많은 보안 사고들은 정책의 설정이 잘못돼 발생한다. 수 년 전 미국 트럼프 대통령의 당선 과정에서 문제가 됐던 케임브리지 애널리티카^{Cambrige Analytica} 사건의 경우도 페이스북의 보안 프로토콜이 해킹당한 문제가 아니라 정보의 접근 권한이 잘못 설정된 문제였다.

클라우드 네이티브의 관점에서 보면 OPA는 일단 OPA 자체가 Go로 개발돼 단일 바이너리로 컴파일되는 쿠버네티스 환경에서 컨테이너로 동작하기에 효율적인 형태로 개발됐다. OPA를 Go 클라이언트 라이브러로 사용할 수도 있고 사이드카로 파드에 컨테이너와 함께 패키징할 수도 있으며 별도의 REST 서버로도 동작시킬 수 있다. 또 정책을 번들로 패키징해 여러 서비스들에 효율적으로 동기화할 수 있는 수단도 제공한다. 클라우드 네이티브 애플리케이션과 마이크로서비스 아키텍처는 2~3년 전 만 해도 복잡하기만 하고 실용적이지 않다는 의심도 많이 받았지만 현재 시점에서는 그런 단계를 지나 안정적으로 정착되고 대세가 되고 있는 것 같다. OPA를 계속 배우다 보면 결국은 Policy as Code 개념을 배우고 있다는 것을 깨닫게 될 것이다. 또 결국 마이크로서비스와 클라우드 네이티브 환경에 적합한 권한 관리는 이런 형태일 수밖에 없다는 느낌도 받을 것이다.

책을 집필하는 과정에서 알 수 없는 버그를 만나 OPA 소스 코드를 살펴보기도 하고 공식 문서의 내용과 다른 부분에 혼란스럽기도 했으며 자바를 위한 간단한 웹어셈블리 SDK도 만들어 봤다. 이런 힘든 과정을 마치고 일단 책을 출판할 수 있었던 이유는 OPA가 유용한 기술인 이유도 있지만 무엇보다 배우고 적용해 보는 과정이 재밌고 흥미로웠기 때문이다.

독자들도 이런 흥미를 느낄 수 있을 때까지 처음의 낯섦과 지루함을 조금만 견딜 수 있다면 많은 것을 얻을 수 있을 것으로 기대한다. 이 책이 그 과정에서 도움이 되기를 바란다.

저자 이상근

목차

들어가며

OPA^{Open Policy Agent}는 클라우드 네이티브 애플리케이션과 마이크로서비스 환경에 최적화된 정책 엔진이다. OPA는 현재 존재하는 기술 중에서 Policy as Code 개념을 가장 잘 구현할 수 있는 수단으로 Policy as Code 개념을 구현하면 정책을 애플리케이션의 다른 부분과 독립적으로 개발 및 유지보수할 수 있고 빠른 요구사항의 변화에도 쉽게 대응할 수 있다. OPA는 이미 4~5년 전에 등장해 많은 프로젝트에 적용되고 있지만 처음 배우기는 생소하며 다소 어렵다.

이 책은 한 권 전체를 OPA에 집중하는 최초의 책으로 독자들이 쉽게 OPA를 접할 수 있기를 기대하고 집필했다. 이 책을 통해 OPA를 라이브러리나 별도 서버로 애플리케이션에 통합하는 방법, OPA의 정책 언어 Rego를 활용해서 정책을 작성하는 방법, 쿠버네티스 환경 및 마이크로서비스 환경에서 OPA를 적용하는 데 사용할 수 있는 다양한 기술과 사례 등을 배울 수 있다.

▌ 이 책에서 다루는 내용

- OPA와 관련 기술들의 이해
- OPA의 정책 언어인 Rego의 문법 및 OPA 규칙의 작성법
- OPA에서 제공하는 내장 함수
- OPA의 정책 번들 생성 및 서명 등 정책을 패키징하고 관리하는 방법
- Go 클라이언트 라이브러리와 REST 서버를 통해 OPA를 통합하는 방법
- OPA를 통해 API 권한 관리 시나리오를 구현하고 점진적으로 개선해 나가는 과정
- 웹어셈블리 SDK를 통해 Go 이외의 다양한 언어(특히 자바)에서 OPA를 내장하는 방법

- 플러그인과 내장 함수를 구현해서 OPA를 확장하는 방법

▊ 이 책의 대상 독자

- 쿠버네티스 기반 클라우드 네이티브 환경과 마이크로서비스 아키텍처와 관련된 업무를 수행하는 개발자, 아키텍트 및 컨설턴트 등 실무자
- 애플리케이션의 정책과 권한을 유지보수가 쉽고, 테스트하기 쉽게 설계하는 방법을 알고 싶은 독자
- Policy as Code 개념이 어떻게 구현되는지 구체적으로 알고 싶은 독자

▊ 정오표

정오표는 에이콘출판사의 도서정보 페이지 http://www.acornpub.co.kr/book/opa-book에서 찾아볼 수 있다

▊ 질문

이 책과 관련해 질문이 있다면 이 책의 지은이나 에이콘출판사 편집 팀(editor@acornpub.co.kr)으로 문의해 주길 바란다.

1장

OPA 소개

1장에서 다루는 내용

- OPA 개요 및 특징
- OPA 사용 사례
- OPA와 관련된 기술 및 개념들
- 기본적인 OPA 사용법

OPA^Open Policy Agent는 클라우드 네이티브 애플리케이션과 마이크로서비스들의 정책 및 권한 관리에 범용적으로 적용할 수 있는 오픈소스 정책 엔진이다. 1장에서는 이 책에서 다루고 있는 OPA가 어떤 기술인지를 설명하고 OPA 사용 사례들을 살펴본다. 또 OPA 관련 기술 및 개념들을 설명하고 OPA를 적용할 때 혼동될 수 있는 부분들을 미리 짚어본다. 마지막으로 OPA를 시작해 볼 수 있도록 기본적인 사용법도 설명한다.

▌ OPA 개요

OPA는 오파^oh-pa로 발음하라고 공식 홈페이지에 안내돼 있지만 국내에서는 오파라고 발음하면 인지할 수 있는 사람이 많지 않을 것 같다. 이 책에서는 계속 OPA로 표기한다.

OPA 공식 홈페이지(www.openpolicyagent.org)에서는 OPA를 전체 스택에 단일 정책^{Unified} Policy을 적용할 수 있는 범용 정책 엔진^{General-Purpose Policy Engine}으로 정의하고 있다. 또 마이크로서비스, 쿠버네티스, CI/CD 파이프라인 및 API 게이트웨이 등에 정책을 적용하는 데 사용할 수 있다고 안내하고 있다. 뿐만 아니라 인가 혹은 권한 부여^{Authorization}도 정책의 한 형태로 볼 수 있으므로 인가에도 OPA를 사용할 수 있다.

OPA는 Styra사에서 개발하고 오픈소스로 공개돼 현재는 리눅스 재단 산하의 CNCF^{Cloud Native Computing Foundation}에서 관리하고 있다. OPA는 CNCF에서 2021년 2월 졸업 프로젝트 단계로 승격돼 안정성과 성숙도를 인정받았다. Styra사는 OPA 자체는 완전한 오픈소스로 유지하고 기술 지원 등의 서비스만 제공하며 커뮤니티 버전과 엔터프라이즈 버전이 따로 존재하지 않는다. 또 OPA를 활용한 여러 오픈소스도 함께 공개하고 있는데 그중 일부는 이 책에서 소개한다.

OPA는 클라우드 네이티브 및 마이크로서비스 환경에 적합하도록 설계된 정책 엔진이다. 기존의 권한 및 정책 시스템이 중앙 집중식 데이터베이스 구조와 사전 정의된 API를 기반으로 한다면 OPA는 JSON으로 자유롭게 입력을 정의할 수 있고 권한 및 정책을 코드로 작성하며 서비스의 빠른 변화에 쉽게 대응할 수 있는 여러 기능들을 제공한다. 또 정책 및 데이터를 여러 서비스들에 배포하는 수단이나 분리된 권한 및 정책 판단 서비스를 쉽게 구성할 수 있는 방법도 제공한다.

OPA의 역할을 개략적으로 살펴보면 그림 1-1과 같다. 서비스에 요청이나 이벤트가 전달되면 해당 요청/이벤트에서 정책 판단에 필요한 값들만 JSON으로 생성해 쿼리로 OPA에 전달한다. OPA는 Rego라는 전용 정책 언어와 JSON으로 저장된 정책 데이터를 참고해서 정책 판단의 결괏값(JSON 형식)을 결과로 전달한다. 예를 들어 현재 사용자 세션의 ID, 권한^{role}, 실행하려는 행위 등을 JSON 형태로 OPA로 넘기면 해당 권한을 가진 사용자에게 허용된 행위인지를 판단해서 참/거짓을 판단하도록 할 수 있다. 또 참, 거짓 이외에 복잡한 데이터도 리턴할 수 있으므로 사용자 맞춤별 설정이나 세부 권한 정보를 리턴할 수 있다.

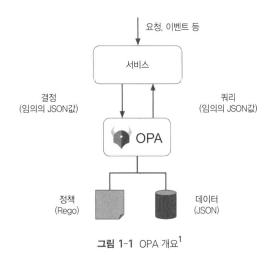

그림 1-1 OPA 개요[1]

▌ OPA의 특징

이 절에서는 OPA의 특징들을 살펴본다. 이 절에서 설명하는 특징들은 저자의 경험을 바탕으로 주관이 포함됐음을 밝혀둔다.

OPA의 장점

장점으로 볼 수 있는 특징들은 다음과 같다.

정책을 코드로 통합

EAM^Enterprise Access Management 등 전문 보안 솔루션을 사용하면 권한 관리 등은 체계적으로 할 수 있시만 정책을 EAM이 제공하는 모델에 맞춰야 하고 모델링할 수 없는 부분은 별도의 코드로 애플리케이션에 포함해야 한다. OPA를 적용하면 애플리케이션 코드와 정책 영역을 완전히 분리한 상태에서 정책을 코드로 작성^Policy as Code하기 때문에 정책에 관련된

---

1 출처: https://www.openpolicyagent.org/docs/latest/

부분을 전부 통합할 수 있다. 예를 들어 특정 서비스에서 특별 이벤트로 유료 서비스 구독자에게 제공하는 일부 서비스를 무료 사용자에게 시범적으로 제공한다고 가정하자. 이런 문제는 사용자가 자원을 사용할 수 있는 권한이나 정책으로 볼 수 있을 것이다. 이벤트 대상과 혜택 그리고 기간이 계속 달라질 것이고 이런 것들을 사전에 전부 예상해서 모델링하기가 어려우며 비즈니스 상황 또한 계속 변화한다. 전문 보안 솔루션에서 이런 것들을 권한으로 모델링한다면 데이터 모델이 점점 복잡해지고 관리가 어렵기 때문에 불가피하게 일부는 애플리케이션 로직으로 처리하는 방법밖에 없을 것이다. 이를 OPA로 구현한다면 각 정책을 모듈화하고 정책 코드로 통합할 수 있으며 정책의 모든 변경을 애플리케이션과 최대한 독립적으로 처리할 수 있다. 정책 판단의 입/출력 자료구조가 변경되지 않는다면 그 외의 애플리케이션 부분은 전혀 수정할 필요가 없다.

형식의 유연성

OPA 입/출력 형식은 JSON이나 YAML로 표현할 수 있는 수준이면 충분하므로 자유도가 높다. 따라서 미리 정의된 API에 입/출력 형식을 맞출 필요 없이 자유롭게 정의할 수 있다. 형식이 너무 유연하면 입력과 출력의 오류를 찾기 어려울 수 있지만 OPA는 테스트 케이스를 통해 입력과 출력의 정확성을 검증할 수 있으므로 이런 문제는 보완할 수 있다.

REPL 및 플레이그라운드 지원

REPL을 지원하므로 간단한 정책을 작성해서 시험해 보기가 쉽고 기존에 작성한 정책과 데이터를 REPL에 로딩해 정책 결정이 어떤 과정을 거치는지 확인해 볼 수도 있다. 또 REPL을 통해 입력을 다양하게 변경해 보고 입력에 따라 결과가 어떻게 변화하는지도 확인할 수 있으며 임시로 정책을 정의하는 규칙을 추가해 볼 수도 있다.

더불어 OPA 도구 설치 없이 OPA를 테스트해 볼 수 있는 플레이그라운드 서비스를 지원하므로 OPA 바이너리가 설치되지 않은 경우에도 단순한 정책은 플레이그라운드에 접속해 손쉽게 테스트할 수 있다.

테스트 및 성능 측정의 용이성

애플리케이션 코드를 실행하지 않고 정책 정의 파일과 데이터만 OPA 엔진에 로딩하면 단위 테스트를 실행할 수 있다. 테스트 코드도 정책 파일과 동일한 문법으로 작성할 수 있으며 단위 테스트뿐만 아니라 코드 커버리지도 손쉽게 계산할 수 있다.

일반적으로 운영 중인 서비스의 정책 및 권한을 긴급히 수정해야 할 경우 정책 판단 코드와 기존 애플리케이션 코드가 밀접하게 연결돼 있다면 새로 수정한 내용이 애플리케이션의 다른 부분에 부작용을 발생시키지 않는지 테스트하는 것은 상당히 어려운 일이다. OPA는 순수하게 정책을 위한 로직과 데이터를 애플리케이션 코드에서 분리해 개발하고 테스트할 수 있도록 해 주기 때문에 이런 부담을 크게 줄여준다.

또 프로파일링 기능을 내장해 정책 수행에 얼마나 시간이 소요되는지를 간편하게 확인할 수 있다. 단순히 단위 테스트 수행 시 옵션만 추가해 주면 테스트 케이스별로 실행 시간을 함께 알려 주기 때문에 정책 처리 성능이 요구사항을 만족시키기에 충분한지 검토할 수 있고 수정한 로직이 충분히 성능 향상이 있는지도 바로 알 수 있다.

정책 번들 지원

정책 파일을 번들로 패키징해 원격으로 서비스하는 기능을 제공한다. 정책이 발전함에 따라 정책 파일이나 데이터 파일의 수가 늘어날 수 있고 이것들을 개별적으로 배포하려면 관리에 어려움이 따른다. OPA는 이런 파일들을 모아서 하나의 번들로 구성할 수 있도록 번들 관리 도구를 제공한다.

OPA 클라이언트에서 주기적으로 정책 번들을 내려받도록 구성하면 정책을 지속적으로 반영할 수 있다. 또 번들을 생성할 때 버전 정보를 함께 포함시킬 수 있기 때문에 정책의 버전이 변경된 경우에만 정책을 업데이트할 수도 있다.

많은 프로젝트에 적용돼 검증됨

2017년경부터 많은 프로젝트에 적용돼 충분히 검증됐다. OPA는 쿠버네티스, 이스티오, 다양한 API/GW, 아마존, 구글 등의 클라우드 서비스 등의 권한 관리에 널리 적용되고 있다.

또 클라우드 환경의 보안 솔루션이나 관리 도구 중 효율적인 정책 관리를 필요로 하는 곳에 다양하게 적용되고 있다. 저자의 개인적인 의견으로는 현재는 클라우드 관리 스택에 널리 적용되고 있지만 애플리케이션 서비스의 권한 관리에 적용해도 손색이 없고 클라우드 네이티브 애플리케이션에 적합한 구조를 가지므로 향후 널리 사용될 것으로 기대된다.

빠른 기능 개발 속도

2021년 1월 현재 버전은 0.25.2다. 버전이 낮아 보일 수도 있지만 이미 4년 이상 개발되고 있는 프로젝트이며 지속적으로 기능이 개선되고 추가되고 있다.

문서화의 범위가 넓음

실제 구현에 필요한 내용들이 광범위하게 문서화돼 있다. 개념, Rego 언어 및 API, 사용 사례 등이 자세하게 설명돼 있으며 풍부한 예제를 제공하고 있다.

OPA의 단점

단점으로 볼 수 있는 특징들은 다음과 같다.

전용 정책 언어 Rego의 생소함

정책을 정의하는 Rego 언어가 일반적인 프로그래밍 언어나 SQL 등과 다른 부분이 있어 생소하고 처음에는 상대적으로 적응이 어렵다. 예를 들어 일반적인 프로그래밍 언어에서 사용하는 if, for문 등이 제공되지 않으며 규칙 내에서 구문이 순차적으로 실행되기보다는 동시에 실행될 수 있다는 점 등 널리 사용하는 일반적인 프로그래밍 언어와는 차이점이 많다.

프로그래밍 언어 지원의 제약

OPA 클라이언트 라이브러리는 Go 언어로만 지원된다. Go 언어가 아닌 경우에는 REST 서버를 통해 접근할 수 있으므로 다른 언어로 개발할 때 OPA를 사용할 수 없는 것은 아니다. 또 다양한 언어에서 OPA 정책을 활용할 수 있도록 웹어셈블리로 OPA 정책을 컴파일하는 기능도 활발히 개발되고 있지만 아직 부족하다. 그리고 REST 서버를 사용하면 별도의 서버를 동작시키고 관리하는 부담이 생긴다. 정책 판단을 하나의 개별적인 서비스로 동작시키는 것은 마이크로서비스 환경에서는 큰 문제가 아니지만 상황에 따라 OPA를 라이브러리로 통합하는 것이 유용할 때도 많다. 현재 OPA가 주로 Go 언어로 구현되는 클라우드/컨테이너 관리 스택에 많이 적용되는 이유도 이와 무관하지 않다.

데이터베이스 등 외부 저장소 미지원

데이터베이스 등 외부 저장소에 대한 지원이 기본적으로 구현되지 않아 필요하다면 개별적으로 구현해야 한다. 정책을 파일로 관리하는 경우도 많지만 데이터베이스에 저장해야 할 경우도 많은데 이런 경우 구현이 필요하다.

문서화의 디테일 부족

공식 문서에서 광범위한 내용들을 설명하고 있지만 일부 항목은 문서화의 디테일이 부족한 부분이 많다. 특히 Rego 언어의 문법 설명이나 코드 설명은 난해한 편이다. 실제 구현을 위해서 관련 블로그나 소스 코드 등을 찾아서 참고해야 하는 경우가 많다.

▌ OPA 사용 사례

OPA를 한마디로 정의하면 정책을 위한 규칙을 정의하고 현재 입력과 상황에서 규칙 적용 결과를 판단해 주는 정책 엔진이다. 이런 정책 엔진이 어떤 상황에서 유용할지를 생각해 보면 OPA가 어떤 상황에 적합한지 예측할 수 있다. 또 권한이나 정책과 관련된 경험이 풍부한 독자들은 다음 절의 OPA 관련 기술들의 비교를 통해 OPA를 어떤 상황에 적용하면 좋을지 구체적으로 파악할 수 있을 것이다. 이 절에서는 OPA의 다양한 사용 사례를 설명한다.

사용자 권한 관리

정책 중 거의 모든 시스템에 적용된다고 볼 수 있는 대표적인 정책이 사용자 권한 관리다. 어떤 사용자가 어떤 권한을 가지며, 그 권한을 가지면 시스템에서 어떤 행위를 할 수 있는지를 관리하는 권한 관리는 가장 중요하고도 기본적인 정책이라고 볼 수 있다. 사용자의 권한, 원하는 행위 등을 OPA가 넘겨받아 정의된 규칙에 따라 허용/거부를 판단하는 시나리오다. 판단에 대한 규칙을 전부 OPA가 관리하기 때문에 시스템의 다른 부분들은 OPA로 구현된 권한 관리 시스템에 권한 검사를 위임할 수 있다.

시스템 정책 및 제약사항 관리

OPA를 활용해 시스템 변경 요청이 시스템의 정책에 위배되거나 제약사항을 위반하는지 실제 적용 전 사전 검사할 수 있다. OPA 규칙을 구현해 컨테이너 생성 요청이 시스템에 허용된 IP 대역을 벗어난 대역을 사용한다든지, 허용된 할당량quota을 초과해 CPU나 메모리를 사용하는지, 시스템에서 지원되는 볼륨 타입으로 볼륨을 생성하고 있는지 등을 미리 검사할 수 있다.

또 일반적으로 OPA 규칙의 판단 결과는 참/거짓을 리턴하도록 작성하지만 불리언 이외에 객체나 숫자, 문자열, 배열 등 다양한 타입을 리턴할 수 있으므로 정책 위반 여부뿐 아니라 해당 시스템이 사용할 수 있는 적합한 메모리 용량, 우선순위 등을 판단해서 정확한 값과 범위를 알려 주는 규칙도 구현할 수 있다.

실제 시스템 제약사항 관리의 예로 OPA 게이트키퍼를 들 수 있다. OPA 게이트키퍼는 쿠버네티스의 API 호출을 가로채서 변경사항이 미리 작성된 OPA 정책을 위반하는지 검사하는 기능을 제공한다. 또 권한 관리 측면에서도 쿠버네티스의 기본 RBAC의 부족한 기능을 보완할 수 있어 널리 사용된다. 현재 OPA의 사용 사례 중 많은 부분이 OPA 게이트키퍼를 통한 쿠버네티스 정책 관리일 것이다. 관련 내용은 9장에서 자세히 설명한다.

API 게이트웨이 보안

API 보안을 위해 API 게이트웨이에 보안 정책을 적용할 때에도 OPA를 적용할 수 있다.

Gluu, Kong, Traefik, Tyk 등의 API 게이트웨이들은 공식 블로그를 통해 API 인가에 OPA를 적용하는 방안을 안내하고 있다.

CI/CD 자동화를 위한 검사 도구

OPA는 CI/CD 파이프라인에서 Tekton, 테라폼, 쿠버네티스 설정들을 검사할 수 있는 conftest라는 도구를 제공한다. 다른 도구들에 대해서도 JSON/YAML로 포맷을 변환하고 정책을 추가하면 OPA의 입력으로 사용할 수 있기 때문에 충분이 적용할 수 있다.

AWS CDK^{Cloud Development Toolkit}, 테라폼, 젠킨스 등과 연동해 CI/CD 파이프라인에 OPA를 적용하는 많은 사례들을 찾을 수 있다.

서비스 수준 정책 관리

OPA는 사용자 계정의 권한 관리, 시스템 제약사항 수준의 정책 관리 이외에 사용자 서비스에 필요한 정책을 구현할 때에도 적용할 수 있다. 사용자 서비스 정책, 이벤트, 요금제에 따른 차별화 등도 정책으로 구현할 수 있다. OPA 규칙은 프로그램의 다른 부분과 독립적으로 단위 테스트를 실행할 수 있어 변경에 더 안전하며 데이터 스키마를 변경하는 것보다는 OPA 규칙을 변경하는 편이 더욱 신속하게 대응할 수 있다.

정책의 통합 관리

OPA의 가장 좋은 점은 위의 다양한 사용 사례들을 모아서 전체 시스템의 다른 부분과 독립적으로 정책만 전문적으로 처리할 수 있는 서브시스템을 구성할 수 있다는 점이다. 클라우드 네이티브 애플리케이션은 인프라부터 사용자 인터페이스까지 모든 부분이 API를 통해 하나의 애플리케이션으로 통합되기 때문에 이런 다양한 구성요소에서 필요한 정책을 모두 OPA로 관리할 수 있다는 큰 장점이 있다.

█ OPA 관련 기술 및 개념 정리

OPA를 자세히 살펴보기에 앞서 권한과 정책 관련 기술과 개념들을 정리해 보자.

인증

인증^{Authentication}은 사용자의 신원^{Identity}을 확인하는 절차다. 일반적으로 시스템에 계정과 비밀 번호 등을 사용해서 로그인하는 과정을 통해 시스템에 어떤 사용자가 들어왔는지를 확인하는 과정이다. 일상생활에서 본인임을 확인시키기 위해서 신분 등을 제시하는 절차와 유사하다고 볼 수 있다.

아파치 톰캣의 기본 구현처럼 단순하게 시스템 관리자 계정과 권한을 설정 파일 수준에서 관리하는 경우라면 사용자 인증을 위한 계정 인증을 OPA로 구현하는 것도 크게 어렵지 않다. 그러나 기업용 서비스나 사용자가 많은 인터넷 서비스의 인증은 OPA로 구현하기보다는 LDAP, 액티브 디렉터리, 소셜 로그인 등 외부 시스템으로 처리하는 것이 적합하며 OPA로는 외부 시스템의 인증 결과를 토큰 등으로 넘겨받아 권한이나 정책을 검사하도록 하는 것이 적절하다.

권한 부여 혹은 인가

권한 부여 혹은 인가^{Authorization}는 인증과 다르게 시스템에서 어떤 행위^{Action}를 수행할 권한이 있는지 확인하는 절차다. 시스템은 관리자와 일반 사용자 등 역할에 따라서 혹은 회원 등급의 차이에 따라서 등 다양한 이유로 사용자별로 서로 다른 권한을 부여할 필요가 있다.

권한 부여 혹은 인가는 시스템 정책의 일종으로 볼 수 있고 OPA로 구현하기에 적합하다. 예를 들어 관리자는 시스템 전체의 장애 보고서를 확인할 수 있지만 사용자에게 직접 메일을 보내는 권한이 없다든지, 고객 담당자는 사용자의 핸드폰 번호나 메일 주소를 확인할 수는 없지만 시스템을 통해서 사용자에게 메일, SMS를 보낼 수 있다든지 하는 내용은 시스템의 정책이므로 OPA를 사용해서 이런 로직을 구현하기에 적합하다.

감사

감사[Audit]는 사용자가 시스템에서 수행한 행위들의 이력을 남기는 것인데 추후 사용의 적합성을 확인할 수 있도록 감사 기록을 로그 등의 형태로 남겨야 한다. 인증과 권한 부여 부분은 OPA 정책으로 구현하는 것이 적합한 상황인지와는 별개로 OPA를 활용해 직관적으로 구현할 수 있지만 감사는 로그 파일이나 DB 레코드로 남기는 것이 적합하다. 따라서 일반적으로 감사 기록을 남기는 기능을 OPA로 구현하지 않는다는 점을 알아두자.

OPA가 감사 기록을 직접 남기지는 않지만 OPA 정책 내에서 REST API를 호출하는 것이 가능하므로 정책 판단 과정에서 위반사항을 감사 시스템의 API를 호출해서 남길 수는 있다. 또 정책 판단 과정에서 권한이 없는 시스템 접근, 사용자 자원 할당량 초과 같은 위반사항을 정책의 검사 결괏값으로 리턴하고 있으며 결정 로그로 남기는 기능도 제공한다. 감사 시스템이 이런 검사 결과 정보를 넘겨받아 기록하는 형태의 구현이 일반적일 것이다. 처음 설명한 방법은 정책 내에서 외부 API를 호출하는 형태이고, 두 번째 설명한 방법은 OPA 정책 판단 결과를 코드상에서 감사 시스템에 전달하는 형태다.

RBAC

RBAC[Role Based Access Control]는 역할 기반 접근 제어라고도 하는데 사용자별로 역할을 부여하고 부여된 역할에 따라 접근을 제어하는 방식으로 시스템 접근 제어에 가장 광범위하게 쓰인다. 예를 들어 시스템의 사용자를 관리자, 운영자, 사용자 등의 역할로 구분하고 역할별로 다른 권한을 부여하는 것이다. 복잡한 구현체의 경우 사용자가 여러 개의 역할을 동시에 가질 수도 있고 다른 역할들을 모아 역할 그룹을 정의하고 계층적인 역할 모델을 제공할 수도 있다.

사용자 역할 성보 등은 데이터베이스로 저장되는 것이 일반적이지만 사용자 수가 적다면 JSON 데이터 파일로 정의해 OPA 정책과 함께 배포할 수 있고, 사용자 수가 많다면 데이터베이스에서 변경된 권한 부분만 OPA 엔진의 정책 데이터로 업데이트하는 방식으로 구현할 수 있다. 역할에 따른 접근 권한을 정의하는 로직은 OPA를 활용해서 코드로 정의하면 정적인 RBAC 시스템을 적용하는 것보다 서비스의 변경에 유연하게 대처할 수 있고 정책 개발에 애자일 방법론을 적용하기도 편리하다.

ABAC

사용자는 역할 이외에도 다양한 속성을 가질 수 있고 사용자의 행위도 다양한 속성을 가질 수 있다. ABAC^{Attribute Based Access Control}는 이런 속성들을 조건으로 함께 비교해 접근 제어를 수행하는 방식이다. RBAC 시스템만으로는 사용자의 모든 부적절한 행동을 필터링할 수 없고 이런 부분은 상당수 로직으로 구현돼야 한다. 이런 로직이 코드로 구현되는 부분이 많아지면 관리 및 유지보수가 어려워진다. ABAC를 적용하면 이런 로직이 상당 부분 ABAC로 구현될 수 있으므로 코드로 구현해야 할 부분이 감소하고 관리가 용이해진다.

OPA는 범용 프로그래밍 언어처럼 다양한 기능을 제공하지는 못하지만 이런 정책들을 코드로 작성하는 데 충분한 문법과 내장 함수들을 제공하므로 ABAC를 OPA로 구현할 수 있다.

JWT

JWT^{JSON Web Token}는 IETF에서 RFC 7519로 정의한 산업 표준으로 사용자의 id, 발급 시간, 부여된 권한 등의 정보를 JSON으로 인코딩해 서명한 토큰을 구현한다. 그림 1-2는 JWT에 관해 많은 정보들을 제공하는 jwt.io의 JWT 디버거를 보여준다. 이 디버거를 통해서 JWT가 어떻게 서명되고 검증되는지를 쉽게 배울 수 있다.

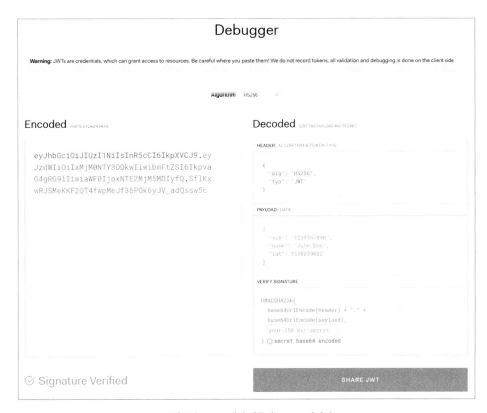

그림 1-2 jwt.io에서 제공하는 JWT 디버거

JWT에 기본적으로 정의된 표준 필드 이외에 사용자 정의 필드를 추가할 수 있다. 그러나 민감한 개인 정보 등은 JWT에 포함하지 않아야 하며 원래 목적인 상태 유지가 필요 없는 세션 정보 전달 목적으로 활용해야 한다.

JWT 자체는 기본적으로 암호화되지 않기 때문에 사용자 브라우저에 직접 전달하는 것은 일반적으로 적합하지 않으며 주로 백엔드 서비스 간에 세션 정보를 전달하기 위한 목적으로 사용된다. 또 JWT를 주고받을 때에는 HTTPS나 TLS를 적용해서 통신 채널을 보호하는 것도 중요하다.

OPA에서는 기본적으로 JWT 토큰의 서명 및 서명 검증에 관련된 기능들을 내장 함수로 제공한다. JWT 토큰을 발급할 때 정책 판단에 필요한 사용자의 역할이나 권한 범위 등을 토큰에 추가하면 이를 JWT가 기본적으로 제공하는 토큰 유효 기간 등의 정보와 함께 활용해 OPA에서 정책 판단을 위한 입력으로 사용할 수 있다.

OAuth 2.0

OAuth는 권한 부여를 위임하기 위한 프로토콜로 현재는 주로 2.0 버전만 사용된다. OAuth 1.x는 API 파라미터가 변조되지 않도록 서명하는 방식으로 동작하며 OAuth 2.0과는 호환되지 않는다.

OAuth 2.0은 플랫폼 기반 웹 서비스를 제공하는 페이스북, 구글, 네이버, 카카오 등의 플랫폼 사업자가 외부 서드 파티 서비스에 플랫폼 API 접근 권한을 부여하는 데 사용된다.

예를 들어 페이스북 계정에 연결돼 친구들을 초대하고 협력할 수 있는 소셜 게임이 존재한다고 가정하자. 그렇다면 친구들을 초대할 수 있도록 페이스북 친구 목록을 소셜 게임에서 접근할 수 있어야 할 것이다. 그러나 친구 목록 이외에 개인적으로 비공개한 사진에는 접근할 수 없도록 통제해야 할 것이다. OAuth 2.0을 적용하면 접근 권한의 범위^{scope}와 유효 기간이 제한된 액세스 토큰을 발급해 서드 파티의 권한을 제약할 수 있다.

OAuth 2.0은 상황에 맞게 적용할 수 있도록 다양한 시나리오를 지원하며 OAuth 2.0을 기반으로 다른 프로토콜을 구현하기에도 용이하도록 설계됐다. 단순 계정/암호로 액세스 토큰 발급이나 QR 코드를 이용한 인증 등도 OAuth 2.0의 서로 다른 시나리오로 구현할 수 있다.

OAuth 2.0 적용 시 주의할 점은 반드시 HTTPS와 함께 적용해야 하며 시나리오별로 적용 대상, 보안 수준 등이 모두 다르므로 이를 정확히 파악해 구현해야 한다는 점이다.

OAuth 2.0의 아키텍처상 특징은 토큰을 발급하는 서비스가 별도로 존재하고 토큰의 확인은 자원을 제공하는 서비스가 하도록 역할이 분리돼 높은 성능 확장성을 제공한다는 점이다. 발급된 토큰에 관한 정보는 토큰 발급 서버(즉 인가 서버)와 토큰을 확인하는 자원 서버 간에 메모리 캐시 등을 통해서 공유된다.

OPA를 OAuth 2.0에 적용한다면 자원 서버에서 토큰의 정보를 검사하는 데 사용할 수 있다. OAuth 2.0의 액세스 토큰은 토큰의 소유 자체가 권한을 의미하고 사용자의 신원을 확인하지 않는 무기명 토큰Bearer Token으로 원칙적으로는 토큰의 내용이 의미를 갖지 않는다.

그러나 대부분의 OAuth 구현에서 액세스 토큰이 암호화된 JWT 토큰인 경우가 대부분이기 때문에 OPA 내부에서 암호화를 해제하고 JWT의 정보를 처리하는 것도 가능하다. 자원을 제공하는 서버 측에서 액세스 토큰의 속성에 따른 정책 판단을 수행하기 위해 OPA를 적용하는 방법으로 OPA를 활용할 수 있다.

OpenID Connect 1.0

OpenID Connect 1.0은 이전부터 존재하던 OpenID 프로토콜을 HTTPS에 적용할 수 있도록 OAuth 2.0을 기반으로 다시 개발한 프로토콜이며 OpenID와는 호환성이 없다. 구글로 로그인, 네이버로 로그인 등 소셜 로그인 기능 구현에 사용된다.

표준 OAuth 2.0 프로토콜이 API 접근을 위한 액세스 토큰만을 발급하는 데 반해 액세스 토큰과 함께 아이디 토큰을 발급하며 아이디 토큰에 사용자의 이름 등 정보가 간단하게 포함된다.

예를 들어 특정 서비스가 구글 OIDC 서버에 opa@gmail.com이라는 계정으로 로그인 해달라고 요청하면 구글 로그인 화면으로 이동해 어떤 서비스가 로그인을 요청했는지 사용자에게 알려 주고 계정과 암호를 입력받는다. 계정이 인증되면 로그인을 요청한 서비스에 계정, 이름, 성별 등의 기본적인 정보가 전달되고 로그인을 요청한 서비스는 해당 계정이 구글에 존재하는 계정임을 확인할 수 있다.

소셜 로그인 기능을 활용하면 서비스가 직접 암호나 개인 정보를 관리할 필요가 없어지므로 보안 등의 부담을 경감할 수 있다.

OpenID Connect에서 사용하는 액세스 토큰이나 아이디 토큰도 OAuth처럼 일반적으로는 JSON 처리가 가능하기 때문에 OpenID Connect에도 OPA를 적용할 수 있다.

OPA 사용해 보기

OPA 설치에 앞서 OPA 플레이그라운드를 통해 OPA를 한 번 사용해 보자. OPA 플레이그라운드는 https://play.openpolicyagent.org로 접속하면 사용해 볼 수 있다. 만일 브라우저에서 OPA 플레이그라운드가 잘 동작하지 않는다면 브라우저 호환성 문제일 수 있으므로 크롬을 사용해서 OPA 플레이그라운드에 접속하자.

그림 1-3 OPA 플레이그라운드

OPA 플레이그라운드에 접속하면 그림 1-3처럼 기본적으로 Hello World 예제가 로딩돼 있다. 예제의 주석 내용대로 한 번 따라해 보자. [Evaluate] 버튼을 클릭하면 OUTPUT창에 결과가 그림 1-4와 같이 표시된다.

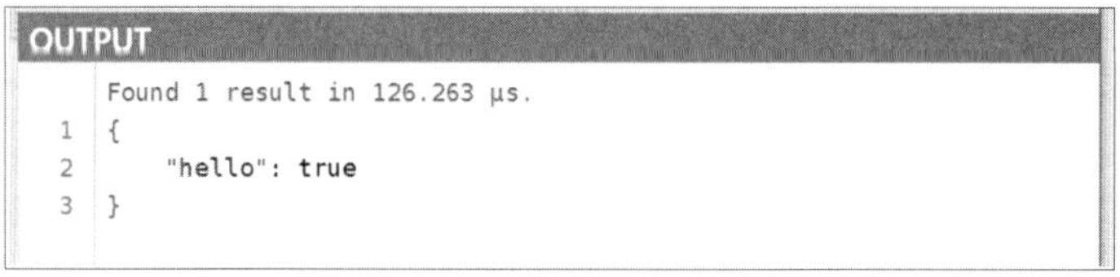

```
OUTPUT
    Found 1 result in 126.263 μs.
1   {
2       "hello": true
3   }
```

그림 1-4 OPA 플레이그라운드 Hello World 실행 결과

우선 예제의 내용을 한 번 살펴보자.

주석을 제외한 Hello World 예제를 살펴보면 정책을 선언한 Rego 스크립트는 아래 코드와 같다.

〈chap1/hello.rego〉

```
package play

default hello = false

hello {
    m := input.message
    m == "world"
}
```

내용을 간단히 설명하면 play라는 패키지가 선언돼 있고 hello를 정의하고 그 기본값은 false다. 그리고 hello를 결정하는 규칙은 input 객체의 message 필드에서 읽어온 값이 "world"와 일치하는지다.

초기 input은 {"message": "world"}이므로 실행 결과가 { "hello":"true" }가 됐다. input 부분의 message값을 "world!!!" 등 다른 값으로 변경한 다음 다시 [Evaluate] 버튼을 클릭해 보자. 그렇게 하면 결괏값이 그림 1–5와 같이 false로 변경될 것이다.

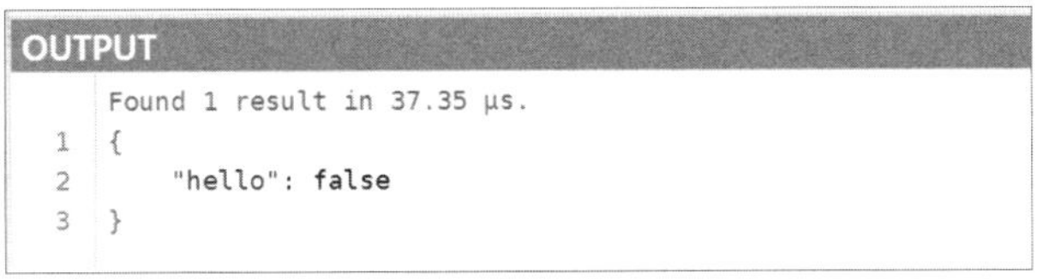

OUTPUT
```
Found 1 result in 37.35 µs.
1 {
2     "hello": false
3 }
```

그림 1-5 input.message값 변경에 따른 실행 결과

다음에는 default hello = false를 default hello = 1로 변경해 보자. 예상과 달리 input.message가 "world"라면 true가 나오고 "world"가 아니라면 1이 나올 것이다. 뭔가 혼동스러울 것이다. hello를 1로 지정하면 hello는 일반적인 프로그래밍 언어에서 정수형으로

지정된 것이 아닌가? 결과로 불리언값을 리턴할 경우 정적 타입 언어라면 에러가 발생하고 동적 타입 언어라면 일치하지 않는 경우에 1이라는 값이 false로 다시 쓰여야 하는 것이 아닌가라는 생각이 들 것이다.

정책 코드의 m := input.message 라인은 Go 언어에서 변수를 선언하면서 값을 초기화하는 구문과 동일하고 m == "world" 라인도 Go 언어를 포함해서 여러 프로그래밍 언어에서 문자열을 비교하는 구문과 동일한 것 같지만 hello의 동작은 함수나 프로시저와 비슷하지만 좀 다르게 동작하는 것처럼 보인다. 자세한 내용은 이후 장에서 다룰 예정이니 일단은 이 정도로만 이해하고 넘어가자.

이 절을 마치기 전에 OPA 플레이그라운드의 유용한 기능들을 좀 더 살펴보자. [Coverage]를 체크한 후 [Evaluate]를 클릭하면 그림 1-6처럼 코드 커버리지를 표시해 준다.

그림 1-6 OPA 플레이그라운드 코드 커버리지 표시

그리고 [Examples]를 클릭하면 그림 1-7처럼 Hello World 외에 참고할 만한 다양한 예제들을 볼 수 있다.

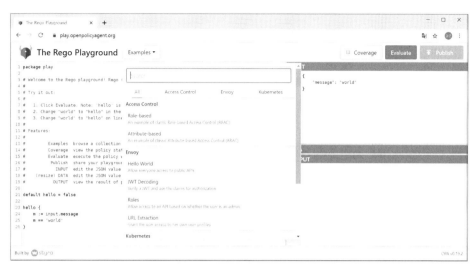

그림 1-7 OPA 플레이그라운드에서 제공하는 예제

▍정리

1장에서는 OPA의 개요와 특징들을 살펴보고 OPA 플레이그라운드를 통해 간단한 Hello World 예제를 실행해 봤다. 1장을 통해 OPA가 일반적으로 사용하던 프로그래밍 언어와 다르다는 점과 OPA와 관련해 자주 언급되는 개념과 기술에 대해서도 간략히 살펴봤다. 그리고 OPA에서 제공하는 강력한 기능들을 플레이그라운드를 통해 간접적으로 체험할 수 있었다.

1장은 여러분의 호기심과 주의를 환기시킬 목적으로 구성했다. 2장에서는 OPA 및 관련 도구들을 설치하고 사용하는 방법을 다룬다.

2장

OPA 설치 및 사용

2장에서 다루는 내용

- OPA 설치 방법
- VSCode 및 OPA 플러그인 설치
- OPA 플러그인 사용법

2장에서는 이후의 장들에서 다루는 예제들을 직접 실행해 볼 수 있도록 OPA 및 관련 도구들의 기본적인 설치 방법 및 사용법을 설명한다. OPA는 최근 개발자들이 가장 널리 사용하는 편집기 Visual Studio Code(이하 VSCode)를 위한 플러그인을 제공하는데 VSCode 플러그인을 통해 OPA에서 제공하는 기능들을 활용하는 방법도 함께 살펴본다.

▌ OPA 설치

OPA는 Go로 작성한 다른 프로그램처럼 단일 바이너리로 구성되기 때문에 플랫폼에 맞는 바이너리를 다운로드받으면 된다. OPA 바이너리는 인자에 따라 REPL, 단위 테스트, 코드 커버리지, REST 서버로 동작할 수 있다. Go 클라이언트 라이브러리를 사용하는 경우가 아니면 OPA 바이너리로 충분히 모든 기능을 활용할 수 있다. Go 클라이언트 라이브러리 설치 및 사용은 이후에 살펴보고 우선은 OPA 바이너리의 설치 및 사용 방법을 간단히 살펴보자.

OPA 설치 방법은 OPA 문서 https://www.openpolicyagent.org/docs/latest/#running-opa에서 찾을 수 있다. 해당 문서를 참조해 다음과 같이 설치해 보자.

> 📋 **참고** 윈도우, 리눅스, 맥 OS 등 여러 환경에서 OPA를 실행해 본 결과 모든 환경에서 동일하게 잘 동작한다. 윈도우 환경의 경우 Git Bash 등의 셸을 사용하면 REPL을 사용할 때 커서가 표시되지 않는 문제점이 발생할 수 있으니 참고하자.

리눅스 환경

다음 curl 명령으로 바이너리를 다운받아 opa라는 이름으로 저장한다.

```
$ curl -L -o opa https://openpolicyagent.org/downloads/latest/opa_linux_amd64
```

파일 다운로드가 완료되면 chmod 755 opa를 실행해서 권한을 부여해 준다.

```
$ chmod 755 opa
```

일반적인 배포본에서 기본 셸인 bash를 사용한다면 PATH 환경 변수에 OPA 설치 경로를 추가하기 위해 다음 내용을 사용자 홈 디렉터리의 .bashrc에 추가하자.

```
export PATH=<<opa 바이너리를 복사한 디렉터리>>
```

해당 내용은 vi 등 편집기로 추가해도 되며 명령으로 추가하고 싶다면 /opt/opa라는 디렉터리에 opa 바이너리가 있을 경우 셸에서 다음처럼 명령을 실행하자.

```
$ echo 'export PATH=$PATH:/opt/opa' >> ~/.bashrc
```

환경 변수를 셸에 새로 띄우거나 리눅스 재시작 없이 즉각 반영하려면 다음 명령을 실행하자.

```
$ source ~/.bashrc
```

맥 OS 환경

리눅스 환경과 동일하게 curl 명령으로 다운받으면 되는데 url만 약간 다르다.

```
$ curl -L -o opa https://openpolicyagent.org/downloads/latest/opa_darwin_amd64
```

동일하게 파일이 다운로드되면 chmod 755 opa를 실행해서 권한을 부여해 준다.

```
$ chmod 755 opa
```

맥 OS에서 PATH 환경 변수를 설정하는 방법은 리눅스와 기본적으로 동일하다. 카탈리나 이전의 버전은 bash를 사용하지만 카탈리나부터는 zsh를 사용한다. 셸 프롬프트가 $로 나타나면 bash이고 %로 나타나면 zsh다. 두 셸은 환경 변수를 로딩하는 파일 위치가 다르다. zsh인 경우 홈 디렉터리의 .bashrc 파일 대신 .zsh 파일로 수정하면 된다.

명령으로 환경 변수를 수정하고 다시 로드하려면 다음과 같이 하면 된다.

```
% echo 'ex]port PATH=$PATH:/opt/opa' >> ~/.zsh
% source ~/.zsh
```

윈도우 환경

https://openpolicyagent.org/downloads/latest/opa_windows_amd64.exe를 다운받아서 opa.exe로 이름을 변경한 후 저장하면 된다.

윈도우 환경에서 환경 변수를 등록하는 과정은 복잡하며 윈도우 버전에 따라 조금씩 다르다. 이 책에서는 윈도우 10 이전의 버전은 공식 지원이 중단됐으므로 윈도우 10 기준으로 설명한다. 우선 제어판을 열고 그림 2-1처럼 제어판 검색창에 "고급 시스템 설정"을 입력하면 [고급 시스템 설정 보기] 메뉴가 나오는데 이를 클릭하면 그림 2-2처럼 시스템 속성 대화상자의 고급 탭이 표시된다.

그림 2-1 제어판에서 고급 시스템 설정 검색

그림 2-2 시스템 속성 대화상자

[**환경 변수(N)...**] 버튼을 클릭하면 그림 2-3처럼 환경 변수 대화상자가 표시된다.

그림 2-3 환경 변수 대화상자

[**User에 대한 사용자 변수(U)**] 섹션에서 Path 항목을 클릭하면 그림 2-4처럼 Path 환경 변수를 수정할 수 있다. 목록에 opa를 설치한 디렉터리 경로를 추가해 준다. 그림 2-4에서는 "C:\opabook" 경로를 추가했다.

그림 2-4 환경 변수 편집 대화상자

추가 후 [**확인**] 및 [**적용**]을 클릭해서 환경 변수를 반영해 주고 셸이나 편집기 등을 종료하고 재시작하면 환경 변수를 적용할 수 있다.

설치 확인

OPA 설치가 완료되면 제대로 동작하는지 실행해 보자. 리눅스나 맥 OS 환경에서는 설치된 디렉터리로 이동해서 ./opa로 실행하고, 윈도우 환경에서는 해당 디렉터리로 이동해서 opa로 실행하면 된다. Path 환경 변수를 등록해 뒀다면 opa로 바로 실행할 수 있다. 정상적으로 설치됐다면 다음과 같은 결과를 볼 수 있다.

```
$ ./opa
An open source project to policy-enable your service.
```

```
Usage:
  opa [command]

Available Commands:
  bench       Benchmark a Rego query
  build       Build an OPA bundle
  check       Check Rego source files
  deps        Analyze Rego query dependencies
  eval        Evaluate a Rego query
  fmt         Format Rego source files
  help        Help about any command
  parse       Parse Rego source file
  run         Start OPA in interactive or server mode
  sign        Generate an OPA bundle signature
  test        Execute Rego test cases
  version     Print the version of OPA

Flags:
  -h, --help   help for opa

Use "opa [command] --help" for more information about a command.
```

▌Visual Studio Code 및 OPA 플러그인 설치

Visual Studio Code 설치

https://code.visualstudio.com/에 접속하면 그림 2–5와 같은 화면을 볼 수 있고 Visual
Studio Code를 다운받아 설치할 수 있다. 홈페이지에 접속한 후 [Download] 버튼을 클릭
해 설치하자. 이후 부분에서는 Visual Studio Code를 간략히 VSCode로 칭한다.

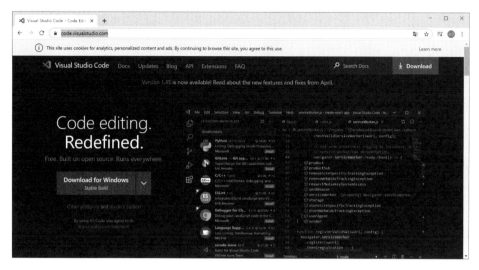

그림 2-5 VSCode 공식 홈페이지

VSCode를 실행할 때 가장 편리한 방법은 셸에서 cd 명령으로 소스를 담고 있는 상위 프로젝트 디렉터리로 이동한 후에 code . 이라는 명령을 실행하거나 code <프로젝트 최상위 디렉터리> 명령을 실행하는 것이다.

아이콘을 클릭해서 VSCode를 실행하거나 원하는 위치가 아닌 곳에서 VSCode를 실행했다면 [File] → [Open Directory]를 실행해서 프로젝트의 최상위 디렉터리를 열면 된다.

vscode-opa 플러그인 설치

VSCode에 OPA 플러그인인 vscode-opa를 설치해 보자. 그림 2-6처럼 [Extentions 아이콘(우상이 약간 떨어져 있는 사각형 모음)]을 클릭하거나 [Ctrl + Shift + x](맥 OS에서는 [Cmd + Shift + x])를 입력해서 확장 페이지를 열자. 그 후 검색창에 Open Policy Agent를 입력하면 그림 2-6과 같은 화면을 볼 수 있다. Styra사의 OPA 핵심 개발자인 토린 샌달의 플러그인인지 한 번 확인한 후 [Install]을 클릭해서 설치하자.

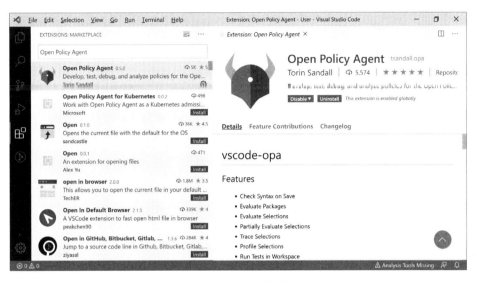

그림 2-6 vscode-opa 확장 플러그인

hello_vscode_opa라는 디렉터리를 만들고 해당 디렉터리로 이동한 후 **vscode .**을 실행해서 프로젝트를 열자. 그러면 그림 2-7과 같은 화면이 나타난다.

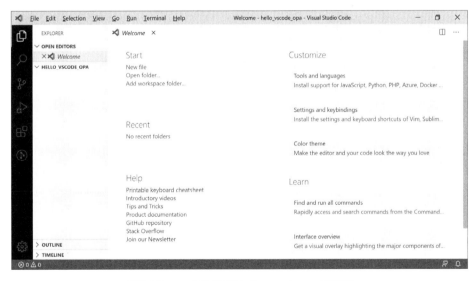

그림 2-7 vscode에 로딩된 hello_vscode_opa 프로젝트

이 책에서는 책의 가독성을 위해서 밝은 테마를 사용했다. 테마를 변경하길 원하면 [File] → [Preferences] → [Color Theme] 메뉴를 실행하면 된다.

기본적인 vscode—opa 사용 방법

기본적으로 OPA 정책을 작성하고 시험하려면 Rego 파일이 필요하다. 프로젝트 디렉터리(HELLO_VSCODE_OPA) 위로 마우스를 옮기면 아이콘들이 나타나는데 [New File] 아이콘을 그림 2-8과 같이 클릭한다.

그림 2-8 새로운 파일 생성 아이콘

파일명 입력란이 표시되면 `hello.rego`를 입력해서 Rego 파일을 선택하자.

[View] → [Command Pallete] 메뉴를 선택하거나 단축키 [Ctrl + Shift + P](맥 OS에서는 [Cmd + Shift + P])를 입력해 명령창을 호출하면 › 프롬프트가 나타난다. 여기서 opa라고 입력하면 그림 2-9와 같이 vscode—opa에서 제공하는 명령들을 사용할 수 있다.

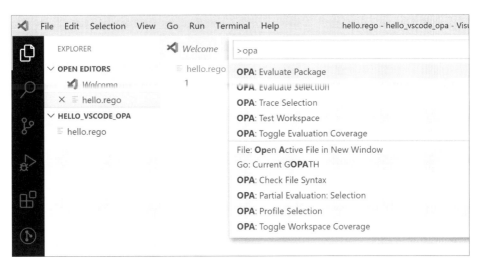

그림 2-9 OPA 명령 메뉴 호출

OPA 명령 메뉴를 호출하는 방법까지 확인했으니 실제 샘플 코드를 만들어서 사용 방법을 익혀 보자.

우선 다음 rego 코드를 방금 만든 hello.rego 파일에 입력한 후 저장한다.

〈chap2/hello_vscode_opa/hello.rego 시작〉

```
package hello

default allow_hello = false

default allow_world = false

allow_hello {
    "hello" != ""
}

allow_world {
    "world" != "world"
}
```

파일을 저장한 후 OPA 명령 메뉴를 호출해 [OPA Evaluate Package] 명령을 실행하자. [Evaluate Package] 명령을 실행하면 동일한 패키지의 OPA 규칙들을 실행하고 결과를 보여준다.

그림 2-10과 같이 output.json이라는 타이틀로 창이 생기고 맨 위 라인에는 주석으로 실행 시간, 아래쪽에는 json으로 결괏값들이 출력된다.

그림 2-10 [OPA Evaluate Package] 명령 실행 결과

이번에는 패키지 전체를 실행하지 않고 특정 규칙만 선택해서 실행해 보자.

그림 2-11과 같이 7라인의 allow_hello 규칙을 더블 클릭하면 해당 규칙과 관련된 부분이 하이라이트된다.

```
≡ hello.rego
 1   package hello
 2
 3   default allow_hello = false
 4
 5   default allow_world = false
 6
 7   allow_hello {
 8       "hello" != ""
 9   }
10
11   allow_world {
12       "world" != "world"
13   }
```

그림 2-11 OPA 규칙 선택

하이라이트된 상태에서 OPA 메뉴를 호출하고 **[OPA: Evaluate Selection]**을 실행하면 그림 2-12와 같은 결과를 볼 수 있다.

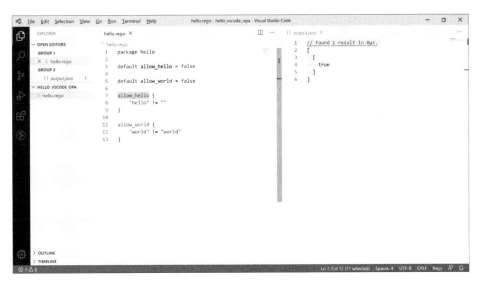

그림 2-12 [OPA: Evaluate Selection] 실행 결과

실행 결과를 살펴보면 [OPA: Evaluate Package]를 실행했을 때와는 약간의 차이를 볼 수 있다. output.json창이 생기고 우선 주석으로 시간이 표시되는 부분은 동일하다. 그러나 결과는 단일한 규칙만 평가했기 때문에 Package를 평가했을 때와 다르게 키 없이 값만 배열 안에 담겨서 출력된다. [Alt] 키와 마우스 클릭을 같이하면 allow_hello와 allow_world 규칙을 동시에 선택할 수도 있지만 서로 다른 규칙을 다중 선택한다고 동시에 규칙이 수행되지는 않는다.

동일하게 규칙이 선택된 상태에서 [OPA: Trace Selection]을 실행하면 그림 2-13의 OUTPUT 부분에 평가 과정의 추적 결과가 출력된다. 추적 결과에 관해서는 이후 장에서 자세히 다룬다.

그림 2-13 [OPA: Trace Selection] 실행 결과

[OPA: Profile Selection]을 실행하면 그림 2-14와 같이 OUTPUT창에서 성능 프로파일링 결과를 볼 수 있다. 단위는 나노초 단위로 표시되는데 현재는 규칙이 너무 단순해서 0으로 측정된다.

그림 2-14 [OPA: Profile Selection] 실행 결과

[OPA: Toogle Evaluation Coverage] 메뉴를 실행하면 정책 평가 커버리지 부분을 그림 2-15와 같이 표시해 준다. [OPA: Toogle Workspace Coverage] 메뉴를 사용해서 워크스페이스 단위로 커버리지를 끄고 켤 수도 있다. 커버리지 관련 기능은 단위 테스트 관련해서 더 유용하다.

그림 2-15 [OPA: Toogle Evaluation Coverage] 실행 결과

이번에는 단위 테스트를 실행해 보자. 우선 hello_test.rego라는 별도의 파일을 다음과 같이 작성해 보자.

〈chap2/hello_vscode_opa/hello_test.rego〉

```
package hello

test_allow_hello_allowed {
    allow_hello with input as {}
}

test_allow_world_not_allowed {
    not allow_world with input as {}
}
```

OPA에서는 test_로 시작하는 규칙은 테스트로 간주한다. 테스트를 수행하면 그림 2-16과 같이 해당 테스트가 성공했는지 여부를 알려준다. 테스트 코드에 대한 자세한 내용은 이후의 장에서 설명한다.

그림 2-16 [OPA: Toogle Test Workspace] 실행 결과

마지막으로 [OPA: Check File Syntax] 명령도 있는데 다른 기능을 실행할 때 Rego 문법에 오류가 있으면 표시가 되기 때문에 따로 실행할 일이 많지는 않을 것이다.

▌정리

2장에서는 OPA 관련 도구들을 설치해 보고 사용해 봤다. 2장을 통해서 기본적인 OPA 관련 도구들의 사용법을 익혀 이후의 장들에서 설명할 내용의 예제를 실행하고 테스트해 볼 준비가 됐을 것이다.

3장에서는 OPA에서 정책을 작성하는 데 사용하는 Rego 언어에 대해 다룬다.

3장

Rego

3장에서는 OPA에서 정책을 작성하는 데 사용하는 전용 언어인 Rego에 대해 설명한다. Rego 언어는 정책 기술에 최적화된 언어로 규칙이 중심이 되며 범용 프로그래밍 언어와는 다른 특성이 있다. 3장에서는 Rego 언어의 문법을 레일로드 다이어그램으로 시각화하고 하나씩 짚어가면서 자세히 설명한다. Rego 언어를 이해하면 OPA가 어떻게 정책을 코드로 추상화하는지 이해할 수 있을 것이다.

Rego 개요

Rego는 OPA에서 정책을 기술하는 데 사용하는 전용 언어다. 공식 홈페이지에는 Rego를 레이고ray-go로 발음하는 것이 정확하다고 안내하고 있다. 그러나 이 책에서는 OPA와 마

찬가지로 Rego로 계속 표기한다. Rego에 대한 자세한 내용은 공식 문서 중에는 https://
www.openpolicyagent.org/docs/latest/policy-language/를 참조하면 된다.

공식 홈페이지에는 Rego는 오래된 프롤로그^{Prolog} 기반의 데이터 처리 언어인 데이터로그
^{Datalog} 언어에 감명받아 JSON 지원 등을 포함해서 확장한 것이라고 소개하고 있다. 일반
적으로 사용하는 C/C++, Java 등과 차이가 많이 나는 부분도 프롤로그 기반의 언어이기
때문이다. 공식 홈페이지의 설명을 보면 Rego가 데이터로그의 확장판처럼 보이기도 하는
데 실제 데이터로그의 문법들을 찾아보면 완전히 다르다. 기존의 범용 프로그래밍 언어에
익숙한 개발자들이 보기에 Rego쪽이 가독성이 높다.

비록 데이터로그와 문법에는 차이가 크지만 규칙을 중심으로 하는 언어라는 근본적인 공
통점이 있다. 데이터로그 자체가 프롤로그에 익숙하지 않은 사용자에게는 오히려 어렵기
때문에 Rego의 이해를 돕기 위해 데이터로그를 배울 필요는 없지만 데이터 처리 분야에
서 최근 데이터로그가 다시 주목을 받고 있다고 하니 관심 있는 독자들은 여유가 될 때 한
번 배워보는 것도 좋을 듯하다.

데이터로그의 문법이 궁금한 독자들은 https://www2.cs.duke.edu/courses/fall16/
compsci516/Lectures/Lecture-21-Datalog.pdf의 프리젠테이션을 한 번 보자. 아쉽게
도 데이터로그를 이해하기 쉽게 설명한 한국어 자료는 찾을 수 없었다.

OPA와 Rego의 관계를 생각해 보자. OPA의 입력과 데이터는 모두 JSON 형태로 자유롭
게 작성할 수 있기 때문에 OPA에서 특별한 부분은 Rego밖에 없다고 볼 수도 있다. OPA
를 기술적인 관점에서 정의하면 Rego로 작성된 정책을 수행하는 정책 엔진을 중심으로
Rego를 잘 활용하기 위한 API, 프레임워크, 런타임을 제공하는 도구 모음으로 볼 수 있
다. OPA는 Rego 파일로 정의된 규칙들과 규칙들에서 참조하는 데이터 파일들을 로딩
한 후 대기한다. 평가의 근거가 되는 입력 정보들과 함께 평가를 요청하면 Rego 파일들
에 정의된 규칙을 평가하고 평가 결과를 반영한다. 이 평가 결과들은 OPA를 통해 질의
될 수 있다.

Rego 언어는 정책을 정의하기 위한 규칙들을 나열한다. 이 규칙들 자체가 적극적으로 실

행되는 코드라기보다는 규칙의 선언이라고 볼 수 있다. 이 규칙을 입력에 따라 OPA 엔진이 평가하면 규칙의 결괏값이 정의된다. Rego 언어로 기술되는 부분은 규칙의 결괏값이 정의되는 로직이다. RDBMS에 비유한다면 Rego는 뷰^{View}와 가장 유사하다. RDBMS에서 테이블을 생성한 후 조인 쿼리를 뷰로 생성해 두면 조인에 사용되는 테이블의 데이터가 변경되면 뷰의 결과도 변경된다. 이와 유사하게 규칙이 로딩된 상태에서 입력값을 변경하고 다시 규칙을 평가하면 규칙의 값이 달라진다.

일반적인 프로그래밍 언어에서는 변수와 함수, 제어가 주 구성요소가 되지만 Rego에서는 규칙이 주가 된다. 함수도 규칙의 일종일 뿐이며 if, while/for, break/continue, goto 등의 제어는 찾아볼 수 없다. OPA가 입력에 따른 규칙들의 평가 후 평가 결과를 질의한다는 점을 이해하는 것이 중요하다.

▌ Rego 언어 문법 개요

Rego 언어의 정확한 문법은 OPA 홈페이지에 접속한 후 [Core Doc] → [Policy Reference] → [Grammer]를 클릭하면 볼 수 있으며 그 내용은 아래와 같다. OPA 문법은 프로그래밍 언어의 문법을 표현하는 데 널리 사용되는 BNF 형식을 조금 확장한 EBNF 형식을 따르고 있고 다양한 EBNF 형식 중 ISO 표준 형식을 따른다(ISO 형식에서 문장이 세미콜론으로 끝난다는 점만 제외하면 동일하다. 홈페이지에서는 미관상 이유로 세미콜론을 생략한 듯하다).

〈EBNF(ISO 형식)로 표현한 OPA 문법 chap3/rego_ebnf_iso.txt〉[1]

```
module      = package { import } policy
package     = "package" ref
import      = "import" package [ "as" var ]
policy      = { rule }
rule        = [ "default" ] rule-head { rule-body }
rule-head   = var [ "(" rule-args ")" ] [ "[" term "]" ] [ ( ":=" | "=" ) term ]
```

---

1 출처: https://www.openpolicyagent.org/docs/latest/policy-reference/#grammar

```
rule-args        = term { "," term }
rule-body        = [ "else" [ "=" term ] ] "{" query "}"
query            = literal { ( ";" | ( [CR] LF ) ) literal }
literal          = ( some-decl | expr | "not" expr ) { with-modifier }
with-modifier    = "with" term "as" term
some-decl        = "some" var { "," var }
expr             = term | expr-call | expr-infix
expr-call        = var [ "." var ] "(" [ term { "," term } ] ")"
expr-infix       = [ term "=" ] term infix-operator term
term             = ref | var | scalar | array | object | set | array-compr | object-
compr | set-compr
array-compr      = "[" term "|" rule-body "]"
set-compr        = "{" term "|" rule-body "}"
object-compr     = "{" object-item "|" rule-body "}"
infix-operator   = bool-operator | arith-operator | bin-operator
bool-operator    = "==" | "!=" | "<" | ">" | ">=" | "<="
arith-operator   = "+" | "-" | "*" | "/"
bin-operator     = "&" | "|"
ref              = ( var | array | object | set | array-compr | object-compr | set-compr
| expr-call ) { ref-arg }
ref-arg          = ref-arg-dot | ref-arg-brack
ref-arg-brack    = "[" ( scalar | var | array | object | set | "_" ) "]"
ref-arg-dot      = "." var
var              = ( ALPHA | "_" ) { ALPHA | DIGIT | "_" }
scalar           = string | NUMBER | TRUE | FALSE | NULL
string           = STRING | raw-string
raw-string       = "`" { CHAR-"`" } "`"
array            = "[" term { "," term } "]"
object           = "{" object-item { "," object-item } "}"
object-item      = ( scalar | ref | var ) ":" term
set              = empty-set | non-empty-set
non-empty-set    = "{" term { "," term } "}"
empty-set        = "set(" ")"
```

문법 전체에 대해 지금 다 이해하려고 할 필요는 없으며 현재는 전체적인 틀을 한 번 훑어
보는 것으로 충분하다. 3장의 뒷부분에서 해당 문법과 함께 각 부분에 대해 설명할 예정이
므로 지금은 너무 부담을 갖지 말자.

다만 주의할 것은 문법syntax만으로 프로그래밍 언어의 모든 것을 표현하는 것은 불가능하고 비효율적이므로 문법에 나타나지 않는 의미론적인 부분semantic으로 표현되는 부분이 존재한다는 점이다. 예를 들어 일반적으로 산술 연산에서 0으로 나누는 것이 부적절하다는 것은 문법으로 나타나지 않는다. 문법을 정밀하게 선언해서 산술 연산자 중 / 연산자의 두 번째 인자는 0이 아니어야 한다고 정의할 수 있고 EBNF로 표현할 수도 있겠지만 이런 모든 것을 문법으로 표현하기보다는 실행 시 의미론적으로 검사하도록 하면 문법이 너무 복잡해지고 구문 해석이 너무 오래 걸리는 문제점을 방지할 수 있다. 반대로 너무 문법을 단순하게 정의하고 의미론적인 부분에만 치중하면 언어의 표현력을 제대로 사용자에게 알려 주기 힘들 것이다.

▎레일로드 다이어그램

EBNF 문법을 문법 자체로 이해하는 것은 쉽지 않으므로 좀 더 이해하기 쉬운 형태로 변환해 보자. EBNF를 쉽게 이해할 수 있는 방법으로는 레일로드 다이어그램이 널리 사용된다. 정규식을 도식화할 때도 레일로드 다이어그램이 많이 사용되므로 익숙한 독자들도 많을 것이다. 이 책에서는 https://bottlecaps.de/rr/ui 웹사이트를 통해 레일로드 다이어그램으로 변환했다. 다만 https://bottlecaps.de/rr/ui 사이트는 OPA 공식 홈페이지의 EBNF가 ISO 형식을 사용하는 것과는 다르게 W3C 형식을 사용하므로 다음과 같이 W3C 형식으로 변환했다.

〈EBNF(W3C 형식)로 변환한 OPA 문법 chap3/rego_ebnf_w3c.txt〉

```
module       ::= package ( import )* policy
package      ::= "package" ref
import       ::= "import" package ( "as" var )?
policy       ::= ( rule )*
rule         ::= ( "default" )? rule-head ( rule-body )*
rule-head    ::= var ( "(" rule-args ")" )? ( "[" term "]" )? ( ( ":=" | "=" ) term )?
rule-args    ::= term ( "," term )*
```

```
rule-body       ::= ( "else" ( "=" term )? )? "{" query "}"
query           ::= literal ( ( ";" | ( ( CR )? LF ) ) literal )*
literal         ::= ( some-decl | expr | "not" expr ) ( with-modifier )*
with-modifier   ::= "with" term "as" term
some-decl       ::= "some" var ( "," var )*
expr            ::= term | expr-call | expr-infix
expr-call       ::= var ( "." var )? "(" ( term ( "," term )* )? ")"
expr-infix      ::= ( term "=" )? term infix-operator term
term            ::= ref | var | scalar | array | object | set | array-compr | object-
compr | set-compr
array-compr     ::= "[" term "|" rule-body "]"
set-compr       ::= "{" term "|" rule-body "}"
object-compr    ::= "{" object-item "|" rule-body "}"
infix-operator  ::= bool-operator | arith-operator | bin-operator
bool-operator   ::= "==" | "!=" | "<" | ">" | ">=" | "<="
arith-operator  ::= "+" | "-" | "*" | "/"
bin-operator    ::= "&" | "|"
ref             ::= ( var | array | object | set | array-compr | object-compr | set-
compr | expr-call ) ( ref-arg )*
ref-arg         ::= ref-arg-dot | ref-arg-brack
ref-arg-brack   ::= "[" ( scalar | var | array | object | set | "_" ) "]"
ref-arg-dot     ::= "." var
var             ::= ( ALPHA | "_" ) ( ALPHA | DIGIT | "_" )*
scalar          ::= string | NUMBER | TRUE | FALSE | NULL
string          ::= STRING | raw-string
raw-string      ::= "`" ( CHAR - '`' )* "`"
array           ::= "[" term ( "," term )* "]"
object          ::= "{" object-item ( "," object-item )* "}"
object-item     ::= ( scalar | ref | var ) ":" term
set             ::= empty-set | non-empty-set
non-empty-set   ::= "{" term ( "," term )* "}"
empty-set       ::= "set(" ")"
```

ISO EBNF 형식과 W3C EBNF 형식 중 OPA 문법에서 달라지는 부분은 =이 ::=로 대체, 반복이 { }에서 ( )*로 대체, 선택적을 의미하는 [ ]가 ( )+로 대체된 점 이외에는 유사하다. W3C EBNF 형식으로 작성한 OPA 문법은 소스 코드 chap3/rego_ebnf_w3c.txt로

첨부했으니 참조하기 바란다.

OPA 문법을 레일로드 다이어그램으로 한 번 변환해 보자. 위의 chap3/rego_ebnf_w3c. txt 파일을 https://bottlecaps.de/rr/ui로 접속한 후 [Edit Grammer] 탭을 클릭하고 파일을 선택한 후 [Load]를 클릭하거나 에디터로 열어서 내용을 복사하면 그림 3-1과 같은 상태일 것이다.

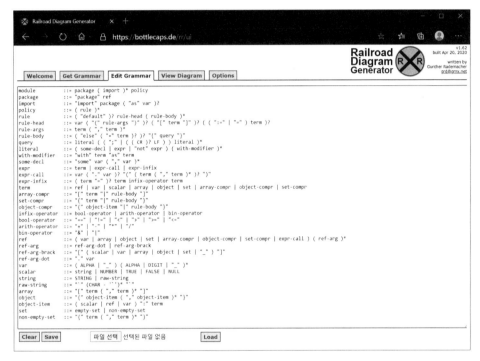

그림 3-1 bottlecaps.de/rr/ui에 입력한 OPA 문법

그런 다음 [View Diagram] 탭을 클릭하면 그림 3-2처럼 OPA 문법의 레일로드 다이어그램을 볼 수 있다.

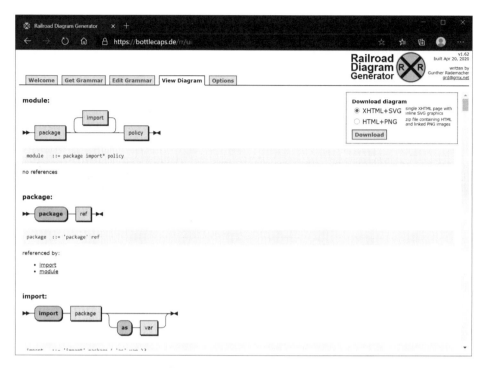

그림 3-2 OPA 문법의 레일로드 다이어그램

상단의 다운로드를 클릭하면 원하는 형태로 파일을 생성하고 zip 압축 파일로 다운로드
받을 수 있다. HTML+PNG를 선택하고 다운받은 후 압축을 풀고 index.html을 브라우저
로 열면 동일한 내용을 로컬에서 손쉽게 참조할 수 있다. referenced by 부분이나 다이어
그램 항목의 레이블을 클릭하면 연관된 내용을 쉽게 살펴볼 수 있다. 3장의 뒷부분을 읽으
면서 다이어그램을 함께 참조하면 더 쉽게 이해할 수 있을 것이다.

▍Rego 모듈

Rego 모듈을 문법을 통해 자세히 살펴보자.

모듈

Rego의 최상위 단위는 모듈이다. 하나의 Rego 파일을 하나의 모듈로 볼 수 있다. 모듈의 레일로드 다이어그램을 보면 그림 3-3과 같다.

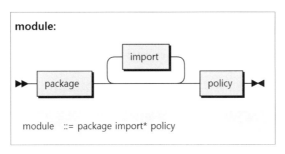

그림 3-3 모듈의 구조

레일로드 다이어그램을 보면 모듈은 패키지 선언, 임의의 수(하나도 없을 수도 있음)의 모듈에 대한 임포트 정책으로 구성됨을 알 수 있다. 그림 3-3의 내용을 풀어서 설명하면 모듈은 패키지와 정책으로 구성되며 다른 모듈의 내용을 포함하기 위한 임포트 문을 가질 수 있다.

OPA의 모듈은 Go 등의 범용 언어의 모듈들과 유사하지만 코드 대신 정책을 포함한다고 볼 수 있고 정책 자체도 코드로 볼 수 있으므로 범용 언어의 모듈과 거의 같다고 생각해도 무방하다.

패키지

이번에는 패키지 선언을 살펴보자. 패키지 선언은 그림 3-4와 같이 키워드 package와 다른 모듈에서 침조힐 수 있는 이름으로 구성된다.

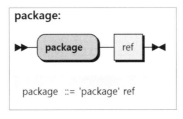

그림 3-4 패키지 선언의 구조

패키지 선언은 일반적인 프로그래밍 언어의 패키지 선언과 유사하며 예로 들면 다음과 같다.

```
package hello
```

다음과 같이 .을 활용해서 계층을 표현할 수도 있다.

```
package hello.test.p1
```

선언된 패키지는 다른 모듈에서 해당 모듈의 내용들을 로드하거나 구분할 때 사용되며 패키지 이름이 서로 다르면 네임스페이스가 달라지므로 동일한 이름을 갖는 변수와 함수가 서로 다른 패키지에는 존재할 수 있다.

임포트

임포트는 다른 모듈들을 Rego 파일로 불러와서 사용하기 위한 목적으로 사용된다. 임포트는 import <패키지 이름>의 형식을 가지며 다른 패키지에 속한 모듈들의 내용을 모듈에 포함하기 위해 사용한다. Rego 문법에서는 그림 3-5처럼 import 키워드 다음에 package가 오는 것으로 표현돼 있지만 패키지 자체보다는 패키지를 참조할 수 있는 이름(레퍼런스)이 오는 것으로 보는 것이 정확할 것이다.

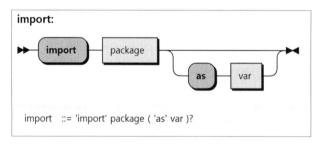

그림 3-5 임포트의 구조

예를 들어 다음과 같이 선언하면 data.test.example이라는 모듈의 내용을 불러온다.

```
import data.test.example
```

모듈을 파일 내에서 참조할 때에는 마지막 부분에 동일한 모듈이 없다면 모듈 이름의 마지막 부분만을 이용해서 참조할 수 있다. 위의 예에서 임포트한 data.test.example은 example로 참조할 수 있다.

모듈 내에서 불러온 패키지를 다른 이름으로 사용하고 싶다면 as로 다른 이름을 붙일 수 있다. 또 마지막 부분이 동일한 모듈들을 전체 모듈 참조 이름 없이 간편하게 사용하는 목적으로도 사용할 수 있다. 예를 들어 다음과 같이 data.test.example과 data.run.example 두 개의 모듈을 임포트한다면 다음과 같이 as문을 사용하면 앨리어스를 지정해 data.test.example을 dtexample, data.run.example을 drexample로 참조할 수 있을 것이다.

```
import data.test.example as dtexample
import data.run.teample as drexample
```

임포트는 특히 정책 데이터를 저장하고 있는 모듈들을 임포트를 수행한 모듈로 불러오는 목적으로 사용된다.

정책

정책은 그림 3-6과 같이 임의의 수의 규칙으로 구성된다. 극단적인 경우에는 규칙을 하나도 갖지 않을 수도 있지만 아무 규칙도 갖지 않는 모듈을 만드는 것은 실용적이지 않으므로 이런 경우는 보기 힘들 것이다. 사용자들이 추후 재정의해서 사용할 수 있는 부분의 패키지 이름을 미리 예약해 두는 플레이스 홀더의 용도로는 규칙 없이 주석만으로 구성된 파일이 존재할 수는 있을 듯하다.

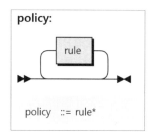

그림 3-6 정책의 구조

OPA 공식 문서에서는 모듈보다 규칙을 먼저 설명하는데, 이 책에서 모듈을 먼저 설명한 이유는 Rego에서는 거의 모든 것이 규칙이라는 점을 강조하기 위해서다. OPA 공식 문서의 설명을 듣다 보면 어떤 부분에서는 규칙인 것처럼 생각되더라도 어떤 부분에서는 규칙이 아닌 것처럼 혼동되는 부분이 많은데 이런 것들은 우선 모두 규칙이라고 생각하자.

기본 요소

규칙을 자세히 살펴보기 전에 Rego 언어의 기본 요소term에 대해 살펴보자. 기본 요소는 Rego 언어의 데이터를 표현하는 기본적인 자료구조로 볼 수 있다. 기본 요소는 그림 3-7처럼 참조, 변수, 스칼라값, 배열, 객체, 집합 등의 복합값Composite Value, 배열 포괄식Array Comprehension, 객체 포괄식Object Comprehension, 집합 포괄식Set Comprehension 등의 포괄식으로 구성된다. 우선 변수와 참조를 제외한 기본적인 자료구조들에 대해 살펴보자.

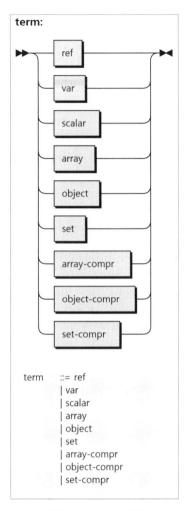

그림 3-7 기본 요소의 구조

스칼라값

Rego의 스칼라값^Scala Value^은 복합값으로 묶이지 않은 단순한 값을 표현하며 문자열^string^,
숫자^numbers^, 불리언^boolean^, null 타입이 될 수 있다. 문자열과 숫자는 모두 JSON 타입(즉
자바 스크립트 타입)과 동일하다. 스칼라값 선언은 그림 3-8과 같다.

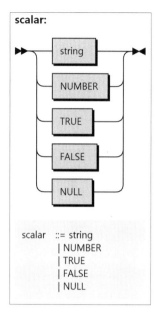

scalar:

```
scalar    ::= string
          | NUMBER
          | TRUE
          | FALSE
          | NULL
```

그림 3-8 스칼라값 선언의 구조

스칼라값들을 할당한 예는 아래와 같다.

```
s : = "hello, world"
num := 5
exists := false
ret := null
```

숫자

숫자의 경우 자바 스크립트와 타입이 동일하기 때문에 정수와 부동소수의 타입 구분이 없으므로 정수의 경우에도 지수부 저장을 위해 최소한의 공간이 필요하다. 따라서 정수로 표현할 수 있는 범위가 일반적인 프로그래밍 언어에 비해서 약간 좁은 점은 주의하자. 64bit 정수 기준으로 표현 가능 자릿수가 세 자리 정도 적다.

문자열

Rego의 문자열^{string}은 그림 3-9처럼 일반 문자열과 원시 문자열 두 가지 형태가 있다.

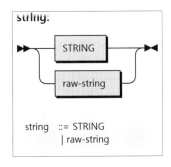

그림 3-9 문자열의 구조

일반 문자열^{Regular String}은 ""(이중 따옴표)로 둘러싸인 문자열이다. 일반적인 프로그래밍 언어와 같이 이중 따옴표 안의 \t, \n 등이 특수 문자로 인식된다. 예를 들어 다음 문자열을 출력하면 Hello 다음 줄에 World가 표시된다.

"Hello\nWorld"

원시 문자열^{Raw String}은 그림 3-10과 같이 백틱(키보드의 숫자 키 1 좌측에 위치)으로 둘러싸인 문자열이다. 일반 문자열과 달리 자체를 제외하고는 그대로 표시된다. 예를 들어 \t는 일반 문자열에서는 탭 특수 문자를 나타내지만 원시 문자열 안에서는 \와 t 문자 그대로 유지된다.

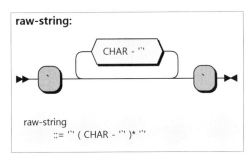

그림 3-10 원시 문자열의 구조

예를 들어 다음 문자열을 출력하면 Hello\nWorld가 그대로 표시될 것이다.

```
`Hello\nWorld`
```

복합값

복합값$^{Composite\ Value}$은 객체^{object}, 배열^{array}, 집합^{set} 등의 형태를 가진다.

객체

객체는 쉽게 JSON 객체를 생각하면 쉽다. 객체의 구조는 그림 3-11과 같이 { } 사이에 객체 항목이 ,로 분리돼 반복된다. 객체 항목은 그림 3-12와 같이 <키>:<값> 쌍의 형태다.

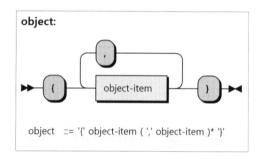

그림 3-11 객체의 구조

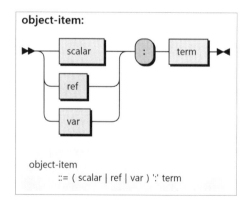

그림 3-12 객체 항목의 구조

Rego의 EBNF 문법상으로는 최소 하나의 <키>:<값> 쌍은 존재해야 하지만 실제로는 <키>:<값>이 하나도 없는 { }도 존재할 수 있다. 정확한 문법은 object ::= '{' object-item (',' object-item)* '}'가 아니라 그림 3−13과 같이 object ::= '{' (object-item (',' object-item)*)? '}'일 것이다. 또 { }가 빈 집합을 표현하는 것으로 오인할 수 있는데 Rego에서 빈 집합은 set()으로 표현한다. 타입의 이름은 4장에서 설명할 type_name 함수를 호출해서 알 수 있는데 type_name({})을 호출해 보면 "object"가 리턴된다.

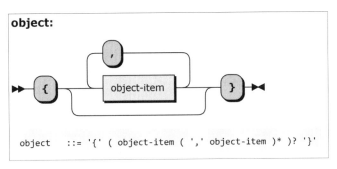

그림 3-13 정확한 객체의 구조

```
> type_name({})
"object"
> type_name(set())
"set"
```

객체는 키와 값으로 구성되며 객체의 값으로 객체나 다른 복합값들을 포함하는 것도 가능하다. 차이점은 JSON이 문자열만을 키로 사용하는 것과 다르게 스칼라값이나 참조, 변수를 사용할 수 있다는 점이다.

JSON과 마찬가지로 객체의 값은 다른 복합값이 될 수도 있다. 따라서 객체 안에 값으로 객체가 여러 단계로 중첩되는 것이 가능하다.

```
{
  "name1":"value1",
```

```
    "object": {"prop1":"value2", "prop2","value3"}
}
```

또 다음과 같이 객체의 값을 값 할당으로 할당된 값의 이름으로 지정해 참조할 수도 있다. 값 할당에 대해서는 규칙 부분에서 자세히 설명할 예정이다.

```
red := "FF0000"
{"color":red, "size":270}
```

객체들 간 동일성을 서로 비교할 수 있다. 다음과 같이 비교하면 실질적으로 객체의 값이 동일하기 때문에 true가 리턴된다.

```
{"name1":"value1", "name2":"value2"} == { "name2":"value2", "name1","value1"}
```

배열

배열은 값, 참조 등 기본 요소들의 집합으로 순서를 가지며 인덱스로 참조가 가능하다. 배열은 ,로 구분된 요소들이 [ ]로 둘러싸여 표현된다.

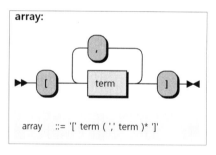

그림 3-14 배열의 구조

다음과 같이 numbers라는 이름으로 문자열 배열이 할당됐다면 numbers[0], numbers[1]과 같은 형태로 배열의 항목을 참조할 수 있다.

```
numbers := ["zero", "one", "two", "three", "four"]
```

만일 음수나 배열의 실제 인덱스보다 큰 값으로 참조하려고 하면 참조할 대상이 정의되지 않았으므로 undefined ret 에러가 발생한다.

다음과 같이 빈 배열도 선언이 가능한데 Rego의 EBNF 문법을 보면 최소한 하나의 기본 요소가 필요한 것으로 표현돼 있다.

```
empty_array := [ ]
```

이는 OPA 홈페이지에 게시된 EBNF 문법의 오류로 보인다. 역시 정확한 문법은 array ::= '[' term (',' term)* ']'가 아니고 그림 3-15와 같이 array ::= '[' (term (',' term)*)? ']'일 것이다.

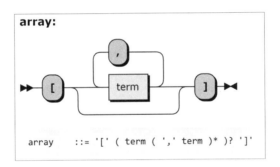

그림 3-15 정확한 배열의 구조

집합

집합은 키 없이 기본 요소들만으로 구성된 복합값이다. 배열과 달리 순서가 없고 중복된 값은 하나만 저장된다. 집합은 그림 3-16과 같이 빈 집합과 비어 있지 않은 집합 두 가지 형태가 있다.

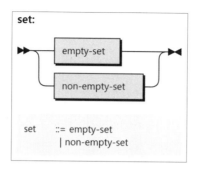

그림 3-16 집합의 구조

빈 집합은 그림 3-17과 같이 { }로 표현하지 않고 set()으로 표현한다. { }는 <키>:<값> 쌍이 없는 빈 객체를 의미하므로 이와 구별하기 위해 빈 집합을 set()으로 표현한다.

```
empty_set := set()
```

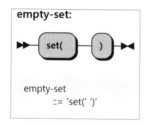

그림 3-17 빈 집합의 구조

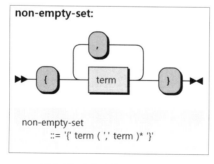

그림 3-18 비어 있지 않은 집합의 구조

빈 집합이 아닌 경우에는 그림 3-18과 같이 기본 요소들이 ,로 분리돼 { }로 둘러싸인다. 다음은 한국어를 표시할 때 자주 사용되는 인코딩의 목록을 집합으로 표현한 것이다.

```
encodings := { "euc_kr", "cp949", "utf-8" }
```

집합은 순서가 없기 때문에 구성하는 값들이 동일하고 순서가 다른 집합도 동일하다고 판단한다. 집합은 중복된 항목을 하나로 취급하므로 순서가 다른 경우뿐만 아니라 다음과 같은 경우에도 true가 된다.

```
> {1,2,3} == {2,2,3,3,1,1,1}
true
```

REPL에 {2,2,3,3,1,1,1}을 입력해 보면 실제로는 {1,2,3}으로 저장된 것을 알 수 있다.

포괄식

프로그래밍 언어나 수학에 관해 배울 때 포괄식comprehension을 간혹 접하게 될 것이다. Rego는 3가지 종류의 포괄식을 갖고 있다. 포괄식은 수학에서 { x | x > 3인 정수 } 등과 같은 형태의 표현을 떠올리면 이해하기가 쉬울 것이다.

객체 포괄식

객체 포괄식은 객체를 구성하는 <키> : <값>이 만족시켜야 하는 규칙을 표현한다. 객체 포괄식의 구조는 그림 3-19와 같으며 { <키> : <값> | <키와 값을 생성하는 규칙> }의 형태를 가진다.

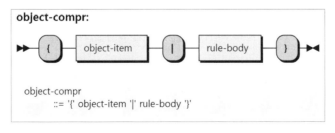

그림 3-19 객체 포괄식의 구조

객체 포괄식의 예를 살펴보자. REPL에서 다음과 같은 코드를 입력해 보자.

```
$opa run
OPA 0.19.2 (commit 40f9c1fe, built at 2020-04-27T22:51:13Z)

Run 'help' to see a list of commands.

> fruits := ["banana", "apple", "pineapple"]
Rule 'fruits' defined in package repl. Type 'show' to see rules.

> strlength := { st : count(st) | st = fruits[_] }
Rule 'strlength' defined in package repl. Type 'show' to see rules.

> strlength
{
  "apple": 5,
  "banana": 6,
  "pineapple": 9
}
```

우선 banana, apple, pineapple 3개의 항목을 가진 fruits라는 배열을 생성했다. 그 다음 strlength라는 객체를 객체 포괄식으로 선언했는데 키는 st, 값은 count 함수를 호출해 문자열의 길이를 리턴하도록 했다. 포괄식의 규칙 부분 st = fruits[_]는 fruits 배열의 각 요소를 순회하면서 st에 반복적으로 할당한다. 마지막 라인은 REPL에서 strlength를 입력해서 해당 객체의 내용을 출력했다. 결과적으로 fruits 배열의 항목이 키가 되고 키의 문자열 길이가 값이 되는 객체가 생성된 것을 확인할 수 있다.

집합 포괄식

집합 포괄식은 집합이 만족시켜야 하는 규칙을 표현해 집합을 선언한다. 집합 포괄식의 구조는 그림 3-20과 같으며 { <항목> | <항목을 생성하는 규칙> }의 형태를 가진다.

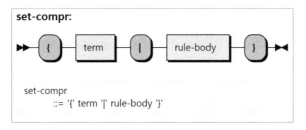

그림 3-20 집합 포괄식의 구조

집합 포괄식의 예를 살펴보자. REPL에서 다음과 같은 코드를 입력해 보자.

```
$opa run
OPA 0.19.2 (commit 40f9c1fe, built at 2020-04-27T22:51:13Z)

Run 'help' to see a list of commands.

> fruits := ["banana", "apple", "pineapple"]
Rule 'fruits' defined in package repl. Type 'show' to see rules.

> under7char := { st | st = fruits[_]; count(st) < 7 }
Rule 'under7char' defined in package repl. Type 'show' to see rules.

> under7char
[
  "banana",
  "apple"
]
```

우선 객체 포괄식에서 선언했던 fruits 배열을 동일하게 선언했다. 그 다음 집합 포괄식에서 집합에 포함될 항목을 st로 선언하고 st에 fruits의 항목을 순회히면서 반복적으로 대입했다. 그 다음의 세미콜론은 규칙을 구분할 때 사용되며 st의 문자열 길이가 7보다 작다는 규칙을 지정했다. 여러 개의 규칙이 규칙 바디에 함께 사용되면 and 조건으로 둘 다를 만족해야 한다. 그 다음 under7char의 결과를 출력하면 다음과 같이 문자열 길이가 7보다 큰 pineapple이 빠진 집합을 볼 수 있다.

under7char는 REPL에서 출력된 결과가 [ ]로 둘러싸여 있지만 집합이다. 배열이라면 under7char[0]을 입력했을 때 "banana"가 출력돼야 하지만 에러가 발생하며 under7char ["banana"]를 입력하면 "banana"가 출력되는 것을 볼 수 있다.

```
> under7char[0]
1 error occurred: 1:1: rego_type_error: undefined ref: data.repl.under7char[0]
        data.repl.under7char[0]
                              ^
                      have: 0
                      want (type): string

> under7char["banana"]
"banana"
>
```

배열 포괄식

배열 포괄식은 배열이 만족시켜야 하는 규칙을 표현해 배열을 선언한다. 배열 포괄식의 구조는 그림 3-21과 같으며 [<항목> | <항목을 생성하는 규칙>]의 형태다.

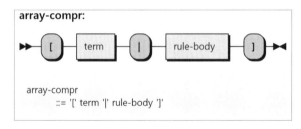

그림 3-21 배열 포괄식의 구조

배열 포괄식의 예를 살펴보자. REPL에서 다음과 같은 코드를 입력해 보자.

```
$opa run
OPA 0.19.2 (commit 40f9c1fe, built at 2020-04-27T22:51:13Z)
```

```
Run 'help' to see a list of commands.

> fruits := ["banana", "apple", "pineapple"]
Rule 'fruits' defined in package repl. Type 'show' to see rules.

> under7char2 := [ st | st = fruits[_]; count(st) < 7 ]
Rule 'under7char' defined in package repl. Type 'show' to see rules.

> under7char2
[
  "banana",
  "apple"
]
```

집합 포괄식의 예에서 { }를 [ ]로 변경했고 이름을 under7char에서 under7char2로 변경
했다. 생성에 사용한 규칙은 서로 동일하다. under7char2가 REPL에서 출력되는 값은 동
일하지만 under7char가 집합 포괄식으로 생성한 집합인데 반해 under7char2는 배열 포괄
식으로 생성한 배열이다. 차이를 확인하기 위해 REPL에 under7char2[0]을 입력해 보자.
under7char2[0]은 배열이므로 "banana"가 정상적으로 출력된 것을 볼 수 있다.

```
> under7char2[0]
"banana"
```

▌ 변수 및 참조

변수 및 참조도 문법상으로 기본 요소이지만 앞서 설명한 값을 나타내는 기본 요소들과는
다른 특성을 가지므로 별도로 설명한다.

변수

Rego의 변수^{Variables}는 일반적인 프로그래밍 언어의 변수와 다르다. Rego는 모든 표현식

들을 참으로 평가되게 하는 변수 값을 찾고 찾을 수 없으면 해당 변수가 undefined가 된다. 또 변수는 한 번 할당되면 변경될 수 없다. 규칙 부분에서 살펴볼 값 할당의 경우도 문서의 일부에서는 변수에 대한 할당으로 설명하고 있지만 OPA가 출력하는 메시지를 보면 규칙 할당으로 보는 것이 더 타당하다. 이것을 변수에 대한 값 할당으로 보더라도 변수는 한 번 정의^{define}되면 변경되지 않는다는 점을 유의한다면 큰 무리는 없다.

OPA는 정책 판단을 목적으로 하고 평가는 data 영역의 변수에 대한 쿼리로 수행하기 때문에 만일 변수의 값이 계속 변한다면 정책 판단의 결과에 일관성을 유지하기가 힘들 것이다.

변수는 입력과 출력으로 사용될 수 있다. 변수에 값이 할당된 상태에서 인자로 사용되면 값을 전달하는 입력값으로 사용할 수 있고 값을 할당하지 않은 변수를 넘기면 해당 변수에 출력값을 받아올 수 있다. 동일한 위치에 사용되더라도 입력이 될 수도 있고 출력이 될 수도 있어 이 부분이 Rego를 혼동스럽게 만드는 주된 요인이다. 예를 들어 a[i] == 3을 평가할 때 a에 2라는 값을 할당했다면 a[2]의 값이 3인지 찾을 것이고 i를 할당하지 않은 상태에서 위 값을 평가했다면 배열에서 값이 3인 것들의 인덱스를 모아서 i에 할당해 줄 것이다.

REPL에서 입력은 input 변수에 대한 할당으로 처리되는데 입력이 바뀌면 동일한 쿼리에 대한 결과가 바뀌기 때문에 변수의 값이 바뀌는 것이 아닌지 의문이 생길 것이다. 이 경우 새로운 입력을 통해서 새로운 정책 판단을 수행한다면 새로운 콘텍스트가 생성되는 것이고 이 콘텍스트의 변수는 이전 콘텍스트와 다르다.

변수의 이름은 그림 3-22와 같은 형식을 가진다. 즉 영문자(대소문자 모두 포함)나 밑줄(_)로 시작하며 밑줄, 숫자, 영문자가 반복된다.

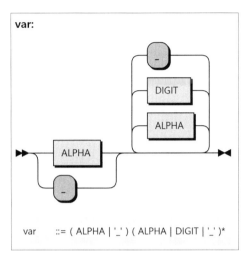

```
var:
```

```
var    ::= ( ALPHA | '_' ) ( ALPHA | DIGIT | '_' )*
```

그림 3-22 변수 이름의 형식

변수 개념을 실제로 확인해 보자. opa run을 실행해 REPL을 실행한 다음 한 줄씩 순서대로 입력해 보자.

```
a := [1,2,3]
a[b] == 1
a[c] == 5
```

우선 a := [1,2,3]을 실행하면 1,2,3으로 구성된 배열이 a에 할당된다.

```
> a := [1,2,3]
Rule 'a' defined in package repl. Type 'show' to see rules.
```

다음으로 a[b] == 1인 표현식을 입력해 해당 표현식을 참으로 만들 수 있는 b의 값을 찾는다. b는 배열의 인덱스로 사용됐고 첫 번째 항목이 1이고 인덱스는 0부터 시작되므로 b는 0이 된다.

```
> a[b] == 1
+---+
| b |
+---+
| 0 |
+---+
```

다음으로 a[c] == 5인 표현식을 입력해 보자. a는 5를 항목으로 갖지 않으므로 해당 표현식을 만족시킬 수 있는 c를 찾을 수 없다. 따라서 c는 예상대로 undefined가 된다.

```
> a[c] == 5
undefined
```

OPA 공식 문서의 [Introduction/Rego/Variable](https://www.openpolicyagent.org/docs/latest/#variables)절과 [Policy Language/Variable](https://www.openpolicyagent.org/docs/latest/policy-language/#variables)절에서 설명하는 변수는 서로 다른 관점에서 설명하고 있어 혼동을 줄 수 있음에 주의해야 한다. 이 책에서는 두 부분의 내용을 최대한 해석해 독자들이 가장 잘 이해할 수 있도록 노력했으나 향후 공식 문서의 해당 부분의 설명이 명확하게 다시 작성되면 해석이 달라질 수 있으니 실제 적용 시 한 번 더 해당 부분을 확인해 보기를 추천한다.

참조

참조[References]는 변수, 배열, 객체, 함수 호출 결과 등이 계층 구조를 가질 때 계층 구조에 접근할 수 있는 수단을 제공하며 구조를 살펴보면 그림 3-23과 같다.

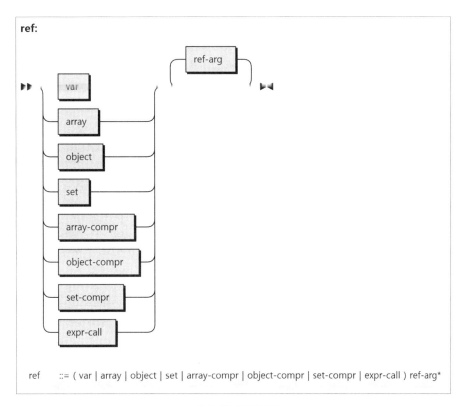

그림 3-23 참조의 구조

참조를 시작하는 최상위 계층 구조가 될 수 있는 것들은 그림 3-23처럼 변수, 배열, 객체, 집합과 배열 포괄식, 객체 포괄식, 집합 포괄식 및 함수 호출이다. 포괄식과 함수 호출은 그 표현 자체에 대해 참조하는 것이 아니고 표현의 결과로 생성된 배열, 객체, 집합 등에 대한 참조다. 최상위 참조 대상이 정해지면 하위 요소를 참조 인자를 통해 참조할 수 있다. 또 참조한 하위 요소가 다시 하위 요소를 갖는 경우(예를 들어 객체의 특정 키에 대해 다시 객체 등이 지정된 경우) 참조 인자를 통해 다시 그 하위 요소에 접근할 수 있다.

참조 인자는 그림 3-24처럼 .을 이용한 방식과 [ ] 사이에 변수 이름을 지정하는 방식 두 가지를 통해 대상의 하위 요소에 접근할 수 있다.

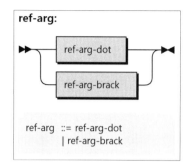

그림 3-24 참조 인자의 구조

.을 이용한 접근은 그림 3-25와 같이 . 다음에 변수 이름 형식을 만족하는 키를 통해서 참조할 수 있다.

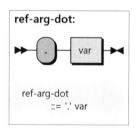

그림 3-25 .을 사용한 참조

[ ]를 이용한 접근은 그림 3-26과 같이 [ ] 사이에 스칼라값, 변수, 배열, 객체, 집합, _을 이용해서 참조할 수 있다.

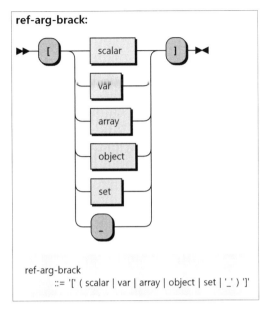

ref-arg-brack:

```
ref-arg-brack
     ::= '[' ( scalar | var | array | object | set | '_' ) ']'
```

그림 3-26 [ ]를 사용한 참조

참조의 예를 살펴보자. 우선 배열은 [ ]를 이용해서 참조할 수 있는데 [ ] 사이에 0부터 시작하는 인덱스를 주면 된다.

```
fruits := ["apple", "banana", "pineapple"]

# "banana""
furits[1]
```

집합의 경우는 [ ]를 이용한 참조와 .을 이용한 참조 모두 가능하다. 그러나 문자열 등에 - 문자 등이 포함된 경우에는 .을 이용한 참조가 불가능한 경우도 있어 주의가 필요하다.

```
encoding := {"utf-8", "euc-kr", "cp949"}

# ""utf-8"
encoding["utf-8"]
```

```
# "cp949"
encoding.cp949

# 1 error occurred: 1:1: rego_type_error: minus: invalid argument(s)
encoding.utf-8
```

객체의 경우도 집합과 유사하지만 참조한 키가 아닌 키에 해당하는 값이 리턴된다.

```
bob := {"name":"bob", "age":50, "point":1000}

# 50
bob.age

# 1000
bob["point"]
```

또 객체 안에 값으로 다시 객체를 포함하는 경우 등의 계층 구조도 참조를 통해 순차적으
로 접근할 수 있다.

```
bob := {"name":"bob", "age":50, "membership": {"point":1000, "coupon":["50percentdc",
"1000wondc"]} }

# 1000
bob.membership.point

# "50percentdc"
bob.membership["coupon"][0]

# { "coupon": [ "50percentdc", "1000wondc" ], "point": 1000 }
bob["membership"]

# 1000
bob["membership"]["point"]
```

순회

[ ]를 이용한 참조 중 [<변수명>] 형식은 순회[Iteration]에 사용할 수 있다.

예를 들어 다음 예제에서 fruitindex 규칙은 fruits 배열에서 "apple"을 찾아 인덱스를 리턴한다. REPL에 아래 예제를 입력한 후 fruitindex를 입력하면 0이 리턴된다. 해당 배열을 순회하면서 조건에 맞는 변수가 존재하는 경우 index 변수에 저장하고 규칙이 만족되면 인덱스를 규칙에 할당하는 코드이기 때문이다.

```
fruits := ["apple", "banana", "pineapple"]
fruitindex = index { fruits[index] == "apple" }
```

그러나 인덱스가 필요하지 않고 존재 여부만 검사한다면 index 변수에 인덱스를 저장할 필요는 없겠지만 여전히 순회는 필요할 것이다. 이런 경우 [_]를 사용하면 인덱스 변수는 저장하지 않고 순회할 수 있다.

다음 예제는 인덱스를 찾지 않고 존재 여부만 확인하는 규칙이다. REPL에 입력하고 fruitexists를 입력하면 true가 리턴된다.

```
fruits := ["apple", "banana", "pineapple"]
fruitexists = true { fruits[_] == "apple" }
```

▌규칙

Rego는 규칙의 선언이 전부라고 해도 과언이 아니다. 규칙의 종류는 해당 규칙에 값을 직접 할당하는 규칙, 규칙 바디의 내용이 참일 경우 값을 할당하는 규칙, 각 규칙이 규칙 평가 값의 일부를 할당하고 최종 평가 값은 이 값들을 집합이나 객체로 맡아서 정의하는 부분 규칙, 규칙을 재사용할 수 있도록 모듈화해 주는 함수 등 다양하다.

규칙의 구조는 그림 3-27과 같다. 규칙의 처음에 default 키워드가 선택적으로 위치하고 규칙 헤드^{Rule Head}가 존재한다. 규칙 헤드 뒤에는 여러 개의 규칙 바디^{Rule Body}가 존재할 수 있고 존재하지 않을 수도 있다. 값 할당, 함수 등 규칙은 규칙 헤드의 형태에 따라서 구분되며 이에 대한 자세한 내용은 규칙 형태별로 살펴보면서 설명한다.

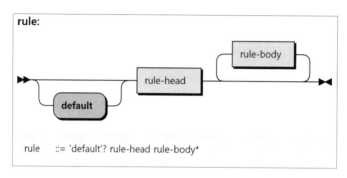

그림 3-27 규칙의 구조

값 할당

Rego 언어의 가장 기본적인 규칙은 값의 할당^{assign}이며 그림 3-28과 같은 구조를 가진다. 값 할당은 다른 언어의 상수 선언과 비슷하다고 볼 수 있다. 3.14를 pi라고 이름 붙이는 것처럼 특정값을 다른 곳에서 읽기 쉽도록 해 준다.

값 할당은 default 키워드와 규칙 바디 없이 규칙 헤드만 존재하는 규칙의 형태다. 값 할당은 <변수 이름> := <기본 요소>의 문법을 가진다. 예를 들어 hello := "world"라는 형태다.

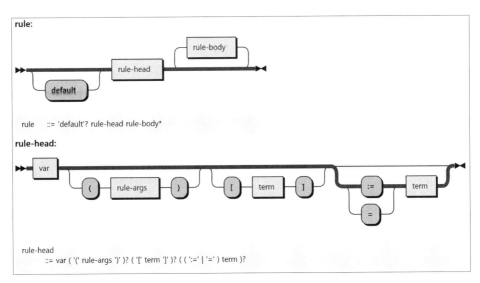

그림 3-28 값 할당의 구조

값 할당의 값(우변)이 될 수 있는 기본 요소term는 그림 3-26처럼 스칼라값이 될 수도 있고 배열이나 집합, 객체 등의 복합값이 될 수도 있으며 복합값을 식으로 간편하게 표현한 포괄식comprehension이 될 수도 있다. 또 값의 타입은 별도로 지정하지 않으며 자동으로 추론된다.

값 할당의 특성

기본적으로 동일한 값을 여러 번 할당하면 Rego 파일에서는 에러가 발생한다. 반면 REPL에서는 다시 값을 할당하면 이전의 값을 덮어 쓴다. 우선 아래와 같이 코드를 작성해서 badassign.rego로 저장하자.

〈chap3/badassign.rego〉

```
package assign

a := 3
b := 4
```

```
a := 5
```

코드를 저장했으면 다음 명령을 실행해 보자. opa run은 REPL을 실행하는 명령어인데 Repl 실행 시 Rego 파일이나 JSON 형식의 데이터 파일 등을 지정하면 REPL 동작 시 해당 파일들을 읽어서 미리 로딩해 준다. 실행 결과 a := 5라고 작성한 부분에서 a라는 규칙이 재선언됐다는 에러를 출력한다.

```
$ opa run badassign.rego
error: compile error: 1 error occurred: test.rego:3: rego_type_error: rule named a
redeclared at test.rego:6
```

값 할당 규칙을 사용할 때는 동일한 이름으로 다시 선언할 수 없음을 알 수 있다.

이번에는 Rego 파일 없이 REPL을 실행해 보자. REPL이 실행되고 > 프롬프트가 나타나면 a := 3, b := 4, a := 5를 순차적으로 입력해 보자.

```
$ opa run
OPA 0.19.2 (commit 40f9c1fe, built at 2020-04-27T22:51:13Z)

Run 'help' to see a list of commands.

> a := 3
Rule 'a' defined in package repl. Type 'show' to see Rules.

> b := 4
Rule 'b' defined in package repl. Type 'show' to see Rules.

> a := 5
Rule 'a' re-defined in package repl. Type 'show' to see Rules.

> show
package repl

b := 4
```

```
a := 5
>
```

파일을 로딩할 때와 다르게 a 규칙이 재정의된 것을 알 수 있다. 만일 REPL이 재정의를 허용하지 않는다면 실수로 입력했을 때 다시 처음부터 정의하지 않고 실수를 바로 잡을 수 없을 것이다. OPA를 적용하는 일반적인 상황에서는 Rego 파일을 REST 서버나 Go 클라이언트 라이브러리로 로딩해 사용할 것이기 때문에 값 할당 규칙은 같은 이름에 대해서는 다시 할당할 수 없다는 점을 기억하자.

완전한 규칙

앞서 살펴본 값 할당은 값을 할당하기만 하고 정책의 판단이 이루어지지는 않는다. 값 할당 이외의 정책의 판단이 일어나는 규칙들을 살펴보자. OPA에선 규칙 구문들의 만족 여부에 따라 값이 설정되는 형태의 규칙을 완전한 규칙^{Complete Rule}이라고 하고, 변수를 이용해서 규칙의 일부분을 재사용할 수 있도록 한 규칙을 부분 규칙^{Partial Rule}이라고 한다.

OPA 관련 자료들을 찾아보면 다음과 같은 형태의 규칙들을 많이 봤을 것이다.

```
<규칙 이름> {
    <규칙 구문 1>
    <규칙 구문 2>
...
    <규칙 구문 n>
}
```

이런 형태의 규칙은 다음 형태의 축약형이다.

```
<규칙 이름> = true {
    <규칙 구문 1>
    <규칙 구문 2>
```

```
...
    <규칙 구문 n>
}
```

규칙의 정규화된 형태는 다음과 같으며 위의 두 형태는 특히 규칙값이 true인 경우다.

```
<규칙 이름> = <규칙값> {
    <규칙 구문 1>
    <규칙 구문 2>
...
    <규칙 구문 n>
}
```

<규칙 이름> = <규칙값> 부분이 규칙 헤드이고 { }로 둘러싸인 규칙 구문들이 규칙 바디다. 규칙 바디의 구문들이 모두 AND로 만족돼야 규칙 이름에 규칙값이 할당되지만 규칙 바디 구문들의 순서는 상관이 없다.

지금까지 살펴본 완전한 규칙의 구조를 살펴보면 그림 3-29와 같다.

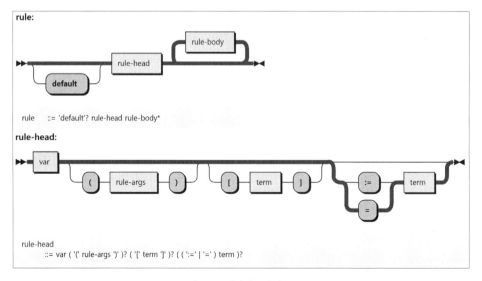

그림 3-29 완전한 규칙의 구조

완전한 규칙은 규칙 바디를 갖는데 규칙 바디의 구조는 그림 3-30과 같다.

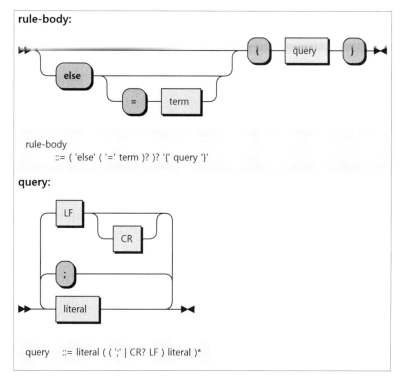

그림 3-30 규칙 바디의 구조

규칙 바디 앞부분은 선택적인 else문이 존재할 수 있으며 필수적으로 { }로 둘러싸인 쿼리 블록이 하나 존재한다. 또 쿼리 부분은 0개 이상의 구문이 반복되는데 각 구문을 구분하는 것은 세미콜론(;)이나 라인을 바꾸는 개행 문자(플랫폼에 따라 \n 또는 \r\n)다. 즉 한 줄에 여러 구문을 표현하고 싶으면 세미콜론으로 구분할 수 있고 여러 줄로 나눠 쓰면 여러 구문으로 인식된다. 여러 줄로 표현하고 세미콜론으로 마치면 빈 줄을 추가한 것과 같으므로 코드상으로 달라지는 점은 없다. 따라서 다음 3가지 형태는 내용상 동일하다. 구문에 관해서는 이후에 연산자들과 함께 설명한다.

```
{
    <규칙 구문 1>; <규칙 구문 2>; ...
}
```

```
{
    <규칙 구문 1>
    <규칙 구문 2>
    ...
}
```

```
{
    <규칙 구문 1>;
    <규칙 구문 2>;
    ...
}
```

규칙 집합

값 할당과는 다르게 규칙 이름에 동일한 규칙이 여러 개 존재할 수 있는데 이것들을 규칙 집합Rule Set이라고 하며 규칙 집합을 구성하는 규칙 중 하나라도 만족하는 규칙이 있다면 해당 값으로 할당된다. 규칙 집합은 기존 규칙 집합에 동일 이름의 규칙을 새로 추가해 점 진적으로 정의할 수 있다. 동일한 이름의 규칙이 여러 개 선언된 경우 규칙 중 하나만 만 족하면 되기 때문에 OR 관계로도 볼 수 있다. 또 규칙 집합의 규칙이 이 절에서 설명하는 완전한 규칙인 경우 할당값을 서로 다르게 지정할 수 없다.

```
<규칙 이름> = <규칙값> {
    <규칙 구문 1>
    <규칙 구문 2>
...
}
```

```
<규칙 이름> = <규칙값> {
    <규칙 구문 3>
    <규칙 구문 4>
...
}
```

하나의 <규칙 이름> = <규칙값> 쌍에 다중의 규칙 바디가 선언된 경우는 동일한 <규칙 이름> = <규칙값>으로 각각의 규칙 바디가 선언(후에 기술할 else문이 없어야 함)된 것과 동일하다.

```
<규칙 이름> = <규칙값> {
    <규칙 구문 1>
    <규칙 구문 2>
...
} {
    <규칙 구문 3>
    <규칙 구문 4>
...
}
```

else문

else문으로 여러 규칙 바디를 연결하면 첫 번째 바디의 조건이 만족하지 않았을 때 다음 바디의 조건을 체크하도록 규칙을 작성할 수 있다. else문을 사용한 규칙의 문법은 다음과 같이 표현할 수 있다.

```
<규칙 이름> = <규칙값> {
    <규칙 구문 1>
    <규칙 구문 2>
...
} else = <규칙값2> {
    <규칙 구문 3>
    <규칙 구문 4>
...
```

```
} else = <규칙값3> {
    <규칙 구문 5>
    <규칙 구문 6>
...
}
...
```

규칙 집합과 다르게 여러 개의 규칙 바디가 else문으로 연결된 경우에는 첫 번째 규칙 바디의 조건이 만족되지 않으면 그 다음 규칙 바디의 조건을 검사하고 또 만족되지 않으면 다음 규칙 바디를 검사하는 식으로 순차적으로 처리된다. else문마다 else = <규칙값> 형식으로 해당 규칙 바디가 만족했을 때 규칙에 할당할 값을 지정할 수 있다.

앞의 그림에서 규칙 바디에 else문이 나타나는 경우를 살펴보면 else = <규칙값> 형태가 아니라 그냥 else만 사용하는 것도 문법적으로는 가능하다. REPL에 테스트해 보더라도 에러가 발생하지 않는다. else로만 연결된 경우는 각 규칙 바디를 만족했을 때 할당값을 true로 할당한 것과 동일하므로 else문을 사용하더라도 규칙 집합과 동일하게 동작한다. 이런 경우에는 혼동을 줄 수 있으므로 반드시 else문을 사용할 때는 else = <규칙값> 형태로 사용하자.

```
<규칙 이름> = {
    규칙 구문 1
    규칙 구문 2
...
} else {
    규칙 구문 3
    규칙 구문 4
...
}
```

REPL을 실행하고 다음 코드를 입력해 보자. 코드는 elstest라는 규칙을 선언했는데 count("apple") == 3을 만족하면 elstest에 1이 할당되는 규칙이다. 그 다음 else문으로 처음 규칙이 만족하지 않을 경우 else문으로 count("apple") == 5를 만족하면 규칙에 2를 할당한다. elstest를 입력해서 해당 조건의 값을 else문을 통해 범용 프로그래밍 언어의 if나 switch문을 비슷하게 흉내 낼 수 있으며 특히 함수를 만들 때 유용하게 사용할 수 있다.

```
> elstest = 1 { count("apple") == 3 } else = 2 { count("apple") == 5}

> elstest
2
```

규칙의 기본값

규칙은 기본적으로 규칙 구문들을 만족하면 규칙 이름의 값이 지정한 값으로 할당된다. 구문들을 만족하지 못한다면 undefined가 되는데 이 경우 기본값이 지정됐다면 기본값이 할당된다. 기본값을 지정하기 위해서는 default문을 사용하는데 default문 역시 규칙의 일종이다. default문의 값 타입과 동일 이름을 가진 다른 규칙들의 값 타입이 반드시 동일할 필요는 없지만 오류를 줄이기 위해서는 동일한 타입을 사용하는 것이 좋다. default문은 다음과 같은 형태를 가진다.

```
default <규칙 이름> = <값>
```

default문의 구조를 문법을 통해 살펴보면 그림 3-31과 같다.

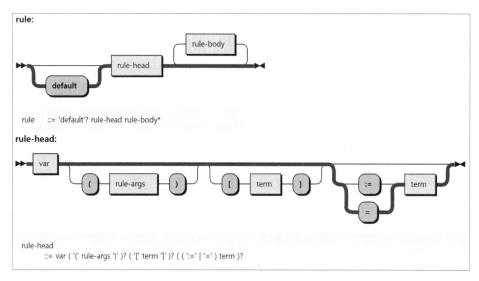

rule:

rule ::= 'default'? rule-head rule-body*

rule-head:

rule-head
    ::= var ('(' rule-args ')')? ('[' term ']')? ((':=' | '=') term)?

그림 3-31 default문의 구조

규칙의 예

규칙의 예를 살펴보자. 다음에서 정의한 allow 규칙은 기본값이 false다. 첫 번째 규칙은 input의 role값이 "admin"이라면 allow가 true가 되는 규칙이다. 두 번째 규칙은 input의 role값이 "user"이고 동시에 input의 has_permission값이 true인 경우 두 가지를 모두 만족하면 true다.

```
default allow = false

allow = true {
    input.role == "admin"
}

allow = true {
    input.role == "user"
    input.has_permission == true
}
```

위의 코드에서 allow = true를 allow = 1로 바꿔 보자. 그렇게 하면 다음과 같은 코드가 된다.

```
default allow = false

allow = 1 {
    input.role == "admin"
}

allow = 1 {
    input.role == "user"
    input.has_permission == true
}
```

위의 규칙을 평가하면 input.role이 "admin"이거나 input.role이 "user"이면서 동시에 input.has_permission이 true인 경우 allow가 true가 아닌 1로 평가된다. default는 변경하지 않았으므로 두 가지 규칙 중 어느 것도 만족하지 못한다면 allow = false가 된다. 규칙의 default와 평가 성공 시 할당되는 평가 값은 반드시 동일한 타입일 필요는 없으며 규칙은 변수 등과는 다르다는 것을 알 수 있다.

만일 두 개의 규칙 중 하나만 allow = 1로 바꾸고 하나는 allow = true로 남겨두면 실제 평가 시 아래와 같은 에러가 발생한다.

```
eval_conflict_error: complete rules must not produce multiple outputs
```

부분 규칙

부분 규칙^{Partial Rule}은 규칙 바디에서 정한 규칙에 부합하는 값들을 집합이나 객체로 변수에 할당해 주는 규칙이다. 객체도 관점에 따라 <키>:<값> 쌍의 집합으로도 볼 수 있으므로 부분 규칙은 임시적으로 집합을 생성하는 규칙이라고 볼 수 있다. Rego 규칙들을 작성하다 보면 임시적으로 집합을 할당하고 집합에서 조건에 맞는 부분을 필터링하는 과정을 여러 단계 반복하는 경우를 많이 볼 수 있다. 이렇게 임시적으로 집합을 필터링해서 새로운 집합을 생성하는 코드를 부분 규칙으로 리팩토링하면 부분 규칙을 여러 다른 규칙(완전한 규칙, 부분 규칙, 함수 등)에 상관 없이 재활용할 수 있다.

집합을 생성하는 부분 규칙은 그림 3-32와 같은 규칙 헤드를 가진다. 변수 이름 형식의 <규칙 이름> 다음에 [ ]로 둘러싸인 기본 요소가 위치하는데 규칙 바디를 참으로 만드는 기본 요소들이 모인 집합이 규칙의 결과가 된다.

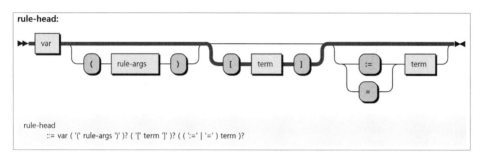

그림 3-32 집합을 생성하는 부분 규칙의 규칙 헤드 구조

집합을 생성하는 부분 규칙의 예를 살펴보자. 다음과 같이 fruits 배열에서 "apple"이 아닌 것들의 집합을 정의하는 nonapplefruits를 REPL에 입력해 보자. 그러면 예상했던 결과를 볼 수 있다.

```
> fruits :=["apple","banana", "pineapple"]
Rule 'fruits' defined in package repl. Type 'show' to see rules.
> nonapplefruits[fruit] { fruit := fruits[_]; fruit != "apple" }
Rule 'nonapplefruits' defined in package repl. Type 'show' to see rules.
> nonapplefruits
[
  "banana",
  "pineapple"
]
```

객체를 생성하는 부분 규칙은 그림 3-33과 같은 규칙 헤드를 가진다. 집합을 생성하는 경우에 비해 [ ] 부분 뒤쪽에 = <기본 요소> 부분이 붙은 것을 알 수 있다. [ ] 안의 기본 요소는 객체의 속성 키 부분과 관련되고 = 뒤의 <기본 요소>는 해당 키에 대한 값 부분에 해당된다.

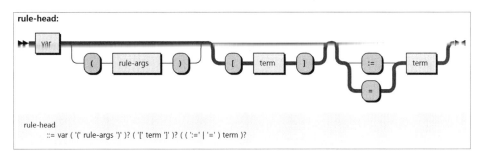

그림 3-33 객체를 생성하는 부분 규칙의 규칙 헤드 구조

객체를 생성하는 규칙의 예를 살펴보자. 나이, 키, 몸무게 등의 속성을 갖는 bob이라는 객체를 정의했다. 만일 bob의 속성 중 나이 부분을 제거한 새로운 객체를 생성하는 bobwithoutage를 정의했다. REPL에 그대로 입력해 보면 생각했던 것과 동일하게 동작하는 것을 볼 수 있다.

```
> bob := { "age":30, "height":180, "weight":100}
Rule 'bob' defined in package repl. Type 'show' to see rules.
> bobwithoutage[key] = val { val := bob[key]; key != "age" }
Rule 'bobwithoutage' defined in package repl. Type 'show' to see rules.
> bobwithoutage
{
  "height": 180,
  "weight": 100
}
```

함수

함수Function도 규칙의 일종이며 형태는 다음과 같다.

```
<규칙 이름> ( <인자>, ... ) = <리턴할 변수> {
    <규칙 구문 1>
```

```
    <규칙 구문 2>
...
}
```

함수도 규칙이기 때문에 규칙 바디의 구조는 다른 규칙과 동일하며 규칙 헤드의 구조는 그림 3-34와 같다. 문법적 특징으로만 보면 규칙 헤드에 변수명 형식 함수 이름 다음에 ( )로 둘러싸인 ,로 분리된 규칙 인자^{Rule Arguments} 목록을 갖는 규칙이라고 할 수 있다. 규칙 인자가 하나도 없는 함수도 가능하며 이 경우에도 ( )로 표현된다.

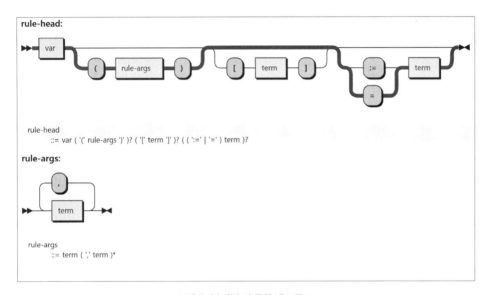

그림 3-34 함수의 규칙 헤드 구조

함수를 정의해서 사용해 보자. VSCode에서 다음 코드를 입력하고 function.rego 등 원하는 이름으로 저장하자.

⟨chap3/function.rego⟩

```
package function

multiply(a,b) = m {
```

```
    m := a*b
}

result1 = r {
    n := multiply(3,4)
}

result2 = r {
    r := multiply(3,9)
}
```

위의 코드를 간단히 설명하면 다음과 같다. 우선 function이라는 패키지를 선언했다. 그 후 multiply라는 이름으로 함수를 선언했으며 인자로 a, b를 받아 m이라는 변수에 할당된 값을 리턴한다. 본문은 단순히 두 인자 a, b를 곱한 값을 리턴한다.

그 다음 함수가 제대로 동작하는지 확인하기 위한 두 개의 룰 result1, result2를 선언했다. result1은 multiply 함수를 3과 4 인자로 호출하고 그 결괏값 r로 정의되도록 선언했다. result2는 인자를 3, 9로 바꾼 것 이외에는 result1과 동일하다.

작성한 함수가 제대로 동작하는지 확인해 보자. [Ctrl + Shift + P](맥 OS에서는 [Cmd + Shift + P])를 입력하고 [OPA: Evaluate Package]를 선택해서 값을 평가해 보자. 결과는 아래와 같다.

```
// Evaluated package in 999.4µs.
{
  "result1": 12,
  "result2": 27
}
```

이번에는 인자 수가 틀리거나 곱셈을 지원하지 않는 부적절한 인자를 넘겼을 때 함수가 어떻게 동작하는지를 살펴보자. 다음과 같이 result3, result4를 추가하고 다시 Ctrl + Shift + P(맥 OS에서는 [Cmd + Shift + P])를 입력하고 [OPA: Evaluate Package]를 선택해서 값을 평가해 보자.

```
result3 = r {
    r := multiply(4,6,7)
}

result4 = r {
    r := multiply("23",5)
}
```

평가를 수행하려고 하면 다음과 같이 예상한 에러가 발생한다.

```
function.rego:16: rego_type_error: data.function.multiply: too many arguments

function.rego:20: rego_type_error: data.function.multiply: invalid argument(s)
```

함수의 인자로는 변수뿐 아니라 값을 직접 사용할 수도 있다. 다음 코드를 function2.rego로 저장하고 평가해 보자.

⟨chap3/function2.rego⟩

```
package function2

one("number") = r {
    r := 1
}

one("string") = r {
    r := "one"
}

testrule = result {
    result := one("number")
}
```

결과는 다음과 같을 것이다.

```
// Evaluated package in 0μs.
{
  "testrule": 1
}
```

값을 직접 인자로 사용하면 룩업 테이블 등을 구현할 수 있다. 다만 주의할 점이 있는데 동일한 이름으로 함수가 여러 번 수행되는 경우 동일한 인자 위치에 값들만 존재하면 문제가 없지만 값과 변수가 혼용되면 문제가 발생한다. 예를 들어 동일한 이름을 갖고 인자 하나를 받는 두 함수 중 하나는 값을 받고 하나는 변수를 받으면 문제가 발생한다.

구문

규칙 바디에서 규칙을 작성하기 위해 사용되는 구문^{literal}의 구조를 살펴보면 그림 3-35와 같다.

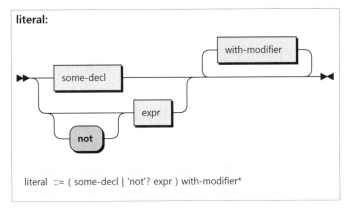

그림 3-35 구문의 구조

구문은 some문이거나 표현식^{expression}일 수 있고 표현식은 선택적으로 앞부분에 not이 붙거나 뒷부분에 with문이 붙을 수 있다. 문법상으로는 some문에도 with문이 붙을 수 있는 것처럼 보이지만 some문에 붙는 with문은 큰 의미가 없다.

some문

some문은 규칙 바디 내에서 로컬로 사용되는 변수를 명확히 선언하는 데 사용된다. some문이 필요한 경우는 내부 변수임을 명확히 하지 않으면 규칙 외부에 동일한 이름을 가진 변수가 있다면 외부 변수가 참조될 수 있기 때문에 외부 변수의 존재에 상관 없이 로컬 변수임을 명확히 하는 목적으로 사용된다. 따라서 규칙 바디 내에서 명확히 :=을 사용한 값 할당을 하는 경우(값 할당과 동시에 좌변의 로컬 변수가 선언됨)가 아니면 항상 로컬 변수는 some문으로 선언하는 것이 좋다.

some문의 구조는 그림 3-36과 같다. some문은 some 키워드 다음에 콤마로 분리된 변수 이름 목록을 선언한다. 해당 이름을 갖는 변수들은 로컬 변수라는 선언이기 때문에 특별히 더 복잡한 부분은 없다.

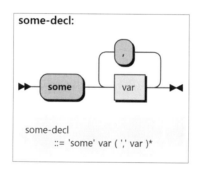

그림 3-36 some문의 구조

some문을 사용한 예제를 살펴보자.

```
find_apple = index {
  some index
  fruits[index] == "apple"
}
```

예제에서 find_apple이라는 규칙을 선언했고 규칙을 만족하면 index라는 변수를 리턴한다. 그 다음 로컬 변수 index를 선언했고 fruits라는 배열에서 임의의 위치에 있는 값이 "apple"인 조건을 만족하는 경우 그 인덱스가 index 변수에 담긴다. 위의 예에서 다음과 같이 some index 라인을 제외하더라도 동일하게 동작한다.

```
find_apple = index {
  fruits[index] == "apple"
}
```

그러나 다음과 같이 외부에 index가 이미 정의돼 있다면 어떨까?

```
index := 1000

find_apple = index {

  fruits[index] == "apple"
}
```

REPL에서 시험해 보면 find_apple의 값이 undefined가 된다. index가 선언돼 있으므로 fruits[index] == "apple"을 만족하는 변수 index를 찾지 않고 fruits[1000] == "apple"을 평가하기 때문에 평가 결과가 false가 돼 규칙이 undefined 상태가 된다. 따라서 로컬 변수는 항상 some으로 선언해 둬야 외부에서 동일한 이름의 변수가 존재해서 의도와 다르게 동작하는 것을 방지할 수 있다.

with문

with문은 해당 구문에서 input이나 data를 특정 데이터로 대체하기 위해서 사용한다. with문은 단위 테스트를 작성할 때 주로 사용되며 그 구조는 그림 3-37과 같다.

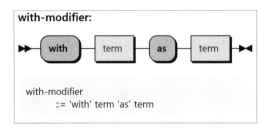

그림 3-37 with문의 구조

OPA 공식 문서에서는 **data**와 함께 with문을 사용하는 경우 부분 규칙에 따라 가상 문서로 생성된 data의 하위 부분과 함께 사용하지 않아야 한다고 경고하고 있다.

with문의 사용 예는 다음과 같다. with문에 대해서는 이후 장에서 테스트 코드를 작성할 때 더 상세히 살펴본다.

```
input.role == "admin" ==  with input as { "role":"admin", "id": "1133"  }
```

표현식

표현식expression의 구조는 그림 3-38과 같다. 표현식은 기본 요소이거나 함수 호출이거나 중위 연산자가 포함된 표현식일 수 있다.

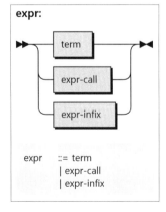

그림 3-38 표현식의 구조

기본 요소는 이미 앞부분에서 살펴봤으므로 함수 호출식을 살펴보자. 함수 호출식의 구조는 그림 3-39와 같다. 예상했듯이 <함수 이름>(<기본 요소 형식의 인자>, ...) 형태다.

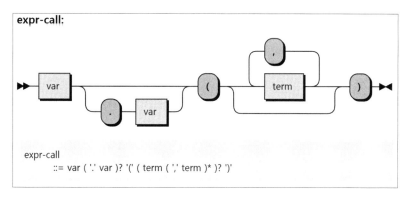

그림 3-39 함수 호출식의 구조

문법에서는 함수 이름이 변수 이름 형식 사이에 .이 하나만 추가될 수 있는 것으로 표현돼 있는데 실제로는 여러 개의 .으로 분리된 함수 이름이 존재할 수 있으므로 문법의 오류로 보인다. OPA 공식 문서에서도 다른 모듈에서 사용할 함수를 정의할 때 이름의 충돌을 피하기 위해 .을 활용해서 org.example.special_func와 같은 형태로 다른 모듈의 함수와 이름을 구별할 것을 권장하고 있다.

함수 호출의 예를 들어 보면 다음과 같다.

```
contains(fruits, "banana")
glob.match("*:github:com", [":"], "api:github:com")
org.example.special_func()
```

not문

not문은 표현식의 결과를 부정하는 부정문이다. == 연산자로 비교한 표현식을 부정하면 != 연산자로 비교한 것과 같아진다. 따라서 다음 두 표현식은 동일하다.

```
not "hello" == "world"
"hello" != "world"
```

다른 예로 특정한 규칙의 부정에 해당하는 규칙을 정의해 보자. 다음과 같은 fruits 배열에 "apple"이 포함돼 있는지를 검사하는 규칙이 있다고 가정하자.

```
default appleinfruits == false
fruits := ["apple","banana", "pineapple"]
appleinfruits { fruit = fruits[_]; fruit == "apple" }
```

그렇다면 "apple"이 fruits 배열에 없는지 검사하는 규칙은 어떻게 정의할 수 있을까? not 문을 사용해서 정의해 보자. 얼핏 보면 아래와 같이 하면 될 것처럼 보인다.

```
default wrongapplenotinfruits == false
fruits := ["apple","banana", "pineapple"]
wrongapplenotinfruits { fruit = fruits[_]; not fruit == "apple" }
```

그러나 REPL에 입력해 보면 "apple"이 fruits 배열에 존재하므로 false가 나와야 되지만 true가 나온다. 해당 규칙을 자세히 보면 fruits를 순회하면서 fruit 변수에 담고 fruit 변수와 "apple"을 계속 비교한다. 규칙 바디에서 순회 과정에 not fruit == "apple"을 만족하는 케이스가 존재하기 때문에 규칙 바디가 true가 된 것이다. 즉 순회 시 not문을 사용하면 생각하는 것과 다르게 동작할 수 있으므로 주의가 필요하다.

다음과 같이 규칙 바디에 not문으로 다른 규칙을 호출해 주면 원래 의도했던 결과를 얻을 수 있다.

```
default applenotinfruits == false
applenotinfruits { not appleinfruits }
```

중위 연산자 및 중위 연산자 포함식

중위 연산자^{Infix Operator} 표현식은 〈기본 요소〉 = 〈기본 요소〉 〈중위 연산자〉 〈기본 요소〉나 〈기본 요소〉 〈중위 연산자〉 〈기본 요소〉의 형식이며 구조는 그림 3-40과 같다.

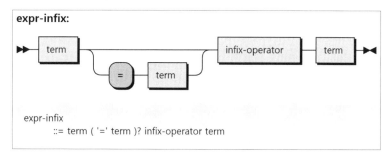

그림 3-40 중위 연산자 표현식의 구조

중위 연산자의 종류는 그림 3-41과 같이 비교 연산자, 산술 연산자, 집합 연산자가 존재한다. 문법에는 bin-operator라고 표시돼 있어 AND, OR 등의 논리에 관한 연산자처럼 보이지만 실제로는 집합에 대한 연산자다.

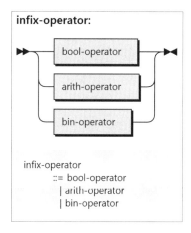

그림 3-41 중위 연산자의 구조

비교 연산자의 구조는 그림 3-42와 같으며 각각의 연산자를 간략히 설명하면 표 3-1과 같다. 비교 연산자의 결과는 true나 false가 된다.

연산자	설명
==	a == b이면 a와 b의 값이 동일하면 true, 동일하지 않으면 false
!=	a != b이면 a와 b의 값이 동일하지 않으면 true, 동일하면 false
〈	a 〈 b이면 a가 b보다 작으면 true, 크거나 같으면 false
〉	a 〉 b이면 a가 b보다 크면 true, 작거나 같으면 false
〉=	a 〉= b이면 a가 b보다 크거나 같으면 true, 작으면 false
〈=	a 〈= b이면 a가 b보다 작거나 같으면 true, 크면 false

표 3-1 Rego 비교 연산자

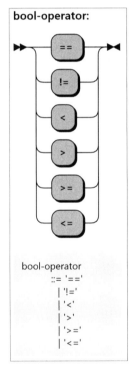

그림 3-42 비교 연산자의 구조

산술 연산자의 종류는 그림 3-43과 같다. 일반적인 프로그래밍 언어와 마찬가지로 +, -, *, /는 각각 덧셈, 뺄셈, 곱셈, 나눗셈을 의미한다. 나머지를 구하는 % 연산자(일반적으로 모듈로^{modulo} 연산자라고 부름)도 문법에는 표현돼 있지 않지만 존재한다.

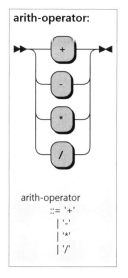

그림 3-43 산술 연산자의 구조

집합 연산자

집합 연산자의 구조는 그림 3–44와 같으며 교집합(&)과 합집합(|) 연산을 지원한다. 문법
상으로는 나타나 있지 않지만 차집합(-)도 구할 수 있다.

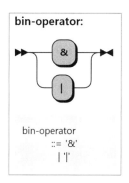

그림 3-44 집합 연산자의 구조

집합 연산자들을 테스트해 보자. 다음과 같이 REPL에 입력하면 예상했던 결과를 볼 수 있다.

```
> {1,2,3} & {1,2}
[
  1,
  2
]
> {1,2,3} | {1,2}
[
  1,
  2,
  3
]
> {1,2,3} - {1,2}
[
  3
]
```

동등성 연산자

Rego에는 동등성Equlity 관련 연산자로 :=(할당Assignment), ==(비교Comparison), =(단일화) 3개의 연산자가 존재한다. 할당과 비교 연산자는 규칙의 내부나 REPL에서만 사용할 수 있고 단일화 연산자는 모든 경우에 사용할 수 있다. 우선 각각의 차이를 살펴보자.

할당 연산자

할당 연산자(:=)는 값 할당에 사용되는 연산자다. 값 할당을 수행하면 변수가 생성되고 값이 할당된다. 이미 변수에 값이 할당된 상태에서 다시 동일한 변수(이름이 같은 변수)에 값을 할당하려고 하면 에러가 발생한다.

비교 연산자

비교 연산자(==)는 값이 동일함을 나타내는 연산자다. 단순 스칼라값뿐만 아니라 복합값

그리고 변수 등의 값과 다른 값들도 서로 비교할 수 있다.

단일화 연산자

단일화 연산자(=)는 비교와 할당을 동시에 수행하는 연산자다. 두 피연산자 모두 변수가 아니라면 비교 연산자와 동일하게 동작하고 피연산자 중 변수가 있다면 할당 연산자처럼 동작한다.

할당 연산자와 단일화 연산자가 동일한 예는 다음과 같다. 다음 두 라인은 모두 a라는 변수를 만들고 3이라는 값을 할당한다.

```
a := 3
a = 3
```

비교 연산자와 단일화 연산자가 동일한 예도 살펴보자. 다음 두 라인은 모두 true를 리턴한다.

```
3 == 3
3 = 3
```

OPA 공식 문서에서는 할당 연산자와 비교 연산자가 단일화 연산자에 대한 문법적 사탕발림Syntactic Sugar이라고 설명하고 있다. 결국 할당 연산자와 비교 연산자는 단일화 연산자로 바뀌어서 컴파일 된다는 의미다. 그러나 컴파일러는 에러 메시지가 더 명확하고 혼동을 줄일 수 있으므로 단일화 연산자보다는 가독성이 높은 할당 연산자와 비교 연산자를 우선해서 사용하라고 독려하고 있다.

다만 할당 연산자와 비교 연산자는 규칙 내부, 더 자세히 말하면 규칙 바디 내에서만 사용할 수 있기 때문에 default문이나 규칙 헤드 등 단일화 연산자를 사용할 수밖에 없는 경우가 많다. 따라서 규칙 바디 내부에서 가능하면 할당 연산자와 비교 연산자를 사용하는 것이 좋다고 기억하면 적절할 것 같다.

주석

문자로 시작하는 라인은 해당 라인 끝까지 주석^{Comment}으로 취급된다. C++, 자바 등의 언어처럼 /* */를 이용한 블록 단위의 주석은 지원되지 않는다.

주석의 예는 다음과 같다.

```
# default vaule for rule allowed
# prevents allowed remains undefined
default allowed = false
```

예약된 이름

변수명이나 규칙 이름, .을 이용한 참조에 활용할 수 없는 예약된 이름^{Reserved Name}들은 다음과 같다.

```
as
default
else
false
import
package
not
null
true
with
```

▌그렇다면 main은?

다른 일반적인 프로그래밍 언어는 main 함수를 시작점으로 하는데 Rego에도 main 함수에 해당하는 것이 있을까? 대답은 'Rego는 SQL처럼 데이터를 쿼리하면 쿼리에 대한 응답을 돌려주는 방식으로 동작하기 때문에 특별한 시작점은 없다'다. Rego에서는 데이터 (JSON 포맷)와 정책(Rego 파일)을 읽어서 저장하고 있다가 사용자가 쿼리를 수행하면 쿼리에 대한 응답을 돌려준다.

▌ 정리

3장에서는 OPA에서 정책을 기술하는 데 사용하는 언어인 Rego를 자세히 살펴봤다. Rego의 문법을 레일로드 다이어그램으로 시각화해 설명하고 실제 문법을 사용하는 상황과 예제들도 살펴봤다. 그리고 실제 Rego를 사용할 때 문법의 사소한 오류나 누락으로 실제와 다르게 동작하는 예도 몇 가지 설명했다.

3장의 내용들은 한 번 읽고 지나치는 것이 아니라 앞으로도 계속 참조하게 될 내용들이다. Rego로 작성한 정책들이 생각한 것과 다르게 동작하거나 알 수 없는 에러를 만났을 때 다시 확인해 보면 많은 도움이 될 것이다.

Rego에 대한 다른 설명 자료도 찾아보고 싶다면 Styra사의 오픈소스 부사장 토린 샌달의 OPA deep dive 슬라이드(https://www.slideshare.net/TorinSandall/rego-deep-dive)도 참조하자.

4장에서는 Rego에서 제공하는 다양한 내장 함수들 중 자주 사용되는 것들에 대해서 다룬다.

4장

내장 함수

4장에서 다루는 내용

- 타입 관련 등 기본 내장 함수
- 문자열, 정규식, Glob를 처리하는 내장 함수
- 외부 연동을 위한 HTTP 및 JWT 관련 내장 함수

OPA는 미리 정의된 다양한 내장 함수들을 제공한다. OPA는 타입 검사, 문자열, 정규식 등 기본적인 기능에 대한 내장 함수뿐만 아니라 인코딩, JWT 토큰 처리 등 정책을 구현하는 데 필요한 다양한 내장 함수들을 지원한다.

4장에서는 OPA의 다양한 내장 함수 중에 정책 작성에 자주 사용될 만한 함수들을 주로 설명한다. 또 자주 사용되지만 OPA에서 제공하지 않는 함수들은 앞 장의 문법들을 복습하면서 만들어 본다. 그러나 OPA에서 내장 함수로도 설명하고 있는 연산자들은 3장에서 이미 설명한 경우 생략한다.

OPA는 정책 작성 이외에 외부 상호작용을 위한 HTTP 호출 등의 기능 역시 제공하고 있다. 이런 기능들이 개발을 좀 더 편리하게 해 줄 수는 있지만 OPA로는 가능하면 정책 작성에 집중하는 것이 바람직하다고 생각한다. 하지만 이후 장에서 외부의 데이터 연동에 사

용할 HTTP 관련 함수나 JWT 함수 역시 간략히 소개한다.

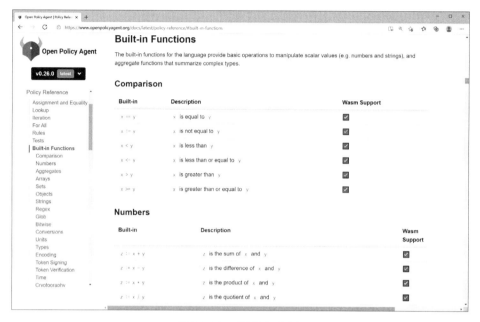

그림 4-1 OPA 내장 함수 레퍼런스

내장 함수에 관한 레퍼런스는 그림 4-1처럼 OPA 공식 홈페이지(https://www.openpolicy
agent.org/docs/latest/policy-reference/#built-in-functions)를 참조하면 된다.

레퍼런스에 설명된 함수가 동작하지 않는다면 OPA 버전을 최신으로 업데이트해 보자.
다른 프로그래밍 언어에서는 내장 함수가 어느 버전부터 지원되는지가 문서화돼 있는데
OPA에서는 해당 함수가 지원되는 버전에 관한 정보를 지원하지 않는다. 예를 들어 이 책
을 작성하기 시작한 시점의 OPA 버전인 0.19.x 버전에서는 numbers.range() 함수가 지
원되지 않지만 최신 버전에서는 지원된다. 이런 문서화의 디테일이 OPA에서 약간 아쉬
운 부분이다.

▌ 숫자 관련 함수

반올림, 내림, 올림

OPA는 반올림 함수 round를 제공한다. round 함수는 다음과 같이 숫자 타입의 인자를 하나 받아서 반올림된 값을 리턴한다.

```
# 4
round(4.3)

# 11
round(10.9)

# 3
round(3)
```

내림floor, 올림ceil 함수는 기존에는 OPA에서 제공하지 않았지만 2021년 1월 릴리스된 0.26.0 버전부터 제공된다. 0.25.x 이하 버전에서는 다음과 같이 에러가 발생한다.

```
$ opa run
OPA 0.25.2 (commit 4c6e524, built at 2020-12-08T16:57:20Z)

Run 'help' to see a list of commands and check for updates.

> floor(1.2)
1 error occurred: 1:1: rego_type_error: undefined function floor
>
```

0.26.0 버전 이상에서는 floor, ceil 함수가 포함돼 있다.

```
$ opa run
OPA 0.26.0 (commit 62d3900, built at 2021-01-20T18:56:12Z)
```

```
Run 'help' to see a list of commands and check for updates.

> floor(1.2)
1
```

사용하는 솔루션의 OPA 버전을 변경할 수 없는 등의 이유로 OPA 0.25.x 이하 버전을
사용해야 한다면 내림floor이나 올림ceil 관련 함수는 제공되지 않기 때문에 필요하다면 직
접 정의해야 한다.

내림 함수를 정의해 보자. 0.26.0 버전 이상의 floor 함수와 이름이 충돌하지 않도록 함수
이름은 floornew로 했다. 규칙 바디에서 다른 프로그래밍 언어처럼 if나 switch를 쓸 수 없
기 때문에 다음과 같이 두 개의 규칙 바디를 else문으로 연결했다.

```
floornew(num) = round(num) { round(num) <= num } else = (round(num) - 1)
```

작성한 floornew 함수를 테스트해 보면 다음과 같이 내림한 정수 값을 얻을 수 있다.

```
# 4
floornew(4.3)

# 10
floornew(10.9)

# 3
floornew(3)
```

마찬가지로 올림 함수는 다음과 같이 정의할 수 있다.

```
ceilnew(num) = round(num) { round(num) >= num } else = (round(num) + 1)
```

절댓값

abs 함수를 사용하면 숫자의 절댓값을 구할 수 있다.

```
# 10.4
abs(-10.4)

# 3
abs(3)
```

특정 범위의 정수 배열 생성

numbers.range 함수는 지정된 범위의 정수 배열을 생성한다. 일반적인 프로그래밍 언어는 범위 지정에서 앞 숫자는 포함되고 뒤 숫자는 포함되지 않거나 뒤 숫자가 개수를 나타내는 경우가 많다. 그러나 numbers.range는 앞 숫자와 뒤 숫자를 모두 포함하는 배열을 생성한다. 그리고 앞 숫자가 뒤 숫자보다 큰 경우는 앞 숫자부터 뒤 숫자까지 역순으로 배열을 생성한다. OPA에서 사용하는 Rego 언어는 직접적인 for 루프를 갖고 있지 않기 때문에 nubmers.range를 활용해서 정수 배열을 생성하면 for 루프를 비슷하게 구현할 수 있다.

```
# [9, 8, 7, 6, 5, 4, 3, 2, 1]
numbers.range(9, 1)

# [1, 2, 3, 4, 5, 6, 7, 8, 9]
numbers.range(1, 9)
```

▌비트 연산

OPA는 비트 연산 관련 기능들을 연산자가 아닌 내장 함수로 지원한다. 제공되는 비트 연산 관련 함수들은 표 4-1과 같다.

함수	설명
bits.or(x, y)	두 인자의 비트 OR 연산을 한다.
bits.and(x, y)	두 인자의 비트 AND 연산을 한다.
bits.negate(x)	비트를 반전한다. 정수에 대해서 호출하면 2의 보수를 구한다.
bits.xor(x, y)	두 인자의 비트 XOR 연산을 한다.
bits.rsh(x, s)	x를 오른쪽으로 s만큼 시프트 연산한다.
bits.lsh(x, s)	x를 왼쪽으로 s만큼 시프트 연산한다.

표 4-1 OPA에서 제공하는 비트 연산 내장 함수

▌ 타입 관련 함수

타입 이름

type_name 함수를 사용하면 인자로 넘긴 변수의 타입을 문자열로 얻을 수 있다. type_name 이 문자열 타입의 결과를 리턴하기 때문에 == 연산자 등을 이용해서 타입 이름을 손쉽게 비교할 수 있다.

type_name 함수의 예를 살펴보면 다음과 같다. 배열이나 집합 등 복합값인 경우에는 타입을 "set", "array" 등으로만 알려 주기 때문에 구체적인 타입을 알기 위해서는 복합값의 구성요소를 가져와서 다시 타입을 확인해야 한다.

```
# "number"
type_name(3.14)

# "array"
type_name(["apple","banana","pineaplle"])

# "set"
type_name({"apple","banana","pineaplle"})
```

```
# "object"
type_name({"weight":80, "height":180})

# "boolean"
default allowed = true
type_name(allowed)

# undefined
alwayswrong = { 1 == 2 }
type_name(alwayswrong)
```

규칙에 대해서 type_name 함수를 호출하면 규칙의 평가된 결괏값에 대한 타입을 리턴한다. 만일 규칙이 평가되지 않아 결과가 undefined 상태에서 호출하면 undefined가 된다.

그러나 type_name 함수는 함수 자체를 대상으로는 사용할 수 없다. 다음과 같은 코드를 입력하면 REPL에서 에러가 발생한다.

```
func(a) = r { r := a + 1}
type_name(func)

2 errors occurred:
1:11: rego_type_error: undefined ref: data.repl.func
        data.repl.func
        ^^^^^^^^^^^^^^
        have: number => number
1:1: rego_type_error: type_name: invalid argument(s)
        have: (number => number)
        want: (any<any>, string)
```

에러의 내용을 살펴보면 함수 자체의 타입에 대해서는 type_name을 실행할 수 없음을 알 수 있다. 다만 함수를 호출한 결괏값을 변수에 할당하면 그 결괏값은 스칼라값이나 복합값을 가지므로 결괏값을 담은 변수에 대한 type_name 호출이 가능하다.

```
# "number"
type_name(func(3))
```

타입 확인

OPA는 표 4-2와 같이 is_<타입 이름> 형식의 내장 함수들을 제공한다. 이 함수들은 해당 타입이면 true를 리턴하고 해당 타입이 아니면 undefined를 리턴한다.

함수	설명
is_number(x)	x가 숫자 타입인지 검사한다.
is_string(x)	x가 문자열 타입인지 검사한다.
is_boolean(x)	x가 불리언 타입인지 검사한다.
is_array(x)	x가 배열 타입인지 검사한다.
is_set(x)	x가 집합 타입인지 검사한다.
is_object(x)	x가 객체 타입인지 검사한다.
is_null(x)	x가 null인지 검사한다.

표 4-2 OPA에서 제공하는 타입 확인 내장 함수

타입 검사 함수들의 사용 예를 보면 다음과 같다. 해당 타입이 아니면 false가 아닌 undefined를 리턴하는 점에 주의하자.

```
# undefined
is_null(1)

# true
is_null(null)

# undefined
is_set({})

# true
is_set(set())
# true
```

```
is_object({})

# true
is_set({1,2,3})

# true
is_string("hello")
```

타입 변환

OPA는 타입 변환 함수로 현재 to_number만 지원한다. to_number는 null이나 false를 0으로, true를 1로 변환한다. 문자열은 해당 문자열이 표현하는 숫자 값으로 리턴되는데 쉽게 말해 "123"이 123으로 리턴된다는 의미다. number 타입은 그대로 변환되지 않고 리턴된다. 숫자 표현이 아닌 문자열을 넘기면 에러가 발생하며 정의된 이외의 값은 undefined가 리턴된다.

```
# 0
to_number(null)

# 0
to_number(false)

# undefined
to_number("abc")

# 1234.45
to_number(1234.45)

#1234.45
to_number("1234.45")
```

집계 함수

OPA의 집계 함수^{Aggregate Function}는 배열이나 집합에 대한 집계 연산을 수행한다. 집계 함수 중 특별하게 count만 문자열이나 객체를 인자로 받으며 다른 집계 함수들은 집합이나 배열만 인자로 사용할 수 있다. OPA에서 문자열은 문자들의 배열이 아니라는 점에 주의가 필요하다.

OPA에서는 { }는 <키>:<값> 쌍이 하나도 없는 객체를 나타내기 때문에 빈 집합은 set()으로 표현해야 한다는 점에 다시 한 번 주의하자.

count 함수

count 함수는 문자열, 객체, 집합, 배열에 대해 모두 사용할 수 있다. 문자열에 대해 사용하면 문자열의 길이를 리턴하고, 객체에 사용하면 <키>:<값> 쌍의 수를 리턴한다. 집합이나 배열에 대해 사용하면 집합이나 배열이 포함하는 항목 수를 리턴한다.

count 함수의 사용 예는 다음과 같다. count({})에서 { }는 <키>:<값> 쌍의 수가 0인 객체이기 때문에 0이 리턴됐다. 빈 집합 set()에 관한 count도 0이 리턴됐다.

```
# 2
count({"width":1024, "height":768})

# 12
count("hello woirld")

# 0
count([])

# 0
count({})

# 0
count(set()})
```

```
# 3
count({1,2,3})
```

sum, product, max, min 함수

sum, product, max, min 함수는 인자로 넘겨받은 배열이나 집합의 각 요소의 전체 합, 전체 곱, 최댓값, 최솟값을 리턴한다. 각 함수의 사용 예는 다음과 같다.

```
# -0.5
sum({1, 0.5, -2})

# -105
product([1, 3, -5, 7])

# -1
min({-1, 0, 1})

# 3000.11
max( {10, 100, 3000.11 } )
```

빈 집합이나 배열에 대해서 각 함수를 실행하면 다음처럼 sum은 0, product는 1, min과 max 는 undefined를 리턴하는 점에 주의하자.

```
# 0
sum(set())

# 1
product([])

# undefined
min(set())

# undefined
max([])
```

all, any 함수

all 함수와 any 함수는 대상 배열이나 집합에 대해서 각각 모두 true, 하나라도 true인지 여부를 리턴해 준다. 따라서 관련된 규칙들의 결괏값들을 집합이나 배열에 담아서 all이나 any로 검사하면 모든 규칙들이 만족되는지, 만족되는 규칙이 하나라도 있는지 검사할 수 있다.

all이나 any의 사용 예를 살펴보기에 앞서 다음과 같이 항상 true, 항상 false, undefined로 각각 판단되는 규칙을 정의했다.

```
# 항상 true다.
alwaystrue = true { true }

# 항상 false다.
alwaysfalse = false { true }

# default값을 선언하지 않았다면 undefined가 되는 규칙인데 default를 선언하지 않았다.
maybeundefined { false }
```

all이나 any의 사용 예를 위의 규칙들을 활용해서 살펴보면 다음과 같다. all은 대상 배열이나 집합이 모두 true이거나 비어 있는 경우 true를 리턴하며, any는 대상 배열이나 집합 중 하나라도 true가 포함된 경우에만 true이며 비어 있으면 false를 리턴한다. 또 배열이나 집합이 undefined를 포함하면 all이나 any는 undefined가 된다.

```
# true
all([alwaystrue, alwaystrue])

# false
all([alwaystrue, alwaysfalse])

# false
all([true, 1])
```

```
# true
any([alwaystrue, alwaysfalse])

# false
any([alwaysfalse, alwaysfalse])

# undefined
all([alwaystrue, maybeundefined])

# undefined
any([alwaystrue, maybeundefined])

# true
all([])

# false
any([])
```

▌복합값 관련 함수

배열 관련 함수

OPA는 표 4-3과 같이 배열을 연결하거나 분할할 수 있는 함수들을 제공한다.

함수	설명
array.concat(array1, array2)	인자로 넘겨받은 두 배열을 연결한 배열을 리턴한다.
array.slice(array, startIndex, stopIndex)	배열에서 startIndex부터 stopIndex 앞 범위의 구성요소를 담은 배열을 리턴한다.

표 4-3 OPA에서 제공하는 배열 조작 내장 함수

배열 관련 함수들의 사용 예는 다음과 같다.

```
# [1,2,3,4,5,4,5,6]
```

```
array.concat([1,2,3,4,5],[4,5,6])

# [0, 1, 2]
array.slice([0,1,2,3,4,5], 0, 3)

# ["c"]
array.slice(["a","b","c","d","e"], 2, 3)
```

집합 관련 함수

OPA는 집합에 대한 중위 연산자 &(교집합), |(합집합), -(차집합) 이외에 intersection과 union 함수를 제공한다. intersection 함수는 교집합, union 함수는 합집합을 표현하는데 차이점은 중위 연산자와는 다르게 한 번에 여러 개의 집합에 대해서도 교집합과 합집합을 구할 수 있다는 것이다.

주의할 점은 intersection이나 union에 인자로 넘길 집합들을 다시 집합으로 만들어서 넘겨야 한다는 점이다. 예를 들어 {1,2}와 {3,4}의 합집합을 구하려면 intersection({1,2}, {3,4})가 아닌 intersection({{1,2}, {3,4}})를 호출해야 한다.

```
# { 1, 3, 2, 4, 5, 6 }
union({ {1,3}, {2,4}, {5,6} })

# { 1 }
intersection({ {1,2}, {1,3}, {1,4}, {1,6} })

# { 1, 2, 3, 4, 6 }
union({ {1,2}, {1,3}, {1,4}, {1,6} })
```

객체 관련 함수

OPA는 객체를 조작할 수 있는 다양한 함수들을 제공한다.

object.get

object.get은 object.get(object, key, default)의 형식을 가지며 객체에서 해당 키를 가진 값을 리턴한다. 만일 값이 없다면(즉 객체가 해당 키에 대한 값을 갖지 않는다면) default로 지정된 값을 리턴한다. object.get의 사용 예는 다음과 같다.

```
obj := {"key1":"val1", "key2":"val2"}

# "val1"
object.get(obj, "key1", null)

# "val3"
object.get(obj, "key3", "val3")
```

[ ]나 .을 이용한 참조는 객체에 해당 키가 존재하지 않으면 다음과 같이 에러가 발생한다. object.get은 기본값을 항상 정해야 하지만 키가 존재하지 않아도 에러가 발생하지 않는다는 차이가 있다.

```
> obj["key3"]
1 error occurred: 1:1: rego_type_error: undefined ref: data.repl.obj.key3
        data.repl.obj.key3
                     ^
                     have: "key3"
                     want (one of): ["key1" "key2"]

> obj.key3
1 error occurred: 1:1: rego_type_error: undefined ref: data.repl.obj.key3
        data.repl.obj.key3
                     ^
                     have: "key3"
                     want (one of): ["key1" "key2"]
```

object.remove

object.remove는 object.remove(object, keys)의 형식을 가지며 객체에서 특정 키들에 해당하는 값들을 제거한 새로운 객체를 리턴한다. keys 인자는 집합이나 배열의 형태를 가진다. object.remove의 사용 예는 다음과 같다.

```
obj := {"name":"bob", "password":"1234", "role":"admin", "point":1000}

# { "name": "bob", "point": 1000 }
object.remove(obj, ["password","role"])
```

object.union

object.union은 object.union(objectA, objectB)의 형식을 가지며 두 객체를 결합해 새로운 객체를 리턴한다. 만일 두 객체가 동일한 키에 대한 값을 가지면 두 번째 객체의 값으로 업데이트 된다.

```
# { "a": "c", "x": { "k": "v", "x": 0 } }
object.union({"a":"b", "x":{"k":"v","x":0}},{"a":"c"})
```

object.filter

object.filter는 object.filter(object, keys)의 형식을 가지며 object.remove가 지정된 키에 대한 값들을 제거하는 것과는 반대로 해당 키에 해당하는 값들만 포함한 새로운 객체를 리턴한다.

```
obj := {"name":"bob", "password":"1234", "role":"admin", "point":1000}

# { "password": "1234", "role": "admin" }
object.filter(obj, ["password","role"])
```

json.filter

json.filter는 json.filter(object, paths)의 형식을 가지며 object.filter와 유사하게 동작하지만 최상위 키가 아닌 키도 경로로 지정할 수 있다. json.filter의 사용 예는 다음과 같다.

```
obj := {"a":{"x":100, "y":200}, "b":{"x":400,"y":300}}

# { "a": { "x": 100 }, "b": { "x": 400, "y": 300 } }
json.filter(obj, ["a/x", "b"])
```

json.remove

json.remove는 json.remove(object, paths)의 형식을 가지며 object.remove와 유사하게 동작하지만 최상위 키가 아닌 키도 경로로 지정할 수 있다. json.remove의 사용 예는 다음과 같다.

```
obj := {"a":{"x":100, "y":200}, "b":{"x":400,"y":300}}

# { "a": { "y": 200 } }
json.remove(obj, ["a/x", "b"])
```

▌문자열 관련 함수

문자열 검사

contains

contains는 contains(string, search)의 형식을 가지며 검색할 문자열이 대상 문자열에 포함된 경우에 true를 리턴하고 포함되지 않으면 false를 리턴한다.

```
# true
contains("Hello, world", "Hello")

# false
contains("Hello, world", "hello")
```

indexof

indexof는 indexof(string, search)의 형식을 가지며 검색할 문자열이 대상 문자열에서 나타나는 시작점의 인덱스를 리턴하고 검색할 문자열이 대상 문자열에 포함되지 않으면 -1을 리턴한다.

```
# 0
indexof("Hello, world", "Hello")

# -1
indexof("Hello, world", "hello")

# 7
indexof("Hello, world", "world")
```

startswith, endswith

startswith, endswith는 각각 startswith(string, search), endswith(string, search)의 형식을 가지며 각각 대상 문자열이 해당 문자열로 시작되거나 끝난다면 true 아니면 false를 리턴한다.

```
# true
startswith("Hello, world", "Hello")

# false
startswith("Hello, world", "hello")
```

```
# true
endswith("Hello, world", "world")
```

문자열 포맷

sprintf

sprintf는 sprintf(format, values)의 형식을 가진다. C 언어 등 다른 언어의 sprintf와 유사하게 포맷을 반영한 문자열을 생성한다. OPA의 Rego는 가변 인자를 지원하지 않으므로 sprintf에 넘기는 값들은 배열에 담아야 한다.

```
# "hex (c9) == decimal (201)\n"
sprintf("hex (%x) == decimal (%d)\n", [201,201])
```

format_int

format_int는 number 타입의 숫자와 몇 진법을 사용할 것인지를 넘겨받아 숫자 값의 해당 진법을 반영하는 문자열을 리턴한다. format_int의 사용 예는 다음과 같다.

```
# "b20"
format_int(2848,16)

# "11110"
format_int(30,2)
```

대소문자 변환

upper, lower 함수를 활용하면 손쉽게 대소문자 변환이 가능하다. upper, lower는 변환할 문자열을 넘겨받아 각각 대문자, 소문자로 변환된 문자열을 리턴한다.

```
# "HELLO"
```

```
upper("Hello")

# "hello"
lower("Hello")
```

문자열 조작

concat

concat은 concat(delimiter, array_or_set)의 형식을 가지며 배열이나 집합으로 넘겨받은 문자열들을 지정된 구분자를 사용해서 하나로 연결한다. 구분자는 첫 번째 인자로 문자열 형식이며 배열이나 집합에는 문자열만 포함돼야 한다. 사용 예는 다음과 같다.

```
# "hello****world****!"
concat("****" , ["hello", "world", "!"])

# "apple.banana.pineapple"
concat("." , ["apple", "banana", "pineapple"])
```

split

split은 split(string, delimiter)의 형식을 가지며 concat과는 반대로 문자열을 구분자를 기준으로 분할해 문자열 배열을 리턴한다. 사용 예는 다음과 같다.

```
# ["hello", "world", "!"])
split("hello****world****!", "****")

# ["apple", "banana", "pineapple"]
split("apple.banana.pineapple", ".")

# ["apple.banana.pineaplle"]
split("apple.banana.pineaplle", " ")
```

substring

substring은 substring(string, start, length)의 형식을 가지며 문자열에서 일정 부분을 추출한 문자열을 리턴한다. 시작 위치는 0부터 시작하며 음수를 넘기면 에러가 발생한다. 길이는 시작 위치부터 길이만큼의 문자열을 리턴하며 0일 경우 빈 문자열, 음수일 경우 시작 위치부터 끝까지를 의미한다.

```
# "1234"
substring("123456789", 0, 4)

# "4567"
substring("123456789", 3, 4)

# "456789"
substring("123456789", 3, -1)

# 1 error occurred: substring("123456789", -1, 4): eval_builtin_error: substring:
negative offset
substring("123456789", -1, 4)
```

replace

replace는 replace(string, old, new)의 형식을 가지며 문자열에서 특정 부분을 다른 내용으로 변경한다. 쉽게 설명하면 편집기의 모두 찾아 바꾸기와 같이 동작한다. 모두 찾아 바꾸기 때문에 제일 처음 발견된 경우만 변경하는 등의 상황에서는 정규식을 사용해야 한다. replace의 사용 예는 다음과 같다.

```
# "1X1X111XXX111111111"
replace("10101110001111111111","0","X")

# "applepie"
replace("applebanana","banana","pie")
```

strings.replace_n

strings.replace_n은 strings.replace_n(patterns, string)의 형식을 가지며 replace와의 차이점은 교체 대상 문자열을 키로, 교체할 문자열을 값으로 한 객체를 만들어서 인자로 넘기기 때문에 여러 개의 문자열을 한 번에 대체할 수 있다는 점이다. 여러 개의 문자열을 교체해야 한다면 여러 번 replace를 호출하는 것보다 효율적이다. strings.replace_n의 사용 예는 다음과 같다.

```
# "Pine_Apple"
strings.replace_n( {"pine":"Pine", "apple":"Apple"}, "pine_apple")
```

문자열 공백 제거

trim_space

trim_space는 trim_space(string)의 형식을 가지며 문자열 앞부분과 뒷부분의 공백(공백 문자, 탭 문자, 개행 문자 등)을 제거한다. 사용 예는 다음과 같다.

```
# "this is trim test"
trim_space("    this is trim test\n")
```

trim, trim_left, trim_right

trim, trim_left, trim_right는 각각 trim(string, cutset), trim_left(string, cutset), trim_right(string, cutset)의 형식을 가지며 cutset 부분에 넘겨진 문자열에 속하는 문자들을 제거한다. trim은 양쪽으로, trim_left는 좌측 방향에서, trim_right는 우측 방향에서 제거를 수행한다. OPA에서 문자 타입이 따로 존재하지 않고 문자열을 문자의 배열 등으로 취급하지 않기 때문에 문자열을 문자의 집합처럼 사용하는 cutset 인자는 trim 함수에서만 특별한 경우이며 주의가 필요하다. 사용 예는 다음과 같다.

```
# "Hello, world"
trim("Hello, world", ", ")

# "this is trim test"
trim("    this is trim test\n", "\n ")

# "this is trim test"
trim("....  this is trim test\n", ".\n ")

# "this is trim test"
trim("....  \nthis is trim test\n", ".\n ")

# "this is trim test\n"
trim_left("....  \nthis is trim test\n", ".\n ")

# "....  \nthis is trim test"
trim_right("....  \nthis is trim test\n", ".\n ")
```

trim_prefix, trim_suffix

trim_prefix, trim_suffix는 각각 trim_prefix(string, prefix), trim_suffix(string, suffix) 의 형식을 가지며 각각 지정한 접두사prefix나 접미사postfix를 제거한다. 접두사나 접미사 패턴이 일치하지 않는다면 원래 문자열이 그대로 리턴된다. 사용 예는 다음과 같다.

```
# "** message *****"
trim_prefix("***** message *****", "***")

# " message *****"
trim_prefix("***** message *****", "*****")

# "***** message *"
trim_suffix("***** message *****", "****")
```

▌정규식 관련 함수

OPA의 런타임은 Go 언어로 구현됐기 때문에 사용하는 정규식 문법도 Go 언어에서 사용되는 정규식과 동일하며 정확한 문법은 https://github.com/google/re2/wiki/Syntax 를 참조하면 된다. 이 책에서는 정규식 관련 문법들을 직접 다루지는 않는다.

regex.is_valid

regex.is_valid는 인자로 넘겨받은 문자열이 OPA에서 지원하는 정규식 형식에 맞는지 검사한다. 지원하는 형식이면 true를, 지원하지 않는 형식이면 false를 리턴하지만 아예 정규식으로 인식될 수 없는 형식이면 Illegal Token 에러가 발생한다. OPA에서 모든 정규식 형식을 지원하지 않기 때문에 정규식이 생각한 대로 동작하지 않는다면 정규식 자체가 지원되는 형식인지를 확인하는 데 사용할 수 있다. 다만 OPA에서 지원하는 정규식 형식이라는 것과 어떤 의미로 해석되는 것은 서로 다르므로 형식이 일치하는 경우에도 다르게 동작한다면 https://github.com/google/re2/wiki/Syntax를 확인해야 한다. regex.is_valid의 사용 예는 다음과 같다.

```
# true
regex.is_valid("[[:alpha:]][[:alnum:]]+")

# 1:16: rego_parse_error: illegal token
regex.is_valid("\d+")

# true
regex.is_valid("\\d+")

# false
regex.is_valid("\\o+")
```

regex.match

regex.match는 regex.match(pattern, value)의 형식을 가지며 특정 문자열이 해당 정규식 패턴을 만족하는지 검사한다. 예를 들어 [[:alpha:]][[:alnum:]]*는 영문자로 시작하고 그 뒤에 0개 이상의 임의의 숫자나 문자가 올 수 있는 정규식이다. 이 식을 regex.match로 검사하면 a1000000, abcde는 매칭되지만 9ab0000이나 30000 등은 매칭되지 않는다. regex.match를 사용하면 입력된 데이터가 원하는 형식에 적합한지 검사할 수 있다. regex.match의 사용 예는 다음과 같다.

```
# true
regex.match("[[:alpha:]][[:alnum:]]*", "a100000")

# true
regex.match("[[:alpha:]][[:alnum:]]*", "abcde")

# false
regex.match("[[:alpha:]][[:alnum:]]*", "10000")
```

regex.split

regex.split는 regex.split(pattern, string)의 형식을 가지며 구분자로 단순한 문자열을 사용하지 않고 정규식 패턴을 사용해서 문자열을 분할한 결과를 배열로 리턴한다. regex.split의 사용 예는 다음과 같다.

```
# [ "", "12234", "9999" ]
regex.split("[\\*|\\+|\\-|x]+", "****12234xxxxx9999")

# [ "111", "111", "4444", "5555" ]
regex.split("[\\*|\\+|\\-|x]+", "111-111*4444x5555")
```

regex.globs_match

regex.globs_match는 두 개의 Glob 수준의 단순한 정규식을 비교해 하나가 다른 하나에 포함되는 관계인지를 검사한다. 예를 들어 a+는 a가 최소 하나 이상인 "a", "aa", "aaa", ...에 매칭되지만 a*는 빈 문자열도 매칭되고 a+가 매칭되는 "a", "aa", "aaa", ...에도 매칭된다. 관계로 보면 a+가 a*의 부분 집합으로 볼 수 있다. 이런 관계가 만족하는 경우에 true를 리턴하며 둘이 동일한 경우(서로 부분 집합인 경우)에도 true를 리턴한다. OPA 공식 문서에는 .(점), *, +, [, -,], \ 등의 glob 기호만 지원한다고 밝히고 있으며 굉장히 단순한 형태의 정규식에만 적용할 수 있다. regex.globs_match의 사용 예는 다음과 같다.

```
# false
regex.globs_match("a+","ab")

# true
regex.globs_match("ab+","ab")

# true
regex.globs_match("ab+","ab*")
```

regex.template_match

regex.template_match는 regex.template_match(pattern, string, delimiter_start, delimiter_end)의 형식을 가지며 delimiter_start, delimiter_end 인자 둘 사이만 정규식으로 매칭하고 나머지는 문자열로 매칭될 수 있도록 정규식 매칭되는 부분을 템플릿화해 처리한다. 정규식으로 표현해도 되지만 가운데 정규식으로 매칭되는 부분만 정규식으로 표현할 수 있다면 가독성도 높아지고 두 구분자 사이의 내용만 정규식으로 처리하고 나머지 부분은 단순 문자열 비교로 훨씬 효율적으로 처리가 가능할 것이다. 구분자로는 공백 문자나 :(콜론) 등을 사용할 수 없고 구분자는 반드시 한 자로 구성돼야 한다는 점을 주의해야 하며 괄호 계열을 사용하는 것이 무난하다. regex.template_match의 사용 예는 다음과 같다.

```
# true
regex.template_match("t-(10+)-235", "t-10000-235", "(", ")")

# false
regex.template_match("t-(10+)-235", "t-20000-235", "(", ")")

# true
regex.template_match("ast-[ab+]-235", "ast-abbbb-235", "[", "]")

# true
regex.template_match("ast-(ab+)-235", "ast-abbbb-235", "(", "]")
```

regex.find_n

regex.find_n은 regex.find_n(pattern, string, number)의 형식을 가지며 문자열에서 정규식에 매칭되는 부분을 number 인자 수만큼 리턴하며 number를 -1로 지정하면 전체를 리턴한다. regex.find_n의 사용 예는 다음과 같다.

```
# [ "abc", "bbb" ]
regex.find_n("[[:alpha:]]+", "123abc00bbb1111ccc", 2)

# [ "ABC", "CCC", "XX" ]
regex.find_n("[A-Z]+", "ABC0000abCCCabcXX222", 3)
```

regex.find_all_string_submatch_n

regex.find_all_string_submatch_n은 regex.find_all_string_submatch_n(pattern, string, number)의 형식을 가지며 정규식의 캡처 그룹을 포함한 서브 매칭 목록을 리턴한다. OPA에서 사용되는 정규식은 정규식 부분을 ( )로 감싸면 캡처 그룹으로 인식되는데 캡처 그룹으로 인식되지 않도록 하려면 (?:와)로 감싸야 한다. 캡처 그룹을 설명하기 위해 우선 예를 살펴보자. a(b*)c(f*)d와 같은 정규식이 있다고 가정하고 정규식에 매칭되는 각 문자열 "acd" "abcd" "abbcfffffd"에 대해 각각 regex.find_all_string_submatch_n을 호출해 보면 다음과 같다. 예제에서는 전체를 매칭하기 위해 number 인자를 –1로 설정했다.

```
# [ [ "acd", "", "" ] ]
regex.find_all_string_submatch_n("a(b*)c(f*)d", "acd", -1)

# [ [ "abcd", "b", "" ] ]
regex.find_all_string_submatch_n("a(b*)c(f*)d", "abcd", -1)

# [ [ "abbcfffffd", "bb", "fffff" ] ]
regex.find_all_string_submatch_n("a(b*)c(f*)d", "abbcfffffd", -1)
```

우선 "acd"의 경우를 살펴보면 첫 번째 캡처 그룹 (b*)는 b가 0개 이상에 매칭되고 b가 0
개로 매칭됐으므로 빈 문자열에 매칭되며 두 번째 캡처 그룹 (f*) 역시 f가 0개 이상에 매
칭되고 f가 0개로 매칭됐으므로 빈 문자열이 된다. 매칭된 문자열이 "acd"가 되고 캡처 그
룹이 각각 빈 문자열이고 문자열에서 정규식에 매칭되는 부분이 하나이므로 ["acd", "",
""]가 리턴됐다. "abcd"의 경우는 첫 번째 캡처 그룹에 b가 1개인 경우가 매칭되고 두 번
째 캡처 그룹에 f가 0개인 경우가 매칭돼 매칭된 문자열 ["abcd", "b", ""]가 리턴됐다.
"abbcfffffd"의 경우는 첫 번째 캡처 그룹에 f가 2개인 경우가 매칭되고 두 번째 캡처 그룹
에 f가 5개인 경우가 매칭돼 ["abbcfffffd", "bb", "fffff"]가 리턴됐다.

캡처 그룹을 하나씩 이스케이프 처리해서 결과를 살펴보자. 예상한 바와 같이 이스케이
프 처리된 부분은 캡처 그룹으로 인식되지 않아 해당 부분에 관한 내용은 결과에서 제외
됨을 확인할 수 있다.

```
# [ [ "abbcfffffd", "bb" ] ]
regex.find_all_string_submatch_n("a(b*)c(?:f*)d", "abbcfffffd", -1)

# [ [ "abcd", "" ] ]
regex.find_all_string_submatch_n("a(?:b*)c(f*)d", "abcd", -1)
```

마지막 문자열에서 여러 개의 부분이 정규식에 매칭된다면 각 부분에 대한 매칭된 문자열

및 캡처 그룹을 여러 개 담은 배열을 리턴한다.

```
# [ [ "acd", "", "" ], [ "abcd", "b", "" ], [ "abbcfffffd", "bb", "fffff" ] ]
regex.find_all_string_submatch_n(`a(b*)c(f*)d`, "acd_abcdbbbbabbcfffffd", 3)
```

▌Glob 관련 함수

Glob는 파일 경로 매칭 등의 목적으로 널리 사용되는 패턴으로 거의 모든 프로그래밍 언어에서 제공하는 기능이다. 예를 들어 확장자가 jpg인 파일들을 지칭하기 위해 `*.jpg`를 사용하거나 현재 디렉터리 하위 계층의 java 파일을 지정하기 위해 `./**/*.java`를 사용하는 것이 Glob 패턴이다. 조직이나 권한 등도 파일처럼 계층 구조를 갖기 때문에 권한 및 정책의 구현에도 Glob를 유용하게 사용할 수 있다.

Glob 패턴

Glob 매칭에 사용되는 Glob 패턴은 표 4-4와 같다.

와일드 카드	설명	예시
?	한 문자가 일치	?at에 cat, bat은 매칭되지만 at는 매칭 안 됨
*	0개 이상의 문자가 일치	*kg는 1kg, 10,000kg 모두와 매칭됨
**	구분자 경계를 넘더라도 0개 이상 문자와 일치	구분자가 /인 경우 **/*.rego는 chap1/sample.rego book/source/chap1/sample.rego에 모두 매칭됨
[abc]	[ ] 안의 문자 중 하나와 일치	[bh]at는 bat, hat과 매칭되지만 cat과는 매칭 안 됨
[a-z]	[ ] 안의 문자 범위와 일지	[1-3]g는 1g, 2g, 3g 등과 매칭뇌시만 6g와는 매칭 안 됨
[!abc]	[ ] 안의 문자 중 하나라도 일치하지 않음	![c]at는 bat와 매칭되지만 cat와는 매칭 안 됨

표 4-4 OPA에서 사용하는 Glob 패턴

Glob 매칭

OPA는 정책을 구현하기 위한 비교가 주가 되기 때문에 Glob 패턴과 특정 문자열을 매칭하는 것이 중요하다. Glob 매칭을 처리하기 위한 함수는 glob.match(pattern, delimiters, match)의 형식으로 제공된다. 특이한 점은 구분자를 지정하는 delimiters 인자가 배열로 전달된다는 점이고 [ ]로 빈 배열을 넘기면 "."이 구분자가 된다. 사용 예는 다음과 같다.

```
# true
glob.match("?at", [], "bat")

# false
glob.match("[bh]at", [], "cat")

# true
glob.match("[!bh]at", [], "cat")

# false
glob.match("[1-4]kg", [], "6kg")

# false
glob.match("*.com", ["."], "test.example.com")

# true
glob.match("*.com", ["/"], "test.example.com")

# true
glob.match("**.com", ["."], "test.example.com")

# true
glob.match("**.com", [".","/"], "test/example.com")

#false
glob.match("*.com", [".","/"], "test/example.com")
```

이스케이프 처리

Glob 패턴 형태의 문자열이지만 내용을 Glob 패턴이 아닌 문자열 자체로 처리하고 싶은 경우가 있을 것이다. 이를 위해 OPA에서는 이스케이프 처리를 위한 함수를 제공한다. glob.quote_meta(pattern) 형식의 glob.quote_meta 함수를 사용하면 되고 이스케이프 처리된 문자열을 리턴한다. 사용 예는 다음과 같다.

```
# "\\*.test.com"
glob.quote_meta("*.test.com")

# "\\*\\*/\\*.rego"
glob.quote_meta("**/*.rego")
```

▌HTTP 관련 함수

http.send 함수는 response := http.send(request)의 형식을 가진다. request, response 모두 객체이며 각각 HTTP 요청과 응답에 필요한 필드들을 가진다. http.send의 사용 예를 살펴보면 다음과 같다. 테스트에는 HTTP 테스트에 많이 사용되는 공개 서버 httpbin.org를 사용했다.

```
> http.send({"url":"http://httpbin.org/post", "method":"post", "timeout":"3s",
"headers":{"token":"111"}, "body":{"key": "val"}})
{
  "body": {
    "args": {},
    "data": "{\"key\":\"val\"}",
    "files": {},
    "form": {},
    "headers": {
      "Accept-Encoding": "gzip",
      "Content-Length": "13",
```

```
      "Host": "httpbin.org",
      "Token": "111",
      "User-Agent": "Open Policy Agent/0.24.0 (windows, amd64)",
      "X-Amzn-Trace-Id": "Root=1-5fa5f9b4-2fdcaaa92854707a57a52c58"
    },
    "json": {
      "key": "val"
    },
    "origin": "183.100.211.61",
    "url": "http://httpbin.org/post"
  },
  "headers": {
    "access-control-allow-credentials": [
      "true"
    ],
    "access-control-allow-origin": [
      "*"
    ],
    "connection": [
      "keep-alive"
    ],
    "content-length": [
      "444"
    ],
    "content-type": [
      "application/json"
    ],
    "date": [
      "Sat, 07 Nov 2020 01:34:44 GMT"
    ],
    "server": [
      "gunicorn/19.9.0"
    ]
  },
  "raw_body": "{\n  \"args\": {}, \n  \"data\": \"{\\\"key\\\":\\\"val\\\"}\", \n
\"files\": {}, \n  \"form\": {}, \n  \"headers\": {\n    \"Accept-Encoding\": \"gzip\",
\n    \"Content-Length\": \"13\", \n    \"Host\": \"httpbin.org\", \n    \"Token\":
\"111\", \n    \"User-Agent\": \"Open Policy Agent/0.24.0 (windows, amd64)\", \n
\"X-Amzn-Trace-Id\": \"Root=1-5fa5f9b4-2fdcaaa92854707a57a52c58\"\n  }, \n  \"json\":
```

```
{\n    \"key\": \"val\"\n  }, \n  \"origin\": \"183.100.211.61\", \n  \"url\": \"http://
httpbin.org/post\"\n}\n",
  "status": "200 OK",
  "status_code": 200
]
```

http.send의 요청 객체에 반드시 명시해야 하는 필드는 url과 method이며 POST인 경우 body 필드로 내용을 전달할 수 있고 headers 필드를 사용하면 API 호출에 필요한 토큰 등을 HTTP 헤더로 넘길 수 있다. 또 timeout 필드를 사용해서 기본 5초인 타임아웃을 변경할 수도 있다. http.send 호출의 결과는 객체로 리턴되므로 http.send의 결과를 변수에 할당하면 객체의 필드들에 접근해 필요한 정보만 쉽게 처리할 수 있다. 요청과 응답 객체의 필드들에 관한 자세한 정보는 공식 문서(https://www.openpolicyagent.org/docs/latest/policy-reference/#http)를 참조하자.

```
> response := http.send({"url":"http://httpbin.org/post", "method":"post",
"timeout":"3s", "headers":{"token":"111"}, "body":{"key": "val"}})
Rule 'response' defined in package repl. Type 'show' to see rules.
> response.status_code
200
> response.body
{
  "args": {},
  "data": "{\"key\":\"val\"}",
  "files": {},
  "form": {},
  "headers": {
    "Accept-Encoding": "gzip",
    "Content-Length": "13",
    "Host": "httpbin.org",
    "Token": "111",
    "User-Agent": "Open Policy Agent/0.24.0 (windows, amd64)",
    "X-Amzn-Trace-Id": "Root=1-5fa5fb90-1248d67124ac8fba513e6f84"
  },
  "json": {
```

```
    "key": "val"
  },
  "origin": "183.100.211.61",
  "url": "http://httpbin.org/post"
}
```

█ JWT 관련 함수

OPA는 JWT의 서명, 디코딩, 검증을 위한 내장 함수들을 제공한다. 정책 내에서 JWT를
서명해야 할 경우는 많지 않기 때문에 이 책에서는 디코딩과 검증에 관련된 함수들만 소
개한다. 서명 함수도 단위 테스트 등 테스트 코드를 작성할 때에는 유용하게 사용할 수
있으므로 관심이 있는 독자들은 공식 문서를 참조하자. 우선 테스트에 사용할 JWT를 그
림 4-2와 같이 jwt.io에 접속해 서명 알고리즘 HS512, 헤더는 { "alg": "HS512", "typ":
"JWT" }, 페이로드는 { "sub":"1234567890", "name":"OPA Test", "iat": 1516239022 }, 시
크릿 코드는 secret으로 생성했다.

그림 4-2 테스트를 위한 JWT 생성

그 결과 생성된 코드는 [Encoded] 부분에 나타나는데 다음과 같은 형태다.

eyJhbGciOiJIUzUxMiIsInR5cCI6IkpXVCJ9.eyJzdWIiOiIxMjM0NTY3ODkwIiwibmFtZSI6Ik9QQSBUZXN0Ii
wiaWF0IjoxNTE2MjM5MDIyfQ.962LwX8r2s-pGHgD1JlITvEtaLnNjXrssZAiLoelx2AOjN8Ch7HXxaH38312vL
wk_FlE5VoESB3FxFswLnD8dQ

JWT 디코딩 함수

io.jwt.decode(token)을 호출하면 JWT를 디코드할 수 있다. token 인자는 문자열 형식이
며 JWT 자체는 .으로 구분돼 '헤더.페이로드.서명'으로 구성되며 각각은 URL에 사용할 수 있
는 강화된 Base64 인코딩으로 인코딩된다. JWT 디코딩 함수는 디코딩만 수행하며 서명
자체를 검증하지는 않는다. 아래 예제를 보면 io.jwt.decode 결과는 배열로 리턴됐는데 처
음 부분은 JWT의 헤더, 두 번째 부분은 페이로드로 두 부분 모두 객체다. 마지막은 서명
부분을 담고 있는 문자열이다.

```
> io.jwt.decode("eyJhbGciOiJIUzUxMiIsInR5cCI6IkpXVCJ9.eyJzdWIiOiIxMjM0NTY3ODkwIiwibmFtZ
SI6Ik9QQSBUZXN0IiwiaWF0IjoxNTE2MjM5MDIyfQ.962LwX8r2s-pGHgD1JlITvEtaLnNjXrssZAiLoelx2AOj
N8Ch7HXxaH38312vLwk_FlE5VoESB3FxFswLnD8dQ")
[
  {
    "alg": "HS512",
    "typ": "JWT"
  },
  {
    "iat": 1516239022,
    "name": "OPA Test",
    "sub": "1234567890"
  },
  "f7ad8bc17f2bdacfa9187803d499484ef12d68b9cd8d7aecb190222e87a5c7600e8cdf0287b1d7c5a1f7
f37d76bcbc24fc5944e55a04481dc5c45b302e70fc75"
]
```

JWT 서명 검증

JWT 서명을 검증하는 함수들은 io.jwt.verify_<알고리즘>(string, secret_or_certificate) 의 형식을 가진다. HS512 알고리즘으로 서명한 JWT를 검증하려면 io.jwt.verify_hs512 함수를 사용하면 된다. 만일 서명 알고리즘이 RS512라면 io.jwt.verify_rs512를 호출하는 식이다. secret_or_certificate에 넘기는 인자는 알고리즘에 따라 시크릿 코드이거나 공개 키를 담은 문자열이다. 검증에 성공하면 true가 리턴된다.

앞의 예제에서 HS512 알고리즘, 시크릿 코드 "secret"으로 생성된 JWT를 검증해 보면 결과는 다음과 같다.

```
> io.jwt.verify_hs512("eyJhbGciOiJIUzUxMiIsInR5cCI6IkpXVCJ9.eyJzdWIiOiIxMjM0NTY3ODkwIiw
ibmFtZSI6Ik9QQSBUZXN0IiwiaWF0IjoxNTE2MjM5MDIyfQ.962LwX8r2s-pGHgD1JlITvEtaLnNjXrssZAiLoe
lx2AOjN8Ch7HXxaH38312vLwk_FlE5VoESB3FxFswLnD8dQ", "secret")
true
```

OPA는 토큰의 디코딩과 검증을 동시에 할 수 있는 io.jwt.decode_verify 함수를 사용하면 된다. io.jwt.decode_verify는 io.jwt.decode_verify(string, constraints)의 형식을 가지며 인자 constraints는 객체다. io.jwt.decode_verify 함수의 사용 예는 다음과 같다. 결과를 보면 검증 성공 여부와 디코딩된 헤더와 페이로드가 리턴된 것을 확인할 수 있다.

```
> io.jwt.decode_verify("eyJhbGciOiJIUzUxMiIsInR5cCI6IkpXVCJ9.eyJzdWIiOiIxMjM0NTY3ODkwIi
wibmFtZSI6Ik9QQSBUZXN0IiwiaWF0IjoxNTE2MjM5MDIyfQ.962LwX8r2s-pGHgD1JlITvEtaLnNjXrssZAiLo
elx2AOjN8Ch7HXxaH38312vLwk_FlE5VoESB3FxFswLnD8dQ", {"alg":"HS512", "secret":"secret"})
[
  true,
  {
    "alg": "HS512",
    "typ": "JWT"
  },
  {
    "iat": 1516239022,
    "name": "OPA Test",
```

```
    "sub": "1234567890"
  }
]
```

io.jwt.decode_verify 함수의 constraints 또한 JWT의 발급자(iss 필드), 유효 시간(소멸 시간을 나타내는 exp 필드 및 유효한 시작 시간을 나타내는 nbf 필드), JWT가 지정한 사용 대상(aud 필드) 등의 유효성도 선택적으로 넘겨서 한 번에 검사할 수 있다. 이런 기능을 사용하면 디코딩된 토큰에서 다시 확인하는 코드를 줄일 수 있을 것이다. 자세한 내용은 공식 문서(https://www.openpolicyagent.org/docs/latest/policy-reference/#token-verification)를 참조하자.

▌ 정리

4장에서는 OPA에서 제공하는 다양한 내장 함수 중 정책 작성에 유용하게 사용될 수 있는 것들을 중점적으로 살펴봤다. 내장 함수들을 사용하면 중위 연산자를 이용한 단순 비교를 넘어 정책을 비교하기 위해 객체에서 값을 추출하고 값을 변환하는 등의 다양한 작업을 수행할 수 있다. 또 정규식이나 Glob와 같은 복잡한 패턴 매칭 역시 수행할 수 있다.

5장에서는 3장에서 설명한 Rego 문법과 4장에서 설명한 내장 함수들을 활용해 실제 개발 과정에서 사용될 만한 정책들을 가정해 보고 작성해 본다.

5장

OPA를 사용한 정책 구현

5장에서 다루는 내용

- OPA를 적용한 기본 권한 관리 시나리오 구현
- 다중 권한, 공개 API, 권한 계층 구조, API 계층 구조를 추가하면서 권한 관리를 개선하는 과정
- 권한 관리 정책을 테스트하기 위한 테스트 코드 작성과 실행 방법

5장에서는 OPA를 활용해서 실제 애플리케이션에 적용될 수 있는 정책을 구현해 보자. 먼저 실제 애플리케이션에서 활용될 만한 정책을 가정해서 시나리오를 작성하자. 우선 기본적인 API 접근 권한을 OPA 정책으로 구현해 보고 그 후 다양한 요건을 정의해 기존의 정책을 확장하는 방식으로 설명을 진행한다.

▌ 기본 시나리오

시스템 정의

일반적인 시스템에 필요한 권한을 기본적인 수준에서 다음과 같이 가정했다.

1. 시스템에는 일반 사용자, 관리자, 운영자 역할이 존재한다.

2. API는 REST 형식으로 정의되며 API의 호출 권한은 {URL, HTTP 메소드} 쌍으로 정의된다.

3. 사용자가 로그인에 성공하면 사용자 ID와 역할 정보가 세션에 기록된다.

4. 시스템 관리자 역할을 가진다면 전체 API를 호출할 수 있다.

5. 운영자는 시스템 관리자별로 권한 그룹Permission Group 단위로 권한permission을 부여한다. 권한 그룹은 API 호출 권한 중 서로 연관성 있는 것들을 그룹으로 모은 것이다.

6. 운영자는 관리자로부터 부여받은 권한 그룹에 포함된 API는 제한 없이 호출할 수 있다.

7. 사용자가 API를 호출할 때는 API 호출 대상이 사용자의 소유인지 확인해서 본인 소유일 경우 호출이 가능하다.

실제 API 호출 과정을 예로 들어 위의 정책이 어떻게 동작할지 설명해 보면 다음과 같다. 사용자 프로필을 조회할 수 있는 API에 접근해야 한다고 가정해 보자. 예를 들어 /users/{user_id}/profile을 GET 메소드로 호출해 사용자 프로필을 조회하는 함수가 있다고 가정하자. 시스템 관리자는 전체 API를 호출할 수 있으므로 API를 호출할 수 있다. 관리자는 /users나 users/{user_id} 혹은 users/{user_id}/profile 중 최소 하나의 URL에 GET 권한을 가진 경우에만 API를 호출할 수 있다. users/{user_id}에 해당하는 API는 사용자 본인에 관련된 API이므로 호출할 수 있다.

> 📄 **참고** 이 시나리오와 관련된 소스는 chap5/basic 디렉터리를 참조하자.

입력 스키마 정의

정책을 구현하기 위한 가장 처음 단계로 OPA 입력의 스키마를 정의해 보자. 우선 API 권한을 판단하기 위해서는 지금 호출되는 API에 대해 알아야 하며 사용자 세션에서 사용자 ID와 사용자 역할 정보가 필요하다. 또 호출되는 API가 어떤 사용자의 정보를 처리하는지 알아야 한다. 이런 정보들이 포함되도록 아래와 같은 JSON 객체로 OPA 입력 스키마를 정의했다.

```
{
  "api" : {
    "url" : <호출된 API의 URL>,
    "method": <"GET", "POST", "PUT", "DELETE", "PATCH" 중 하나>,
    "target_user_id": <문자열 형식의 API 호출 대상을 소유한 사용자 ID, 대상이 특별히 없다면 빈 문자열>
  },
  "user" : {
    "id": "현재 API를 호출하는 사용자의 ID",
    "role": "현재 API를 호출하는 사용자의 권한, "ADMIN", "OPERATOR", USER" 중 하나
  }
}
```

현재 OPA에서 입력 스키마를 정의해서 체크하는 기능 등은 제공되지 않는다. 따라서 OPA 입력이 정의된 것과의 일치 여부는 외부 프로그램에서 체크해 OPA로 넘기거나 Rego 스크립트 내에서 검사해야 한다. 이 책에서는 외부 프로그램에서 검증된 입력이 넘어오는 것으로 가정하고 설명을 계속한다.

데이터 정의

OPA에서 정책 판단 때마다 인자로 전달되는 입력의 정의가 완료됐으므로 판단을 위한 데이터베이스 역할을 하는 데이터 스키마와 데이터들도 작성해 보자. 우선 API 접근 권한을 정의해 보자.

API 접근 권한 최상위에서 다른 데이터들과 구별할 수 있도록 "api"라는 키 아래에 위치하도록 정의했다. 또 api 키 아래에는 각 API의 URL을 키로 접근 권한 객체를 정의했다. API URL까지 객체에 포함해서 API 객체 배열로 정의할 수도 있지만 API를 조회할 때 배열로 순회하는 것보다 URL을 키로 접근하는 것이 더 효율적이기 때문이다. OPA 공식 문서에서도 배열보다는 객체(전체 데이터 입장에서 보면 URL을 키로 하고 API 정보를 값으로 하는 객

체)로 정의하는 것을 권장하고 있다.

```json
{
  "api": {
    "/users/{user_id}/profile" : {
      "GET": ["profile.read"],
      "PUT": ["profile.update"]
    }
  }
}
```

위의 예제에서는 "/users/{user_id}/profile"이라는 키로 다시 객체가 정의되고 GET, PUT을 키로 배열값으로 권한을 정의한 것을 볼 수 있다. 이 시나리오에서는 REST API를 가정하므로 만일 GET, PUT 이외에 권한을 정의해야 한다면 POST, DELETE, PATCH 등을 추가하면 된다. 권한을 배열로 선언한 이유는 특정 API를 수행할 때 여러 개의 권한이 필요한 상황을 표현하기 위한 것이다.

다음으로 운영자별 권한을 정의해 보자. 운영자별 권한을 저장하는 키로 앞서 정의한 "api" 키와 동일한 수준에 "operator_permission"을 정의했다. 그 하위에 운영자별 id를 키로 하고 값으로 운영자별 권한을 문자열 배열로 저장했다. oper1을 id로 하는 운영자는 profile.read와 profile.update 두 가지 권한을 가지며 해당 권한이 필요한 API에 접근할 수 있다.

```json
  "operator_permission" : {
    "oper1" : ["profile.read","profile.update"],
    "oper2" : ["profile.read"]
  }
```

완성된 전체 파일의 내용은 다음과 같고 data.json으로 저장했다.

⟨basic/data.json 시작⟩

```
{
  "api": {
    "/users/[user_id]/profile" : [
      "GET": "profile.read",
      "PUT": "profile.update"
    }
  },
  "operator_permission" : {
    "oper1" : ["profile.read","profile.update"],
    "oper2" : ["profile.read"]
  }
}
```

정책 작성

정책 판단을 수행하는 Rego 규칙을 작성해 보자. 우선 기본 시나리오이므로 패키지 이름은 example.basic으로 정했다. 접근 권한의 여부를 나타내는 변수를 allowed로 선언했고 만족하는 규칙이 없을 경우 undefined가 되지 않도록 false를 기본값으로 할당했다.

```
package example.basic

default allowed = false
```

관리자에게 모든 권한을 부여하는 규칙은 다음과 같다. 규칙의 이름은 변수와 동일하게 allowed로 했고 input의 user 객체 role 속성이 "ADMIN"인지를 비교해 "ADMIN"이면 규칙이 true기 되도록 했디.

```
allowed {
    input.user.role == "ADMIN"
}
```

두 번째 규칙은 사용자의 권한을 부여하는 규칙으로 3가지 조건을 만족하면 true가 되도록 했다.

```
allowed {
    input.user.role == "USER"
    input.user.target_user_id != ""

    input.user.target_user_id == input.user.id
}
```

첫 번째 조건은 input의 user 객체 role 속성이 "USER"여야 한다. 두 번째 조건은 input의 user 객체 target_user_id값이 비어 있지 않은지 검사하며 세 번째 조건에서 input의 user 객체 id와 target_user_id가 동일한지 비교하는데 동일하더라도 둘 다 빈 문자열로 동일하면 의미가 없기 때문에 이를 방지하기 위한 조건이다. 세 번째 조건은 인증된 세션과 api가 처리해야 하는 자원을 소유한 id가 동일한지 비교한다.

마지막 규칙은 사용자의 역할이 운영자인 경우를 처리한다.

```
allowed {
    input.user.role == "OPERATOR"
    permission := data.operator_permission[input.user.id]
    required_permission := data.api[input.api.url][input.api.method]

    some p
    permission[p] == required_permission
}
```

첫 라인은 input의 user 객체 role 속성이 "OPERATOR"인지 확인한다. 두 번째 라인은 정의된 데이터에서 사용자 id를 키로, 운영자 권한을 permission 변수로 할당한다. 세 번째 라인은 input에서 api 객체의 url과 method를 키로 사용해서 api가 필요로 하는 권한을 조회해 required_permission 변수에 할당한다. 마지막 두 라인은 변수 p를 선언하고 permission

변수는 배열이므로 배열을 순회하면서 required_permission값과 동일한 값을 갖는 요소가 있으면 해당 요소의 인덱스를 p에 할당한다.

위의 내용을 모두 모아서 다음과 같이 policy.rego로 저장하자. 내용은 단순히 앞서 설명한 내용을 이어 붙인 것이다. 추후의 예제는 전체 내용을 소개하지 않으므로 소스를 다운받아서 참조하기 바란다.

⟨chap5/basic/policy.rego⟩

```
package example.basic

default allowed = false

allowed {
    input.user.role == "ADMIN"
}

allowed {
    input.user.role == "USER"
    input.user.target_user_id != ""

    input.user.target_user_id == input.user.id
}

allowed {
    input.user.role == "OPERATOR"
    permission := data.operator_permission[input.user.id]
    required_permission := data.api[input.api.url][input.api.method]

    some p
    permission[p] == required_permission
}
```

정책 테스트

정책이 원했던 내용대로 동작하는지 시험해 보자. 정책에 대한 단위 테스트 역시 Rego로 작성할 수 있는데 우선 관리자에 대한 권한부터 시험해 보자.

다음 내용을 policy_test.rego로 저장하자.

〈chap5/basic/policy_test.rego〉

```
package example.basic

test_admin_allowed {
    allowed with input as {
        "user": {
            "role" : "ADMIN"
        },
        "api": {
            "url" : "/users/{user_id}/profile",
            "method" : "GET"
        }
    }
}
```

패키지는 정책과 동일하게 example.basic으로 했다. 우선 관리자의 권한을 테스트하기 위한 규칙을 하나 작성했고 이름은 test_admin_allowed다. OPA는 test_로 시작하는 규칙을 테스트 케이스로 인식한다. 규칙은 하나의 with문으로 작성됐는데 input의 내용이 as 뒤의 객체와 같을 때 allowed가 true가 되는지 평가한다. 관리자인지를 판단하는 기준이 role 속성이 "ADMIN"인지를 검사하는 것이므로 role 속성을 ADMIN으로 작성했다. api의 url과 method 속성은 데이터에서 임의로 하나를 선택해 지정했다. id 등 다른 속성은 상관이 없으므로 지정하지는 않았지만 실제와 유사한 형태로 지정하는 것도 좋은 습관이다. 해당 속성만 지정해도 전체적인 테스트가 충분할지는 책의 다른 부분에서 설명한 테스트 커버리지로 확인할 수 있다.

해당 규칙을 만족하는지 OPA 도구를 이용해서 시험해 보자. 다음과 같이 opa test 명령에 테스트 케이스를 저장한 Rego 파일, 정책을 작성한 Rego 파일, 데이터를 저장한 JSON 파일들을 넘겨서 실행하면 해당 테스트 케이스가 성공하는지 실패하는지 보여준다.

```
$ opa test policy_test.rego policy.rego data.json
PASS: 1/1
```

opa 테스트를 실행할 때 -v 옵션을 추가하면 규칙의 이름과 실행 시간 등 자세한 정보를 확인할 수 있다.

```
$ opa test -v policy_test.rego policy.rego data.json
data.example.basic.test_admin_allowed: PASS (970.2µs)
PASS: 1/1
```

만일 테스트 케이스의 권한을 ADMIN이 아닌 AMIN 등으로 바꿔서 테스트해 보면 실패가 출력될 것이다.

보다 실질적인 테스트가 되도록 테스트 케이스를 좀 더 추가해 보자. 이번에는 운영자 계정을 테스트하는 테스트 케이스를 작성해 보는데 다음 내용을 작성해서 앞서 작성한 policy_test.rego에 추가한다.

```
test_oper1_profile_read_allowed {
    allowed with input as {
        "user": {
            "role" : "OPERATOR",
            "id" : "oper1"
        },
        "api": {
            "url" : "/users/{user_id}/profile",
            "method" : "GET"
        }
    }
}
```

내용을 보면 쉽게 예상할 수 있듯이 /users/{user_id}/profile API에 대해 GET 요청을 id가 oper1이고 role 속성이 OPERATOR인 사용자가 호출할 권한이 있는지를 검사하는 테스트 케이스다. /users/{user_id}/profile은 사용자의 프로파일에 관한 URL이고 GET이므로 사용자 프로파일을 읽는 API라는 점을 짐작할 수 있을 것이다. 테스트 케이스의 이름은 oper1 사용자가 사용자 프로파일을 읽을 수 있는지 검사하는 테스트이기 때문에 test_oper1_profile_read_allowed로 정했다. 앞서 작성한 데이터에서 해당 사용자는 해당 API에 대한 권한을 가지므로 allowed가 돼야 한다.

앞서 작성한 데이터를 보면 oper1은 /users/{user_id}/profile에 대한 GET뿐만 아니라 PUT 권한도 갖는 것을 알 수 있다. 따라서 PUT인 경우에도 정책이 제대로 동작하는지 확인하기 위해서 api의 method 속성만 변경해서 test_oper1_profile_update_allowed라는 이름의 테스트 케이스를 추가했다.

```
test_oper1_profile_update_allowed {
    allowed with input as {
        "user": {
            "role" : "OPERATOR",
            "id" : "oper1"
        },
        "api": {
            "url" : "/users/{user_id}/profile",
            "method" : "PUT"
        }
    }
}
```

이번에는 oper2에 대한 테스트 케이스를 작성해 보자. 사용자 프로파일에 대한 읽기와 업데이트 권한을 모두 가진 oper1과 달리 oper2는 읽기 권한만 가진다. 우선 읽기 권한에 대한 test_oper2_profile_read_allowed 케이스는 다음과 같다. 내용을 살펴보면 앞서 작성했던 test_oper1_profile_read_allowed 케이스와 사용자 id만 다르고 다른 부분은 동일함을 알 수 있다.

```
test_oper2_profile_read_allowed {
    allowed with input as {
        "user": {
            "role" : "OPERATOR",
            "id" : "oper2"
        },
        "api": {
            "url" : "/users/{user_id}/profile",
            "method" : "GET"
        }
    }
}
```

이번에는 oper2 사용자가 사용자 프로파일을 업데이트할 권한이 없는지 확인해 보자. test_oper2_profile_update_not_allowed 테스트 케이스에는 처음으로 not문을 사용했다. 다른 테스트 케이스를 작성할 때에도 결과가 false가 되는지 확인하려면 테스트 케이스 with문 앞에 not을 붙여주면 된다.

```
test_oper2_profile_update_not_allowed {
    not allowed with input as {
        "user": {
            "role" : "OPERATOR",
            "id" : "oper2"
        },
        "api": {
            "url" : "/users/{user_id}/profile",
            "method" : "PUT"
        }
    }
}
```

다음에는 사용자에 대한 테스트 케이스를 작성해 보자. 사용자는 사용자의 role 속성이 USER이며 id와 target_user_id가 일치하는 경우 권한이 허용된다.

```
test_user_allowed {
    allowed with input as {
        "user": {
            "role" : "USER",
            "id" : "user1",
            "target_user_id" : "user1",
        },
        "api": {
            "url" : "/users/{user_id}/profile",
            "method" : "PUT"
        }
    }
}
```

user 객체의 target_user_id값을 변경해서 허용되지 않는지 검사하는 테스트 케이스를 작성해 보면 다음과 같다.

```
test_user_not_allowed {
    not allowed with input as {
        "user": {
            "role" : "USER",
            "id" : "user1",
            "target_user_id" : "user2",
        },
        "api": {
            "url" : "/users/{user_id}/profile",
            "method" : "PUT"
        }
    }
}
```

작성한 정책에 대한 다양한 테스트 케이스를 작성했으므로 테스트 케이스들이 잘 동작하는지 테스트해 보자. 다음과 같이 opa test 명령을 실행해 보면 테스트가 모두 성공한 것을 확인할 수 있다.

```
$ opa test -v policy_test.rego policy.rego data.json
data.example.basic.test_admin_allowed: PASS (971.2µs)
data.example.basic.test_oper1_profile_read_allowed: PASS (0s)
data.example.basic.test_oper1_profile_update_allowed: PASS (0s)
data.example.basic.test_oper2_profile_read_allowed: PASS (0s)
data.example.basic.test_oper2_profile_update_not_allowed: PASS (1.0408ms)
data.example.basic.test_user_allowed: PASS (0s)
data.example.basic.test_user_not_allowed: PASS (0s)
--------------------------------------------------------------------------------
PASS: 7/7
```

좀 더 정확한 성능을 측정하기 위해서는 테스트를 실행할 때 --bench 옵션을 추가하면 된다.

```
$ opa test -v -t 10s --bench policy.rego policy_test.rego data.json
data.example.basic.test_admin_allowed              37602                    33966 ns/op
24819 timer_rego_query_eval_ns/op
            9300 B/op          170 allocs/op
data.example.basic.test_oper1_profile_read_allowed             25687              47053 ns/
op               349 timer_rego_external_resolve_ns/op         37582 timer_rego_query_
eval_ns/op      12788 B/op          241 allocs/op
data.example.basic.test_oper1_profile_update_allowed            25747             46019 ns/
op               117 timer_rego_external_resolve_ns/op         35928 timer_rego_query_
eval_ns/op      12788 B/op          241 allocs/op
data.example.basic.test_oper2_profile_read_allowed             25224             46035 ns/
op               199 timer_rego_external_resolve_ns/op         36162 timer_rego_query_
eval_ns/op      12572 B/op          236 allocs/op
data.example.basic.test_oper2_profile_update_not_allowed                         23569
48003 ns/op                170 timer_rego_external_resolve_ns/op         38563 timer_
rego_query_eval_ns/op      14405 B/op          258 allocs/op
data.example.basic.test_user_allowed              31176                    37074 ns/op
27546 timer_rego_query_eval_ns/op
           10259 B/op          186 allocs/op
data.example.basic.test_user_not_allowed             30032                    41724 ns/op
32272 timer_rego_query_eval_ns/op      12092 B/op          208 allocs/op
--------------------------------------------------------------------------------
PASS: 7/7
```

출력 결과를 순서대로 설명하면 규칙의 이름, 샘플 수, 실행 시간(나노 초), 규칙 평가에 소요된 시간, 메모리 할당량(바이트), 메모리 할당 횟수 등의 순이다. 벤치마크 옵션을 사용하면 테스트를 반복 실행해서 나노 초 단위로 결과를 알려 주므로 규칙이 단순해서 빨리 실행이 종료되더라도 성능을 비교해 볼 수 있다.

디버깅을 위한 쿼리 추적

작성한 쿼리가 어떻게 평가되는지 확인해 보자. REPL을 활용해서 추적^{trace} 기능을 켜면 쿼리가 어떤 과정으로 평가되는지 확인할 수 있다. 다음과 같이 opa run 명령으로 규칙과 데이터를 REPL에 읽어들이자.

```
$ opa run policy.rego data.json
OPA 0.26.0 (commit 62d3900, built at 2021-01-20T18:56:12Z)

Run 'help' to see a list of commands and check for updates.
```

규칙과 데이터가 로딩되면 다음과 같이 trace라고 입력하면 추적 기능을 켤 수 있다. 추적 기능은 토글로 동작하므로 한 번 더 입력하면 추적 기능을 끌 수 있다. input에 객체를 할당하면 평가를 위한 입력을 설정할 수 있으며 그 다음 data.example.basic.allowed를 조회하면 중간의 추적 결과가 출력된다.

```
> trace
> input := {"user":{"role":"ADMIN"}}
Rule 'input' defined in package repl. Type 'show' to see rules.
> data.example.basic.allowed
query:1          Enter data.example.basic.allowed = _
query:1          | Eval data.example.basic.allowed = _
query:1          | Index data.example.basic.allowed (matched 1 rule)
policy.rego:5    | Enter data.example.basic.allowed
policy.rego:6    | | Eval input.user.role = "ADMIN"
policy.rego:5    | | Exit data.example.basic.allowed
query:1          | Exit data.example.basic.allowed = _
```

```
query:1          Redo data.example.basic.allowed = _
query:1          | Redo data.example.basic.allowed = _
policy.rego:5    | Redo data.example.basic.allowed
policy.rego:6    | | Redo input.user.role = "ADMIN"
true
```

추적 결과를 살펴보면 쿼리가 실행될 때 data.example.basic.allowed가 매칭되는(규칙 바디
가 참이 되는 값이 존재하는) 규칙을 하나 찾았고 해당 규칙으로 진입해서 평가하는 과정에서
policy.rego 파일의 6라인 role이 "ADMIN"인 조건을 만족했음을 볼 수 있다. 매칭된 규칙
이 다시 평가돼 결과는 true가 된다.

이번에는 테스트 케이스 중 false가 되는 케이스를 하나 찾아 input을 할당해 보자.

```
> input := {"user":{"role":"OPERATOR","id":"oper2"},"api":{"uri":"/user/{user_id}/
profile","method":"PUT"}}
Rule 'input' re-defined in package repl. Type 'show' to see rules.
> data.example.basic.allowed
query:1          Enter data.example.basic.allowed = _
query:1          | Eval data.example.basic.allowed = _
query:1          | Index data.example.basic.allowed matched 0 rules)
policy.rego:3    | Enter data.example.basic.allowed
policy.rego:3    | | Eval true
policy.rego:3    | | Exit data.example.basic.allowed
query:1          | Exit data.example.basic.allowed = _
query:1          Redo data.example.basic.allowed = _
query:1          | Redo data.example.basic.allowed = _
policy.rego:3    | Redo data.example.basic.allowed
policy.rego:3    | | Redo true
false
```

추적 결과를 보면 매칭된 규칙이 하나도 없어 policy.rego:3라인에 진입했는데 해당 구문
은 규칙의 기본값을 false로 할당한 라인이다. 3라인이 다시 실행돼 마지막 결과는 false
가 된다.

현재의 OPA 추적 결과는 장황하고 한눈에 파악하기 어렵지만 복잡한 규칙을 디버깅하는
데는 유용하게 활용할 수 있다.

API가 다중 권한을 요구하는 시나리오

기본 시나리오에서는 API가 하나의 권한만을 요구했고 운영자가 가진 권한 목록 중 해당
권한을 가지면 API를 호출할 수 있었다. 시나리오를 좀 더 복잡하게 정의해서 이번에는
API를 호출하는 데 필요한 권한이 여러 개일 수 있고 사용자가 필요한 모든 권한을 다 가
져야 API를 호출할 수 있다고 가정해 보자.

> **참고** 이 시나리오와 관련된 소스는 chap5/multipermission 디렉터리를 참조하자.

데이터 정의

새로운 디렉터리를 생성하고 data.json을 다음과 같은 내용으로 생성하자.

⟨chap5/multipermission/data.json⟩

```json
{
  "api": {
    "/users/{user_id}/profile" : {
      "GET": ["profile.read"],
      "PUT": ["profile.read", "profile.update"]
    }
  },
  "operator_permission" : {
    "oper1" : ["profile.read","profile.update"],
    "oper2" : ["profile.read"],
    "oper3" : ["profile.update"]
  }
}
```

시스템이나 입력 스키마의 정의는 기본 시나리오와 동일하며 데이터는 새로운 요구를 반영하도록 변경됐다. 데이터 스키마의 기본적인 정의는 동일하지만 필요 권한 부분이 문자열에서 문자열 배열로 변경됐다. 그리고 profile.read와 profile.update가 모두 필요한 케이스를 테스트하기 위해 profile.update 권한만을 갖는 oper3 운영자를 추가했다. 데이터의 내용을 살펴보면 사용자 프로파일을 업데이트하기 위해서는 사용자 프로파일 업데이트 권한뿐만 아니라 사용자 프로파일을 읽는 권한이 함께 필요하도록 정의했음을 알 수 있다.

기본 시나리오에서는 업데이트가 읽기 권한을 암묵적으로 포함했다면 이 시나리오에서는 읽기 권한과 업데이트 권한을 완전히 분리했다고 볼 수 있다. 경우에 따라 기존의 내용을 확인할 필요 없이 API를 통한 업데이트만 수행할 수 있다. 예를 들어 모니터링 정보를 서버에 주기적으로 업데이트한다면 업데이트 자체의 기존 값을 미리 읽어볼 필요가 없다. 이런 예라면 모니터링 정보를 업데이트하는 에이전트에 기존 모니터링 정보를 읽을 권한을 부여할 필요는 없을 것이다. 또 사용자 프로파일 전체를 예로 들어 혼동될 수는 있으나 기존의 사용자 정보가 세부 항목으로 나뉘어 있다면 관리자가 암호 등을 업데이트할 때에는 사용자의 기존 값을 읽지 못하도록 하는 것이 더 바람직할 수도 있다.

정책 작성

API 호출에 대한 다중 권한이 필요한 케이스를 처리할 수 있는 시나리오이므로 패키지 이름은 example.multipermission으로 정했다. 기본 시나리오에서 관리자와 사용자의 권한을 검사하는 규칙은 API를 참조하지 않으므로 변경되지 않았다. 운영자의 권한을 검사하는 규칙을 설명하면 다음과 같다. 처음 시작은 기본 시나리오와 마찬가지로 사용자의 role 속성이 "OPERATOR"인지 검사하는 것이다. 다음에는 사용자 id를 키로 데이터의 operation_permission 객체에서 권한 목록을 가져와 permission 변수로 할당했다. 그 다음 api의 url과 method로 api 객체에서 해당 API가 요구하는 권한 목록을 required_permission 변수로 할당했다. 다중 권한 검사 시 permission 배열에 담긴 요소들을 순회하면서 required_permission의 요소들과 비교해서 둘이 일치할 경우 permission 배열의 인덱스 p를 집합에 추가해 집합을 생성하고 satisfied_permission_idx 변수에 할당했다.

{p | permission[p] == required_permission[_]} 대신 {permission[p] | permission[p] == required_permission[_]}을 쓰면 인덱스가 아닌 권한 문자열 자체의 집합을 만들 수 있지만 권한 자체의 값은 사용하지 않으므로 크기가 적은 인덱스만 모아서 집합으로 생성했다. required_permission의 인덱스 _는 해당 인덱스값을 저장할 필요가 없음을 나타낸다. 그 다음 라인은 api가 요청하는 권한의 수가 0 이상인지 확인하는데 마지막 라인에서 요구하는 권한과 충족한 권한의 수를 비교할 때 동일하더라도 둘 다 0인 경우는 의미가 없을 수 있기 때문에 이를 방지하기 위한 것이다. 마지막 라인은 요구 권한과 충족 권한의 수를 비교하는데 충족 권한 수는 요구 권한과 일치하는 권한 수를 카운팅한 것이므로 실질적으로 권한이 서로 일치하는지 비교하는 좀 더 효율적인 방법이다.

⟨chap5/multipermission/policy.rego⟩

```
package example.multipermisson

default allowed = false

allowed {
    input.user.role == "ADMIN"
}

allowed {
    input.user.role == "USER"

    input.user.target_user_id != ""

    input.user.target_user_id == input.user.id
}

allowed {
    input.user.role == "OPERATOR"

    permission := data.operator_permission[input.user.id]
    required_permission := data.api[input.api.url][input.api.method]

    satisfied_permission_idx := {p | permission[p] == required_permission[_]}
```

```
    count(required_permission) > 0
    count(satisfied_permission_idx) == count(required_permission)
}
```

정책 테스트

oper1, oper2 운영자의 권한은 변경되지 않았고 oper1 운영자는 사용자 프로파일에 대한 읽기와 업데이트 권한을 모두 갖고 있으며 oper2 운영자는 읽기 권한만 가진다. 사용자 프로파일 업데이트 시 읽기와 쓰기 권한이 모두 필요하고 프로파일 읽기에는 읽기 권한만 필요하다. 따라서 oper1 운영자는 사용자 프로파일을 읽기, 쓰기 모두 할 수 있고 oper2 운영자는 사용자 프로파일을 읽기만 할 수 있다는 점은 기본 시나리오와 여전히 동일하다. 따라서 기본 시나리오에서 작성했던 테스트 케이스를 그대로 충족해야 한다. 우선 policy_test.rego를 다중 권한 시나리오 디렉터리로 복사한 다음 패키지 이름만 새로 작성한 policy.rego와 동일하게 변경하자.

그러나 새로 추가한 oper3 운영자는 사용자 프로파일에 대한 업데이트 권한만 가지므로 사용자 프로파일을 읽을 수도 없고 사용자 프로파일을 업데이트할 수도 없어야 한다. 이에 대한 테스트 케이스들을 추가해 보자.

oper3 운영자가 사용자 프로파일을 읽을 수 없는지 확인하는 테스트 케이스의 내용은 다음과 같다.

```
test_oper3_profile_read_not_allowed {
    not allowed with input as {
        "user": {
            "role" : "OPERATOR",
            "id" : "oper3"
        },
        "api": {
            "url" : "/users/{user_id}/profile",
            "method" : "GET"
```

```
            }
        }
}
```

oper3 운영자가 사용자 프로파일을 업데이트할 수 없는지 확인하는 테스트 케이스의 내용은 다음과 같다.

```
test_oper3_profile_update_not_allowed {
    not allowed with input as {
        "user": {
            "role" : "OPERATOR",
            "id" : "oper3"
        },
        "api": {
            "url" : "/users/{user_id}/profile",
            "method" : "PUT"
        }
    }
}
```

테스트 케이스를 policy_test.rego에 추가한 다음 테스트를 실행해 보자. 기존의 테스트 케이스와 함께 새로 추가한 테스트가 모두 성공한 것을 확인할 수 있다.

```
$ opa test -v policy.rego policy_test.rego data.json
data.example.multipermisson.test_admin_allowed: PASS (1.0107ms)
data.example.multipermisson.test_oper1_profile_read_allowed: PASS (0s)
data.example.multipermisson.test_oper1_profile_update_allowed: PASS (0s)
data.example.multipermisson.test_oper2_profile_read_allowed: PASS (999.7μs)
data.example.multipermisson.test_oper2_profile_update_not_allowed: PASS (0s)
data.example.multipermisson.test_oper3_profile_read_allowed: PASS (0s)
data.example.multipermisson.test_oper3_profile_update_not_allowed: PASS (0s)
data.example.multipermisson.test_user_allowed: PASS (998.7μs)
data.example.multipermisson.test_user_not_allowed: PASS (0s)
--------------------------------------------------------------------------------
PASS: 9/9
```

공개 API를 추가한 시나리오

서비스 개발에는 권한으로 제어되는 API뿐만 아니라 권한 없이 호출할 수 있는 공개 API도 필요하다. 다중 권한 시나리오에 공개 API를 추가해 보자.

> 📋 **참고** 이 시나리오와 관련된 소스는 chap5/publicapi 디렉터리를 참조하자.

데이터 정의

기존의 데이터에서 필요한 권한 목록을 빈 배열로 할당하면 공개 API를 표현할 수 있으므로 데이터 구조는 변경할 필요가 없다. 테스트를 위해 필요 권한이 /about URL에 대한 GET 요청을 다음과 같이 추가했다. 공개 API 시나리오를 위한 디렉터리를 만들고 data.json으로 저장하자.

〈chap5/publicapi/data.json〉

```
{
  "api": {
    "/users/{user_id}/profile" : {
      "GET": ["profile.read"],
      "PUT": ["profile.read", "profile.update"]
    },
    "/about" : {
      "GET" : []
    }
  },
  "operator_permission" : {
    "oper1" : ["profile.read","profile.update"],
    "oper2" : ["profile.read"],
    "oper3" : ["profile.update"]
  }
}
```

정책 작성

공개 API 시나리오를 위해 새로 생성한 디렉터리에 다중 권한 시나리오의 policy.rego를
복사한 다음 package 이름을 example.publicapi로 변경하자. 공개 API는 데이터에서 url
과 method 속성으로 api를 가져왔을 때 요구하는 권한의 수가 0인 API다. 그 규칙을 그대
로 옮겨보면 아래와 같은데 policy.rego에 해당 규칙을 추가하자.

```
allowed {
    required_permission := data.api[input.api.url][input.api.method]

    count(required_permission) == 0
}
```

정책 테스트

새로 추가한 /about API에 대해 권한이 없어도 공개 API로 접근할 수 있는지 테스트 케이
스를 통해 확인해 보자. 다음과 같이 권한을 체크한 다음 실패할 테스트 케이스를 만들고
api의 url과 method 속성을 각각 "/about", "GET"으로 변경해 보자. 이 테스트 케이스에서
사용자는 id와 target_user_id 속성이 동일해야 API 권한을 갖는데 target_user_id 속성
이 없으므로 API 호출 권한을 갖지 못한다. 따라서 API 호출 권한이 없는 상태에서 /about
을 GET으로 호출할 수 있는지 테스트하는 테스트 케이스다.

```
test_user_public {
    allowed with input as {
        "user": {
            "role" : "USER",
            "id" : "user1",
        },
        "api": {
            "url" : "/about",
            "method" : "GET"
        }
```

```
      }
}
```

해당 테스트 케이스를 기존의 다중 권한 시나리오에서 복사한 policy_test.rego에 추가하고 패키지 이름을 example.publicapi로 변경한 다음 테스트를 실행해 보자. 테스트를 실행해 보면 다음과 같이 기존의 테스트 케이스와 새로 추가된 테스트 케이스 모두 성공한 것을 확인할 수 있다.

```
$ scenario\publicapi>opa test -v policy.rego policy_test.rego data.json
data.example.publicapi.test_admin_allowed: PASS (999.7µs)
data.example.publicapi.test_oper1_profile_read_allowed: PASS (0s)
data.example.publicapi.test_oper1_profile_update_allowed: PASS (1.002ms)
data.example.publicapi.test_oper2_profile_read_allowed: PASS (0s)
data.example.publicapi.test_oper2_profile_update_not_allowed: PASS (0s)
data.example.publicapi.test_oper3_profile_read_not_allowed: PASS (978.7µs)
data.example.publicapi.test_oper3_profile_update_not_allowed: PASS (0s)
data.example.publicapi.test_user_allowed: PASS (0s)
data.example.publicapi.test_user_not_allowed: PASS (989µs)
data.example.publicapi.test_user_public: PASS (0s)
```

▌권한 계층 구조를 지원하는 시나리오

이번에는 권한의 계층 구조를 시나리오에 추가해 보자. 권한의 계층 구조를 예로 들면 사용자 프로파일에 대한 모든 권한을 profile로 정의한다면 profile 권한을 가지면 사용자 프로파일을 읽는 profile.read, 사용자 프로파일을 업데이트할 수 있는 profile.update 등을 모두 가진 것으로 처리하는 것이다. 권한을 정의할 때 이런 계층 구조를 정의할 수 있다면 복잡한 권한을 간편하게 정의할 수 있을 것이다.

참고 이 시나리오와 관련된 소스는 chap5/permissionhierarchy 디렉터리를 참조하자.

데이터 정의

공개 API 시나리오에서 사용했던 데이터에서 다음과 같이 profile.read와 profile.update 권한을 가졌던 oper1 운영자의 권한을 profile 단일 권한으로 변경했다. 정책을 수정했을 때 권한 계층 구조가 지원된다면 테스트 케이스를 변경하지 않고도 기존의 테스트 케이스가 모두 성공해야 한다.

〈chap5/permissionhierarchy/data.json〉

```
{
  "api": {
    "/users/{user_id}/profile" : {
      "GET": ["profile.read"],
      "PUT": ["profile.read", "profile.update"]
    },
    "/about" : {
      "GET" : []
    }
  },
  "operator_permission" : {
    "oper1" : ["profile"],
    "oper2" : ["profile.read"]
  }
}
```

정책 작성

권한 계층 구조의 지원을 위해 기존 시나리오에서 운영자 관련 규칙만 다음과 같이 수정했다. 이전의 시나리오는 단순히 필요한 권한과 가진 권한이 동일한지만 비교했는데 이 부분을 permissionmatch 규칙으로 분리해서 권한이 일치하는 경우와 필요 권한이 사용자의 권한과 .을 연결한 문자열로 시작하는지를 startswith로 비교했다. 단순히 소유 권한으로 시작하는지 비교하지 않는 이유는 예를 들어 "profiletest"라는 권한과 "profile"이라는 권한은 서로 포함 관계에 없지만 조건을 만족하므로 문제가 생긴다. 따라서 사용자가 가진 권한이 profile이고 검사할 권한이 profile.read라면 profile에 계층 구조를 구분하는 .을 붙여서 비교해야 정확한 결과를 얻을 수 있다. 또 이런 로직은 profile이 profile.read 뿐 아니라 profile.read.name 등 다중적인 계층 구조에서도 잘 동작한다.

```
allowed {
    input.user.role == "OPERATOR"

    permission := data.operator_permission[input.user.id]
    required_permission := data.api[input.api.url][input.api.method]

    satisfied_permission := {p | permissionmatch(permission[_], required_permission[p],
".")}

    count(required_permission) > 0
    count(satisfied_permission) == count(required_permission)
}

permissionmatch(permission, req_permission, delim) = true {
    permission == req_permission
} else = result {
    result := startswith(req_permission, concat("", [permission, delim]))
}
```

정책 테스트

정책 테스트는 테스트 케이스가 변경되지 않았으므로 공개 API 디렉터리의 policy_test. rego에서 복사해 패키지 이름만 변경했다. 테스트를 실행해 보면 기존의 테스트 케이스가 모두 성공한 것을 확인할 수 있다.

```
$ opa test -v  policy.rego policy_test.rego data.json
data.example.permissionhierarchy.test_admin_allowed: PASS (971.2µs)
data.example.permissionhierarchy.test_oper1_profile_read_allowed: PASS (0s)
data.example.permissionhierarchy.test_oper1_profile_update_allowed: PASS (999.7µs)
data.example.permissionhierarchy.test_oper2_profile_read_allowed: PASS (0s)
```

```
data.example.permissionhierarchy.test_oper2_profile_update_not_allowed: PASS (0s)
data.example.permissionhierarchy.test_oper3_profile_read_not_allowed: PASS (1ms)
data.example.permissionhierarchy.test_oper3_profile_update_not_allowed: PASS (0s)
data.example.permissionhierarchy.test_user_allowed: PASS (0s)
data.example.permissionhierarchy.test_user_not_allowed: PASS (0s)
data.example.permissionhierarchy.test_user_public: PASS (999.9µs)
--------------------------------------------------------------------------------
PASS: 10/10
```

█ API 계층 구조를 지원하는 시나리오

권한의 계층뿐만 아니라 API 자체도 계층 구조를 지원하면 복잡한 API를 쉽게 관리할 수 있을 것이다. API 계층 구조가 권한 계층 구조와 비슷해 보이기도 하고 비슷하게 정의할 수도 있겠지만 실제로 적용할 때 유용하도록 정의해 보자.

기본적으로는 API가 /a/b/c와 같은 형태라면 /a에 대한 권한을 가지면 /a/b나 /a/b/c에 대한 권한을 가지도록 정의하자. 이렇게 하면 구분자가 .과 /인 차이점만 빼면 권한의 계층 구조와 동일하다. 그러나 API의 경우 어떤 API는 상위 URL API의 권한을 가지면 하위 API의 권한도 가지고, 어떤 API는 URL 계층 구조와 독립적이어야 하는 요건을 지원해야하는 경우도 있다. 이런 두 가지를 동시에 적용할 수 있도록 /a의 권한을 정의했을 때 하위에 /a/b가 별도로 정의됐다면 /a/b나 /a/b의 하위인 /a/b/c. a/b/c/d, ... 등은 모두 /a/b의 권한을 따르도록 정의하면 될 것이다. 즉 권한에 대한 직접적인 정의가 없다면 상위 권한을 따르되 직접적인 정의가 있다면 정의된 권한을 따르며 상위에 여러 개의 권한이 정의됐다면 가장 구체적인 상위 권한을 따른다. 쉽게 말해 권한의 계층 구조를 따르지만 보다 구체적인 수준에서 재정의 혹은 오버라이드할 수 있다.

> 참고 이 시나리오와 관련된 소스는 chap5/urlhierarchy 디렉터리를 참조하자.

데이터 정의

API 계층 구조를 테스트하기 위해서 기존의 /users/{user_id}/profile의 상위 URL인 /users URL에 대한 권한을 정의했다. /users에 대한 권한을 정의한 이유는 /users 요청이 들어오면 /users에 대한 권한이 검사되고 /users/{user_id}/profile 요청을 하면 /users/{user_id}/profile에 대한 권한이 검사되지만 만일 정의되지 않은 /users/{user_id}에 대한 요청을 하면 /users의 권한이 검사되는지 확인할 수 있도록 데이터를 구성했다.

⟨chap5/urlhierarchy/data.json⟩

```json
{
  "api": {
    "/users/{user_id}/profile" : {
      "GET": ["profile.read"],
      "PUT": ["profile.read", "profile.update"]
    },
    "/users" : {
      "GET": ["user.read"],
      "PUT": ["user.read", "user.update"]
    },
    "/about" : {
      "GET" : []
    }
  },
  "operator_permission" : {
    "oper1" : ["profile"],
    "oper2" : ["profile.read"],
    "oper3" : ["profile.update"],
    "useroper": ["user.read", "profile.read"]
  }
}
```

정책 작성

API 계층을 지원하는 정책 코드는 다음과 같다. 패키지 이름은 example.urlhierarchy로 했고 관리자와 사용자는 권한 판단에 API 정보를 사용하지 않으므로 이전과 동일하다. 권한 계층을 지원하는 시나리오와 달라진 점을 보면 가장 중요한 차이는 required_permission을 할당할 때 사용하는 url을 단순히 api 객체의 url 속성을 사용하지 않고 longestmatchapi 규칙의 결과를 url로 사용한다는 점이다. longestmatchapi 규칙의 기능은 이름에서도 짐작할 수 있듯이 해당 url에 적용할 수 있는 가장 구체적인 url을 찾는다. 예를 들어 "/users/ {user_id}"의 권한을 검사하는데 "/users/{user_id}"에 대한 권한이 정의됐다면 "/users/ {user_id}"를 리턴하고, 정의되지 않았다면 "/users"가 정의됐는지 찾는다. 이런 식으로 url 계층 구조를 탐색해 매칭되는 가장 구체적인 url을 리턴한다. API 권한은 url과 method 속성을 함께 검사하므로 실제로는 상위 url을 검사할 때 method도 일치하는지 검사한다.

〈chap5/urlhierarchy/policy.rego〉

```
package example.urlhierarchy

default allowed = false

allowed {
    input.user.role == "ADMIN"
}

allowed {
    input.user.role == "USER"

    input.user.target_user_id != ""

    input.user.target_user_id == input.user.id
}

allowed {
    input.user.role == "OPERATOR"

    method := input.api.method
    url := longestmatchapi(input.api.url, method)

    permission := data.operator_permission[input.user.id]
```

```
    required_permission := data.api[url][method]

    satisfied_permission := {p | permissionmatch(permission[_], required_permission[p],
".")}

    count(required_permission) > 0
    count(satisfied_permission) == count(required_permission)
}

allowed {
    method := input.api.method
    url := longestmatchapi(input.api.url, method)

    url

    required_permission := data.api[url][method]

    count(required_permission) == 0
}

permissionmatch(permission, req_permission, delim) = true {
    permission == req_permission
} else = result {
    result := startswith(req_permission, concat("", [permission, delim]))
}

longestmatchapi(url, method) = apimatch {
    urlslice := split(url, "/")
    ns := numbers.range(count(urlslice),1)
    apimatch := [api|api := concat("/", array.slice(urlslice, 0, ns[_])); data.api[api]
[method]; api != "" ][0]
}
```

longestmatchapi 규칙의 내용을 설명하면 다음과 같다. 우선 첫 번째 라인은 /를 구분자로 문자열을 분할한다. 그 다음은 앞서 분할한 배열의 길이부터 1까지 범위로 배열을 생성해 ns로 할당한다. 예를 들어 배열의 길이가 3이면 [3,2,1]이 된다. 마지막 라인은 좀 복잡한데 우선 concat("/", array.slice(urlslice, 0, ns[_])) 부분부터 이해하면 쉽다. ns[_] 때문에 ns가 [3,2,1]이라면 concat("/", array.slice(urlslice, 0, 3), concat("/", array.slice(urlslice, 0, 2), concat("/", array.slice(urlslice, 0, 1)에 대해서 반복된다. 규칙의 url 인자가 "/users/{user_id}/profile"이라면 urlslice는 ["", "users", "{user_id}", "profile"]이 되고 array.slice(urlslice, 0, 3)은 ["", "users", "{user_id}", "profile"], array.slice(urlslice, 0, 2)는 ["", "users", "{user_id}"], array.slice(urlslice, 0, 1)은 ["", "users",]가 된다. concat으로 연결하면 각각 "/users/{user_id}/profile", "/users/{user_id}", "/users"가 된다. concat으로 연결된 문자열을 api 변수에 할당하고 api와 method 인자를 이용해서 api 객체에 해당 요소가 존재하는지를 검사한 후 존재하면 배열 포괄식으로 존재하는 api 변수들만 모아 배열로 만든 다음 [0]을 지정해서 그중 가장 첫 번째 요소를 apimatch에 할당한다. 규칙 선언부의 = apimatch에 의해 apimatch가 규칙의 결괏값이 된다.

규칙을 살펴보면 공개 API를 선언하는 규칙에도 longestmatchapi를 적용한 것을 알 수 있다. 해당 규칙의 url만 있는 라인은 longestmatchapi의 결과가 undefined가 아니라 존재하는지 검사하는 역할을 한다. 공개 API에도 API 계층 구조를 적용할지는 선택의 문제이지만 이 예제에서는 적용하기로 선택했다.

longestmatchapi 규칙의 로직을 살펴보면 약간 비효율적이라는 생각이 들 것이다. 매칭되는 api url들을 다 배열로 모으지 않고 애초에 하나만 매칭해 리턴하면 더 효율적이지 않을까 하는 생각이 들 수 있다. 이 예제를 작성하는 과정에서 시도해 봤는데 Rego에서 전통적인 프로그래밍 언어의 for 루프 및 break, continue문이 지원되지 않아서 구현이 어렵다. 함수를 이용해서 재귀적으로 구현하면 가능할 것 같아 이것도 시도해 봤는데 Rego에서 함수(함수도 Rego에서는 규칙)에 대한 재귀를 지원하지 않으므로 실패했다. 재귀로 작성해 본 로직을 소개하면 다음과 같다. 또 재귀의 경우 언어에 따라 longestmatchapi → longestmatchapi2 → longestmatchapi식으로 이름을 바꿔서 호출하면 재귀임을 인식하지 못하고 허용하는 경우도 있는데 Rego의 경우에는 이런 재귀도 탐지했다. 동작시킬 수 없는 코드이므로 더 자세히 설명하지는 않을 예정이며 관심 있는 독자들은 살펴보기 바란다.

```
longestmatchapi(url, method) = "" {
    contains(url, "/") == false
} else = url {
    count(data.api[url][method]) > 0
} else = parent_match {
    path := split("/",url)
    num := count(path)
    last := path[num - 1]

    parent_api := trim_suffix(url, concat("", ["/", last]) )

    parent_match := longestmatchapi(parent_api, method)
}
```

longestmatchapi 규칙에서 매칭될 수 있는 url 조각들을 전부 배열로 만들므로 엄청나게 비효율적이라고 생각될 수도 있는데 해당 배열의 크기는 url을 /의 구분자로 나눈 배열의 크기와 동일하다. API의 URL이 단계가 너무 깊어지지만 않으면 성능에 심각할 문제가 될 정도는 아니다. 더 효율적으로 구현하려면 OPA 내장 함수로 구현하면 되겠지만 OPA 내장 함수로 구현하면 내장 함수를 관리하고 배포해야 하므로 성능에 문제가 되는 경우에만 고려할 만하다.

정책 테스트

정책 작성을 마쳤으므로 테스트 케이스를 작성해 보자. 이전 시나리오의 policy_test. rego를 복사한 다음 패키지 이름을 example.urlhierarchy로 변경하자. 먼저 새로 추가한 / users API와 useroper 운영자에 대한 권한 테스트를 위해 다음 테스트 케이스를 추가하자.

```
test_useroper_userlist_read_allowed {
    allowed with input as {
        "user": {
            "role" : "OPERATOR",
            "id" : "useroper"
        },
```

```
    "api": {
        "url" : "/users",
        "method" : "GET"
    }
  }
}
```

/users/{user_id}에 대한 권한을 검사한다면 데이터에 정의하지 않았기 때문에 API 계층 구조를 탐색해 /users의 권한이 적용돼야 한다. 따라서 useroper 운영자가 /users, GET에 대한 권한이 허용됐듯이 /users/{user_id}에 대한 권한도 허용되는지 검사하기 위해 다음 테스트 케이스를 추가했다.

```
test_useroper_user_read_allowed {
    allowed with input as {
        "user": {
            "role" : "OPERATOR",
            "id" : "useroper"
        },
        "api": {
            "url" : "/users/{user_id}",
            "method" : "GET"
        }
    }
}
```

useroper 운영자는 /users에 대해 GET만 할 수 있고 PUT은 할 수 없으므로 PUT을 시도하면 허용되지 않아야 한다. 이에 대한 테스트 케이스는 다음과 같다.

```
test_useroper_user_update_not_allowed {
    not allowed with input as {
        "user": {
            "role" : "OPERATOR",
            "id" : "useroper"
        },
```

```
        "api": {
            "url" : "/users/{user_id}",
            "method" : "PUT"
        }
    ]
}
```

useroper 운영자는 /users에 대한 GET 권한을 갖지만 oper1 운영자는 /users에 대한 권한이 없다. 따라서 oper1 운영자는 /users/{user_id}에 대해 권한이 없다. 이를 테스트 케이스로 표현하면 다음과 같다.

```
test_oper1_user_read_not_allowed {
    not allowed with input as {
        "user": {
            "role" : "OPERATOR",
            "id" : "oper1"
        },
        "api": {
            "url" : "/users/{user_id}",
            "method" : "GET"
        }
    }
}
```

데이터에 API 계층 구조가 명시되지 않은 API에 대한 접근은 허용되지 않아야 된다. 예를 들어 /goods는 데이터에 정의된 API들과 아무런 계층 구조를 갖지 않는다. 이를 테스트 케이스로 표현하면 다음과 같다.

```
test_goods_not_allowed {
    not allowed with input as {
        "user": {
            "role" : "OPERATOR",
            "id" : "oper2"
        },
```

```
        "api": {
            "url" : "/goods",
            "method" : "PUT"
        }
    }
}
```

전체 테스트 케이스를 실행해 보자. 테스트를 실행하면 기존의 10개의 테스트 케이스와 새로 추가된 테스트 케이스가 모두 성공한 것을 확인할 수 있다.

```
$ opa test -v policy.rego policy_test.rego data.json
data.example.urlhierarchy.test_admin_allowed: PASS (2.9694ms)
data.example.urlhierarchy.test_oper1_profile_read_allowed: PASS (1.0002ms)
data.example.urlhierarchy.test_oper1_profile_update_allowed: PASS (2.9995ms)
data.example.urlhierarchy.test_oper2_profile_read_allowed: PASS (1.0251ms)
data.example.urlhierarchy.test_oper2_profile_update_not_allowed: PASS (1.0055ms)
data.example.urlhierarchy.test_oper3_profile_read_not_allowed: PASS (1.9995ms)
data.example.urlhierarchy.test_oper3_profile_update_not_allowed: PASS (999.8µs)
data.example.urlhierarchy.test_user_allowed: PASS (0s)
data.example.urlhierarchy.test_user_not_allowed: PASS (971.5µs)
data.example.urlhierarchy.test_user_public: PASS (0s)
data.example.urlhierarchy.test_useroper_userlist_read_allowed: PASS (2.9992ms)
data.example.urlhierarchy.test_useroper_user_read_allowed: PASS (1.0002ms)
data.example.urlhierarchy.test_useroper_user_update_not_allowed: PASS (999.8µs)
data.example.urlhierarchy.test_oper1_user_read_not_allowed: PASS (1.0001ms)
data.example.urlhierarchy.test_goods_not_allowed: PASS (0s)
--------------------------------------------------------------------------
PASS: 15/15
```

▌ 정리

5장에서는 실제 개발에 사용하는 것과 유사한 권한 관리 시나리오를 가정하고 이 시나리오를 OPA 정책으로 구현해 봤다. 가장 기본적인 권한 관리부터 다중 권한, 공개 API, 권한 계층 구조, API 계층 구조 등을 추가하면서 정책을 발전시켰다. 또 이전 단계에서 개발한 테스트를 유지하면서 점진적으로 권한 정책을 발전시키고 테스트 케이스를 추가하는 과정을 단계적으로 설명했다.

5장에서 설명하는 시나리오가 독자들의 실제 요구사항과 거리가 있을 수도 있지만 실제로 애플리케이션과 서비스 개발 과정에서 필요한 수준의 복잡성과 패턴은 충분히 보여주고 있기 때문에 5장의 예제들을 잘 이해한다면 OPA를 통한 정책 작성에 큰 도움이 될 것이다.

6장

OPA 번들

OPA 번들은 특정한 형식을 갖는 타르볼(tar.gz) 파일이다. OPA 번들은 JSON이나 YAML 형식의 데이터 파일, Rego 파일 등을 포함한다. OPA 번들을 사용하면 여러 개로 구성된 데이터와 정책 파일을 하나의 파일로 패키징해 편리하게 관리할 수 있다. 또 매니페스트를 사용해서 데이터 파일 루트나 리비전을 명시할 수 있으며 유효성을 보증하기 위한 서명 파일도 추가할 수 있다.

▌ OPA 번들 생성

OPA 번들 수동 생성

OPA 번들을 수동으로 생성하려면 다음과 같이 하면 된다.

우선 번들 담을 디렉터리를 생성한다. bundletest라는 디렉터리를 생성하자.

그 다음 data.json(혹은 data.yaml) 및 각 Rego 파일들을 각 디렉터리에 위치시켜야 한다. 번들에 포함하는 데이터 파일의 이름은 항상 data.json이거나 data.yaml이어야 한다. 번들 디렉터리가 하위에 여러 디렉터리를 가질 수 있으므로 여러 개의 data.json이나 data.yaml이 존재할 수 있다.

bundletest 디렉터리에 test/server/rest, users, role 디렉터리를 생성한 후 test/server/rest 디렉터리에 policy.rego, users와 role 디렉터리에 각각 사용자 정보와 역할 정보를 담은 data.json을 작성했다. test/server/rest/policy.rego는 policy.rego와 유사하지만 다음과 같이 users/data.json의 users는 data.users.users로 참조되므로 다음과 같이 코드를 약간 변경했다. 번들 테스트에 사용된 실제 소스 파일은 chap6/bundletest 디렉터리의 내용을 참조하면 된다.

〈chap6/test/server/rest/policy.rego〉

```
package test.server.rest

default allowed = false

allowed {
    name := input.name
    data.users.users[name].role == "manager"
}
```

users/data.json의 내용은 users.json과 동일하며 내용은 다음과 같다.

〈chap6/bundletest/users/data.json〉

```
{
    "users" : {
        "bob": {
            "role":"manager"
        },
```

```
        "alice": {
            "role":"staff"
        }
    }
}
```

---

role/data.json은 다음과 같은 내용으로 간략히 작성했다.

〈chap6/bundletest/role/data.json〉

```
{
    "role" : ["manager", "staff"]
}
```

번들을 생성하려면 다음과 같이 타르볼(tar.gz) 파일을 생성하면 된다. 다음 명령은 test,
role, users 디렉터리를 포함해 bundle.tar.gz 파일을 생성한다.

```
$ tar cvzf bundle.tar.gz test role users
a test
a test/server
a test/server/rest
a test/server/rest/policy.rego
a role
a role/data.json
a users
a users/data.json
```

---

bundle.tar.gz가 생성됐다면 OPA에서 로딩해서 확인해 보자. 다음과 같이 OPA 명령을 실
행할 때 정책 및 데이터 파일을 개별적으로 지정하는 대신 bundle.tar.gz를 지정하면 된
다. data 명령으로 로딩된 결과를 출력하면 로딩된 내용을 확인할 수 있다.

```
$ opa run bundle.tar.gz
OPA 0.23.2 (commit 661ec2f, built at 2020-08-24T18:49:53Z)
```

Run 'help' to see a list of commands and check for updates.

```
> data
{
  "role": {
    "role": [
      "manager",
      "staff"
    ]
  },
  "test": {
    "server": {
      "rest": {
        "allowed": false
      }
    }
  },
  "users": {
    "users": {
      "alice": {
        "role": "staff"
      },
      "bob": {
        "role": "manager"
      }
    }
  }
}
```

로딩된 내용을 살펴보면 users, role 등이 계층 구조에 추가된 것을 알 수 있다. 예를 들어 앞의 예제에서 alice라는 사용자의 정보에 data.users["alice"]로 접근힐 수 있었지민 번들에 포함한 이후에는 data.users.users["alice"]로 접근해야 한다. 만일 이전과 같이 data.users["alice"]로 접근하고 싶다면 계층 구조가 포함되지 않도록 번들 최상위 디렉터리에 바로 data.json이나 data.yaml을 위치시키면 된다.

번들은 매니페스트 파일을 포함할 수도 있다. 매니페스트 파일은 .manifest라는 이름을 가지며 다음과 같은 형식의 JSON 파일이다. revision은 번들을 구별할 수 있는 리비전 번호를 나타내는데 git 저장소의 커밋 ID로 지정하거나 조직의 정책에 따라 부여한 버전을 지정할 수 있다. roots는 외부에 노출할 패키지의 루트 디렉터리를 지정한다. roots의 기본값은 [""]로 번들 내의 디렉터리 구조를 모두 포함하며 외부에서 가져오는 패키지는 없는 형태다. 만일 번들 외부(HTTP 등)에서 가져오는 패키지가 있다면 roots에 해당 패키지가 추가로 선언돼야 사용이 가능하다.

```json
{
  "revision" : "6973caed1c345856387b5476d562897356dbe056",
  "roots": ["test", "roles", "users"]
}
```

매니페스트를 추가하려면 다음과 같이 tar 명령의 포함할 파일 목록에 .manifest를 추가하면 된다.

```
$ tar cvzf bundle.tar.gz test role users .manifest
a test
a test/server
a test/server/rest
a test/server/rest/policy.rego
a role
a role/data.json
a users
a users/data.json
a .manifest
```

OPA 번들 도구

OPA가 제공하는 OPA 번들 생성 도구를 활용하면 번들을 쉽게 생성할 수 있다. 그러나 OPA가 생성된 번들은 모든 데이터가 하나로 합쳐지고 공백이 제거돼 최소의 트래픽만 사용하도록 최적화돼 제공된다.

OPA 번들을 생성하려면 번들의 최상위 디렉터리에서 다음 명령을 실행한다. 번들 테스트
에 사용된 실제 소스 파일은 chap6/bundletestopatool 디렉터리의 내용을 참조하면 된다.

```
$ opa build .
```

위의 명령은 .manifest는 포함하지 않고 test, role, users, 디렉터리만 존재하는 상태에서
실행했다. 해당 디렉터리에 .manifest 파일이 존재하더라도 생성된 번들에 포함되지 않으
며 리비전 등을 매니페스트에 포함하려면 번들 도구의 인자로 넘겨야 한다.

위의 명령을 실행해 생성된 번들 파일 이름은 bundle.tar.gz가 된다. 우선 temp를 만들고
bundle.tar.gz를 복사한 다음 타르볼을 풀어보자.

```
$ tar xvzf bundle.tar.gz
tar: Removing leading '/' from member names
x data.json
x test\\server\\rest\\policy.rego
x .manifest
```

role과 users 디렉터리의 데이터 파일은 병합돼 단일 data.json 파일이 포함됐고 policy.
rego 파일은 그대로 위치가 유지된 것을 확인할 수 있다.

우선 번들 도구가 생성한 매니페스트를 확인해 보면 다음과 같다. 인자로 리비전이나 패키
지 루트를 지정하지 않았으므로 기본값으로 매니페스트가 생성됨을 알 수 있다.

```
{"revision":"","roots":[""]}
```

생성된 data.json을 살펴보면 role/data.json과 users/data.json이 병합돼서 공백이 제거
된 것을 볼 수 있다.

```
{"role":{"role":["manager","staff"]},"users":{"users":{"alice":{"role":"staff"},"bob":{
"role":"manager"}}}}
```

번들 내부의 test/server/rest/policy.rego 파일의 내용은 다음과 같이 크게 변경되지 않고 번들에 포함됐다.

```
package test.server.rest

default allowed = false

allowed {
        name := input.name
        data.users.users[name].role == "manager"
}
```

생성된 번들은 opa run bundle.tar.gz 명령으로 로딩해서 시험해 보면 수동으로 생성한 번들과 동일하게 동작한다.

▌ OPA 번들의 서명

OPA는 번들 서명에 HMAC 방식과 RSA, ECSDA 등 비대칭 키를 이용한 방식을 지원한다. HMAC 방식은 서명과 검증에 동일한 비밀 코드를 공유해서 해시값으로 메시지의 무결성을 검증하는 방식이다. 반면 RSA나 ECSDA 등은 공개 키 암호화 방식을 사용해 사설 키로 서명하고 공개 키로 검증하는 방식이다. 각 방식을 사용해서 번들을 서명하고 서명된 번들을 로딩 시에 검증해 보자.

HMAC을 이용한 번들 서명 및 검증

HMAC 방식으로 번들을 서명하려면 번들 생성 시 다음 명령처럼 signing-alg 인자에 HS256, HS384, HS512 등 HMAC 관련 서명 알고리즘을 지정하고 signing-key에 암호처럼 사용할 코드를 입력해 준다. 마지막으로 번들을 서명할 때에는 대상 디렉터리를 바로 지정하기보다는 --bundle 인자로 지정해야 한다. 번들 테스트에 사용된 실제 소스 파일은 chap6/bundlehmac 디렉터리의 내용을 참조하면 된다.

```
$ opa build --signing-alg HS512 --signing-key secret --bundle .
```

HS256, HS384, HS512는 HMAC 서명에 사용할 알고리즘으로 숫자가 커질수록 보안이 강해지며 서명의 크기가 커진다. signing-key로 명시된 코드는 서명을 검증할 때도 동일한 코드를 사용해야 한다.

생성된 번들 파일(파일명을 지정하지 않았으므로 bundle.tar.gz)을 임시로 생성한 디렉터리에 복사한 다음 압축을 풀어보자. 압축을 풀어보면 기존의 번들과 다르게 서명을 기록한 .signatures.json이 추가된 것을 볼 수 있다.

```
$ tar xvzf bundle.tar.gz
tar: Removing leading `/' from member names
x data.json
x test\\server\\rest\\policy.rego
x .manifest
x .signatures.json
```

.signatures 파일의 형식은 다음과 같다. signatures라는 키에 대해 문자열 배열값을 갖는데 현재는 하나의 서명만 파일에 포함할 수 있으므로 배열의 크기는 항상 1이다. 서명값은 일반적인 JWT 포맷의 문자열이다.

```
{
"signatures": [
"eyJhbGciOiJIUzUxMiIsImtpZCI6ImRlZmF1bHQifQ.eyJmaWxlcyI6W3sibmFtZSI6InRlc3Qvc2VydmVyL3J
lc3QvcG9saWN5LnJlZ28iLCJoYXNoIjoiYzVkNTM3MTg1NjBiNWYyMWE3ZDYwZjhkY2YyNzNmZTJkZjQ3YWYwND
diMjRmYzNhZWQ4NzAzYWJlMDY1MDQxMiIsImFsZ29yaXRobSI6IlNIQS0yNTYifSx7Im5hbWUiOiJkYXRhLmpzb
24iLCJoYXNoIjoiY2RmNjcxYzYwOTg2NDDdlMWYxYTIxYTI1YTMzZmJkODQwNDDiNmJmZTIyODEyYTQyYmRiOGIy
```

NWEyM2EwYWZhNCIsImFsZ29yaXRobSI6IlNIQS0yNTYifSx7Im5hbWUiOiIubWFuWZlc3QiLCJoYXNoIjoiZDI
wYTE4NTJjMTk1OGE0NDE5OGZhNmM5MDJjOWM5ZjNhNWJmMTZjNTY2MjVlZDVmN2EyMDQ0Dg4NjM3YjgxNiIsIm
FsZ29yaXRobSI6IlNIQS0yNTYifV0sImtleWlkIjoiZGVmYXVsdCJ9.yLpCjF0JCL7MsX3N8tEoYqMagL5HlpYG
0o2mvbj0X5cwmXKAJLMTQl0w3HdimuheEWo7tOKA8Fwrc5jFujE-wA"
    ]
}

해당 서명을 확인해 보려면 jwt.io로 접속해서 디버거에 그림 6–1처럼 알고리즘을 서
명했던 알고리즘으로 선택한 후 Encoded에 서명 내용을 입력하고 서명 검증란에 코드
로 지정했던 secret을 입력하면 검증을 수행할 수 있다. 코드가 없어도 서명 파일을 담는
.signatures.json 자체는 jwt 파일이기 때문에 내용은 볼 수 있지만 서명 후 내용이 변경
되지 않았는지 검증하려면 코드가 필요하다.

생성된 번들을 검증해 보려면 다음과 같은 명령으로 번들을 로딩해 보면 된다. signing-
alg 인자에 서명에 사용했던 것과 동일한 알고리즘을 지정하면 run 명령이 verification-
key 인자로 서명 코드를 넘겨받는다. 마지막으로 --bundle(혹은 -b) 옵션을 지정한다. 그렇
지 않으면 서명을 검증하지 않고 번들을 로딩하므로 검증을 원한다면 반드시 --bundle 옵
션을 지정해야 한다.

```
$ opa run --signing-alg HS512 --verification-key secret --bundle bundle.tar.gz
```

만일 서명 검증 코드나 서명 알고리즘을 서명 때와 다르게 지정하면 다음과 같이 서명 검
증에 실패하고 번들이 로딩되지 않는다.

```
$ opa run --signing-alg HS512 --verification-key nosecret --bundle bundle.tar.gz
error: load error: bundle bundle.tar.gz: Failed to verify message: failed to match hmac
signature
```

그림 6-1 HS512로 서명된 번들 서명 검증

비대칭 키 서명을 이용한 번들 서명 및 검증

비대칭 키를 이용한 번들 서명 및 검증도 서명 및 검증 시 동일한 서명 코드 대신 서명 시 사설 키, 검증 시 공개 키가 사용되는 점과 명시하는 알고리즘을 제외하면 기본적인 동작은 HMAC 기반 번들 서명 및 검증과 동일하다. OPA 버전 0.24까지는 비대칭 키 서명을 이용한 번들 검증 기능에 버그가 있어 동작하지 않으므로 0.25 버전 이후의 버전을 사용하기를 권한다. 참고로 해당 버그는 이 책의 관련 내용을 테스트하던 도중 저자가 발견해 https://github.com/open-policy-agent/opa/issues/2796 이슈로 리포팅했음을 밝혀둔다. OPA 기능 중 예상대로 동작하지 않는 기능이 있으면 적극적으로 github 이슈로

리포팅하기를 권한다.

우선 RSA 알고리즘 기반 번들 서명 및 검증을 시험해 보자.

시험에 앞서 공개 키의 사설 키를 openssl을 이용해 생성해야 한다. openssl은 리눅스 환경이나 맥 OS 환경에서는 기본적으로 설치돼 있을 것이다. 윈도우 환경에서는 윈도우용 Git 클라이언트를 설치하고 포함된 git bash를 활용하면 openssl 명령을 실행할 수 있다. 우선 다음 openssl 명령을 실행해서 생성해 보자.

```
$ openssl genrsa -out private_key.pem 2048
$ openssl rsa -in private_key.pem -out public_key.pem -pubout
```

첫 번째 명령은 2048비트 크기로 private_key.pem이라는 이름의 RSA 사설 키를 생성한다. 두 번째 명령은 private_key.pem과 매칭되는 공개 키 public_key.pem을 생성한다.

공개 키와 사설 키가 생성되면 사설 키 private_key.pem을 사용해서 번들을 서명해 보자. 앞서 설명한 대로 signing-alg 인자와 signing-key 인자만 바꿔서 실행하면 되는데 private_key.pem과 public_key.pem이 번들 디렉터리 내에 위치하면 해당 키 파일들에 대한 서명도 생성될 수 있으므로 다른 디렉터리에 두고 참조하면 된다. 번들 테스트에 사용된 실제 소스 파일은 chap6/bundlersa 디렉터리의 내용을 참조하면 된다.

```
$ opa build --signing-alg RS512 —signing-key ../private_key.pem --bundle .
```

번들이 생성되면 번들 파일을 임시로 생성한 디렉터리로 복사해서 ta xvzf bundle.tar.gz 명령으로 압축을 풀어보자. .signing.json 내용의 JWT 토큰을 담고 있으며 번들에 포함할 파일의 내용을 수정하지 않았다면 JWT의 헤더와 마지막 서명은 서로 다르지만 파일의 해시값을 담고 있는 데이터(혹은 페이로드) 부분은 이전과 동일하다.

번들을 검증하려면 다음과 같이 signing-alg와 verification-key만 변경하면 이전과 동일한 방법으로 검증할 수 있다.

```
$ opa run --signing-alg RS512 –verification-key ../public_key.pem --bundle bundle.tar.
gz
```

그 다음으로 ECSDA 알고리즘 기반 번들 서명 및 검증을 해 보자. ECSDA 알고리즘의 경우도 서명 및 검증 방법은 유사하다. 다만 키를 생성하는 방법에 차이가 있다. 다음과 같은 명령을 사용해 사설 키 ecprivate_key.pem과 매칭되는 공개 키 ecpublic_key.pem을 생성했다.

```
$ openssl ecparam -name prime256v1 -genkey -noout -out ecprivate_key.pem
$ openssl ec -in ecprivate_key.pem -pubout –out ecpublic_key.pem
```

RSA 키 생성 시 비트 수를 설정하는 데 반해 ECSDA 알고리즘의 경우는 사용할 타원 곡선의 종류를 설정한다. 위의 예제에서는 prime256v1을 사용했는데 사용할 수 있는 타원 곡선의 종류는 다음 명령으로 확인할 수 있다. OPA에서 사용한 Go 기반 라이브러리에서 모든 타원 곡선을 지원하지 않으므로 키가 동작하지 않는다면 prime256v1으로 다시 생성해서 확인하기 바란다.

```
$ openssl ecparam –list_curves
  secp112r1 : SECG/WTLS curve over a 112 bit prime field
  secp112r2 : SECG curve over a 112 bit prime field
  secp128r1 : SECG curve over a 128 bit prime field
  secp128r2 : SECG curve over a 128 bit prime field
... (중략) ...
  brainpoolP512r1: RFC 5639 curve over a 512 bit prime field
  brainpoolP512t1: RFC 5639 curve over a 512 bit prime field
  SM2       : SM2 curve over a 256 bit prime field
```

jwt.io에서 서명을 검증해 보려면 그림 6-2와 같이 이전에 코드를 입력했던 부분에 private_key.pem의 내용을 입력하면 된다.

ECSDA 기반으로 서명된 번들을 생성하려면 다음과 같은 명령을 실행하면 된다. 앞의 명

령들에서 signing-alg와 signing-key 인자만 다른 것을 알 수 있다. 번들 테스트에 사용된
실제 소스 파일은 chap6/bundleecdsa 디렉터리의 내용을 참조하면 된다.

```
$ opa build --signing-alg ES512 --signing-key ../ecprivate_key.pem --bundle .
```

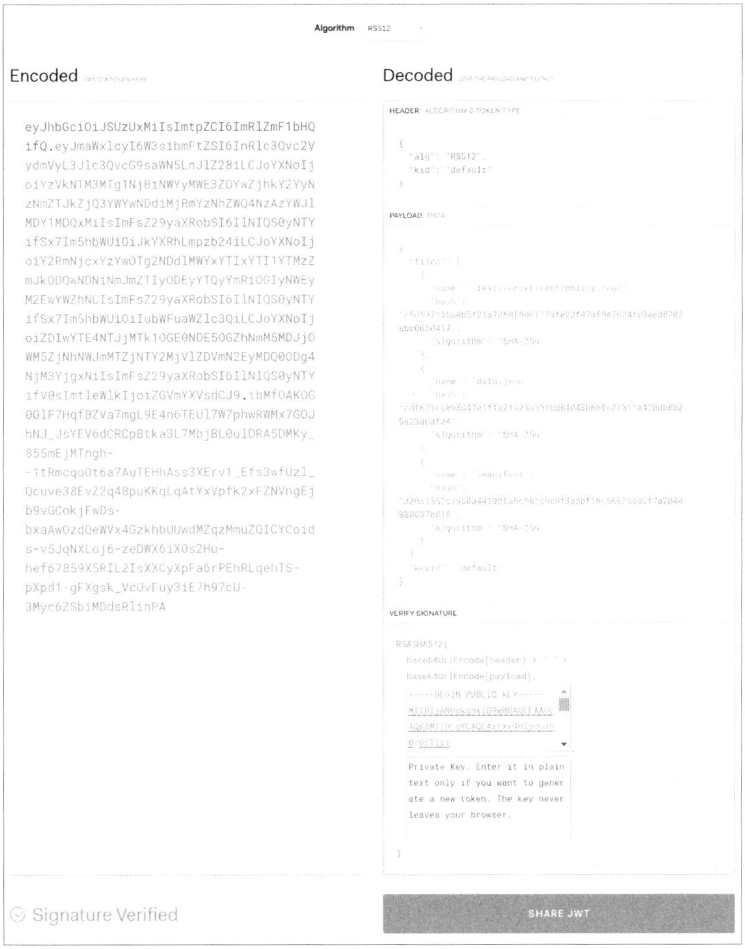

그림 6-2 RS512로 서명된 번들 서명 검증

ECSDA로 서명된 번들을 로딩하려면 다음 명령을 실행하면 된다.

```
$ opa run --signing-alg ES512 —verification-key ../ecpublic_key.pem --bundle bundle.
tar.gz
```

번들 서명 파일만 생성

opa sign 명령을 사용하면 서명을 담고 있는 .signatures 파일만 생성할 수 있다. .signatures 파일만 따로 생성해서 타르볼 생성 시 포함해 주면 직접 tar cvzf 명령으로 생성한 번들도 서명이 가능하다. 서명 파일만 생성을 원하면 다음과 같이 opa 명령만 build 대신 sign으로 변경하면 된다.

```
$ opa sign --signing-alg ES512 --signing-key ../ecprivate_key.pem --bundle .
```

▌ 정리

6장에서는 OPA 번들의 생성 및 서명 그리고 번들을 검증하는 방법을 살펴봤다. OPA 번들을 사용하면 다수의 데이터 및 정책으로 구성된 파일들을 패키징해 쉽게 관리할 수 있으며 메타 데이터를 통해 번들의 버전 정보들을 관리할 수 있다. 또 서명을 통해 정책이나 데이터가 부정하게 변경되지 않았는지도 검증할 수 있다.

7장에서는 OPA를 다양한 형태로 시스템의 다른 구성요소와 통합하는 법을 다루는데 이 과정에서 번들을 별도의 원격 서버에서 주기적으로 폴링해서 업데이트하는 방법도 설명할 예정이다.

7장

OPA 통합

7장에서 다루는 내용

- OPA REST API 서버 활용
- OPA REST API 서버를 도커와 쿠버네티스 환경에서 실행하는 방법
- OPA Go 클라이언트 라이브러리
- OPA와 외부 데이터를 연동하는 방법

OPA는 다른 시스템과 OPA를 통합하는 수단으로 별도의 서버를 띄워서 REST API로 사용하는 방법, Go 라이브러리로 Go로 작성된 프로그램에 통합하는 방법, 웹어셈블리^WASM, ^Web Assembly를 사용하는 방법을 지원한다.

각 통합 방법별 비교는 표 7-1과 같다.

항목	REST API	Go 라이브러리	웹어셈블리(개발 중)
평가 속도	빠름	더 빠름	가장 빠름
프로그래밍 언어 지원	모든 프로그래밍 언어	Go 언어 전용	웹어셈블리를 지원하는 모든 프로그래밍 언어
운영 복잡성	OPA만 관리하면 됨	전체 서비스를 업데이트해야 함	가끔 서비스를 업데이트해야 함

| 보안 | API를 안전하게 보호해 야 함 | 필요한 부분만 활성화할 수 있음 | 필요한 부분만 활성화할 수 있음 |

표 7-1 OPA 통합 방법별 비교[1]

7장에서는 REST API와 Go 라이브러리를 활용하는 방법을 다룬다. 웹어셈블리에 관한 내용은 11장에서 별도로 설명한다.

OPA REST API 서버

OPA REST API 서버는 Go 언어로 개발됐으며 OPA에서 제공하는 REPL, REST API 서버, 번들 생성 도구 등 모든 도구들은 플랫폼에 따라 opa 혹은 opa.exe 단일 바이너리로 제공된다.

OPA를 REST API로 서비스하는 OPA 서버를 실행하는 가장 단순한 방법은 다음과 같다.

```
$ opa run -s <정책 및 데이터를 담은 파일/디렉터리 목록>
```

단순한 규칙과 데이터를 생성해 OPA REST API 서버를 테스트해 보자.

우선 다음과 같은 정책 파일을 만들고 policy.rego로 저장한다. policy.rego의 내용을 간단히 설명하면 input으로 입력받은 json에서 name 필드를 name 변수에 할당한 다음 data. users 객체에서 name 변수를 키로 객체를 가져온다. 그 후 객체의 role 필드가 문자열 "manager"와 같으면 true가 allowed에 할당되고, role 필드가 "manager"와 다르면 allowed 의 값은 기본값 false가 된다.

〈chap7/basic/policy.rego〉

```
package test.server.rest
```

```
default allowed = false

allowed {
    name := input.name
    data.users[name].role == "manager"
}
```

data.users값을 저장한 데이터 파일을 작성해 보자. 그런 다음 내용을 users.json으로 저장한다.

⟨chap7/basic/users.json⟩

```
{
    "users" : {
        "bob": {
            "role":"manager"
        },
        "alice": {
            "role":"staff"
        }
    }
}
```

저장된 데이터가 정상적으로 로드됐는지 확인하려면 다음과 같이 opa run 명령을 실행해서 data를 출력해 보면 된다. 데이터 파일이 제대로 작성됐다면 내용이 다음과 같이 출력된다.

```
$ opa run policy.rego users.json
OPA 0.23.2 (commit 661ec2f, built at 2020-08-24T18:49:53Z)

Run 'help' to see a list of commands and check for updates.

> data
{
  "test": {
```

```
    "server": {
      "rest": {
        "allowed": false
      }
    }
  },
  "users": {
    "alice": {
      "role": "staff"
    },
    "bob": {
      "role": "manager"
    }
  }
}
```

policy.rego가 제대로 동작하는지 살펴보려면 다음과 같이 input에 name 필드가 "bob"인 객체를 할당해 보자. input을 할당한 다음 data.test.server.rest.allowed를 조회해 보면 true로 변경된 것을 확인할 수 있다.

```
> input := {"name":"bob"}
Rule 'input' defined in package repl. Type 'show' to see rules.
> data.test.server.rest.allowed
true
```

데이터와 정책 파일이 모두 준비됐다면 opa run 명령에 -s 옵션을 추가해 REST API 서버를 띄워보자.

```
$ opa run -s policy.rego users.json
{"addrs":[":8181"],"diagnostic-addrs":[],"insecure_addr":"","level":"info","msg":"Initi
alizing server.","time":"2020-10-07T22:07:37+09:00"}
```

OPA 서버가 8181 포트로 시작했으므로 그림 7–1과 같이 브라우저로 접속해서 쿼리를 실행해 보자. 브라우저 창에 URL로 localhost:8181(localhost가 잘 안 된다면 127.0.0.1:8181로 접속)을 입력하면 OPA 서버에 접속할 수 있다. [Input Data] 부분에는 REPL에서 할당했던 {"name":"bob"}를 입력하고 [Query] 부분에는 allowed = data.test.server.rest.allowed를 입력하자. REPL에서와 다르게 결괏값을 변수에 할당해 줘야 result 객체에 포함되며 = 대신 할당 연사자 :=을 사용해도 결과는 동일하다.

입력 후 [Submit] 버튼을 클릭해서 결과를 확인하면 JSON 객체의 result 필드에서 결괏값을 확인할 수 있다.

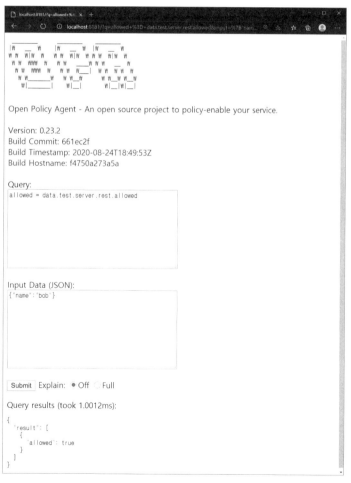

그림 7-1 웹 브라우저에서 OPA 서버 접속

이번에는 curl을 사용해서 OPA 서버에 REST API로 쿼리를 요청해 보자. 명령을 실행하면 동일한 결과를 얻을 수 있다.

```
$ curl localhost:8181/v1/data/test/server/rest/allowed -d {\"input\":{\"name\":\"bob\
"}}
{"result":true}
```

curl로 input 객체를 전달하기 위해 \"로 따옴표를 사용해 이스케이프 처리를 했는데 이스케이프 처리가 불편하거나 input 객체가 크다면 input 객체를 파일로 저장할 수도 있다. 다음 내용을 input.json으로 저장한 다음 동일하게 curl로 API를 호출해 보자.

〈basic/input.json〉

```
{"input":{"name":"bob"}}
```

파일의 내용을 입력 스트림으로 curl을 호출하기 위해서는 다음과 같이 -d 인자를 @<파일이름> 형식으로 지정하면 된다. 실행 결과는 JSON 객체를 입력으로 넘겼을 때와 동일하다.

```
$ curl -d @input.json localhost:8181/v1/data/test/server/rest/allowed
{"result":true}
```

HTTPS로 OPA 서버 실행

대부분의 경우 OPA 서버를 파이어월 안에 있는 내부망에서 실행할 것이다. 최근 마이크로서비스 환경에서는 내부망의 서비스 간에도 보안을 적용하는 경우가 많고 외부망에 공개해야 한다면 무조건 HTTPS를 적용해야 한다. 또 향후에는 웹 브라우저에서 일반 HTTP 연결을 아예 사용할 수 없도록 할 예정이어서 API 서버에 HTTPS 적용은 필수적이라고 할 수 있다. HTTPS 적용과 관련된 소스는 chap7/https를 참조하면 된다.

HTTPS 적용을 위해서는 TLS 인증서[certificate]가 필요하다. HTTPS는 인증 기관[CA, Certificate

Authority을 통해 TLS 인증서의 유효성을 확인한다. 일반적인 TLS 인증서를 사용하면 인증서 발급 비용이나 인증 기관에 대한 인터넷 연결이 필요할 수 있기 때문에 테스트 환경에서는 사설 키로 자체 서명한 자체 서명 인증서Self-signed Certificate를 사용하는 것이 편리하다. 그러나 주의할 점은 상용 서비스에 자체 서명 인증서를 사용하면 사용자에게 검증되지 않은 인증서를 무조건 받아들여도 된다고 오해할 수 있고 브라우저에서 경고 메시지를 보여주므로 상용 서비스에는 자체 서명 인증서를 사용하면 안 된다. 자체 서명 인증서는 테스트 목적으로만 사용하자.

우선 자체 서명 인증서를 발급해 보자. 다음과 같이 openssl genrsa 명령으로 인증서를 서명할 사설 키를 2048bit 크기로 생성했다. 사설 키는 랜덤으로 생성되므로 삭제한 후 다시 생성하면 다른 값을 가진 키가 생성된다. 키를 생성한 후 인증서의 유효 기간은 독자들이 책에서 제공한 소스를 한참 뒤에도 사용할 수 있도록 10년(3650일)으로 설정했다. 인증서 생성 시 여러 가지를 물어보는데 국가를 KR로 하고 일반 이름Common Name을 localhost로 설정하고 나머지 필드는 비워뒀다. 인증서의 일반 이름은 호스트 주소를 가장 구체적으로 표현하는 전체 주소 도메인 이름FQDN, Fully Qualified Domain Name으로 설정하고 인증서 관리자의 이메일을 함께 설정하는 것이 일반적이다.

```
$ openssl genrsa -out private.key 2048
Generating RSA private key, 2048 bit long modulus (2 primes)
.......................................................+++++
...................................................................
..........+++++
e is 65537 (0x010001)

$ openssl req -new -x509 -sha256 -key private.key -out public.crt -days 3650
... <중략> ...
-----
Country Name (2 letter code) [AU]:KR
State or Province Name (full name) [Some-State]:
Locality Name (eg, city) []:
Organization Name (eg, company) [Internet Widgits Pty Ltd]:
```

```
Organizational Unit Name (eg, section) []:
Common Name (e.g. server FQDN or YOUR name) []:localhost
Email Address []:
```

발급된 인증서를 사용해서 서버를 시작하면 다음과 같이 tls-cert-file과 tls-private-key-file에 각각 인증서 파일과 인증서 생성에 사용했던 사설 키를 입력하면 된다. 공인된 인증 기관의 인증서를 발급해 사용하는 경우에도 발급하는 과정만 다를 뿐 인증서 생성에 사용했던 키 파일과 인증서 파일을 지정하면 된다.

```
$ opa run -s --tls-cert-file public.crt --tls-private-key-file private.key policy.rego
users.json
{"addrs":[":8181"],"diagnostic-addrs":[],"level":"info","msg":"Initializing
server.","time":"2021-01-30T22:20:21+09:00"}
```

다른 셸을 열고 curl 요청 주소를 localhost에서 https://localhost로 변경하고 서버에 요청을 보내보자. 예상과 달리 자체 서명 인증서라고 에러가 발생할 것이다.

```
$ curl -d @input.json https://localhost:8181/v1/data/test/server/rest/allowed
curl: (60) SSL certificate problem: self signed certificate
More details here: https://curl.haxx.se/docs/sslcerts.html

curl failed to verify the legitimacy of the server and therefore could not
establish a secure connection to it. To learn more about this situation and
how to fix it, please visit the web page mentioned above.
```

HTTPS 동작 시 기본적으로는 운영체제나 브라우저가 신뢰할 수 있는 최상위 인증 기관들(Symantec, Digicert 등)의 목록을 갖고 있고 해당 인증 기관이 서명한 인증 기관이나 인증서만 신뢰한다. 자체 서명 인증서는 임의로 생성된 키로 서명한 인증서이기 때문에 curl 등이 기본적으로 검증할 수 없다. 따라서 자체 서명 인증서를 사용하면 통신을 암호화할 수는 있지만 통신에 사용된 인증서의 신원을 검증할 수는 없다. 그러므로 신뢰할 수 있는 대상이 제공한 인증서 파일임이 확실하지 않다면 함부로 허용하면 안 되지만 테스트 목적으로는 사용할 수 있다.

curl에 -k 옵션(길게는 --insecure 옵션)을 사용하면 인증서가 검증할 수 없는 경우에도 HTTPS로 접속할 수 있다. 공인된 인증 기관의 인증서는 검증이 가능하므로 -k 옵션이 필요없다. curl에 -k 옵션을 추가하면 다음과 같은 결과를 볼 수 있다.

```
$ curl -k -d @input.json https://localhost:8181/v1/data/test/server/rest/allowed
{"result":true}
```

OPA REST API 서버 설정

OPA 설정 파일의 구조

OPA 설정 파일은 JSON이나 YAML로 작성할 수 있는데 YAML로 작성하는 것이 가독성이 더 좋다. OPA 설정 파일은 대략 다음과 같은 형태를 가진다. 우선 services 섹션은 OPA에서 번들 폴링 등의 목적으로 외부 HTTP 서비스에 접속해야 할 때 접속 정보를 담는다. 예제에서는 example이라는 서비스를 선언했는데 URL은 http://localhost:8080/policy/v1이며 응답을 기다리는 타임아웃은 5초다. services 섹션이 마치 OPA 서버가 사용할 포트 등을 선언하는 것처럼 보이지만 OPA 서버가 사용할 포트는 opa run -s 실행 시 인자로만 설정할 수 있으며 services 섹션에서 선언하는 서비스는 OPA 서버 상태를 업데이트할 상태 서버나 번들을 제공하는 번들 서버를 위한 엔드포인트를 정의한다.

labels 섹션은 OPA 서버에 관리를 위한 레이블을 붙이는 목적으로 사용된다. labels 섹션에는 원하는 레이블을 정의하면 되는데 레이블의 내용이 정책 평가 결과 로그나 상태 정보에 포함된다. 따라서 레이블을 활용해서 운영 환경 및 개발 환경 여부, 관리하는 부서 등의 정보를 기록해 두면 추후 로그나 상태 정보를 분석하는 데 큰 도움이 되며 서버가 여러 대인 경우 레이블을 통해서 서로 연관성이 있는 서버들의 정보를 필터링할 수 있다.

bundles 섹션은 외부 서비스에서 번들을 폴링해서 OPA 서버의 정책과 데이터를 업데이트하기 위한 설정을 담는다. 예제에서는 example이라는 번들을 선언했는데 example 서비스의 bundles/example/bundle.tar.gz라는 자원을 다운받는다. 실제 폴링하는 URL은 서비스의 URL과 자원의 경로를 결합한 http://localhost:8080/policy/v1/bundles/example/bundle.tar.gz가 된다. 폴링 주기는 최소 60초, 최대 120초로 60~120초 사이에 한 번씩 번들이 폴링되고 업데이트 된다. persist는 폴링한 번들을 디스크에 저장할지 여부를 설정하는데 저장 위치를 따로 설정하지 않았다면 OPA 서버를 실행한 위치의 .opa 디렉터리 아래의 bundles 디렉터리에 저장된다. signing에는 원격 서비스로부터 다운받은 번들이 서명을 포함하고 있다면 서명을 검증할 키를 지정할 수 있다. 검증 키는 keys 섹션에 정의하며 key_id로 keys 섹션의 해당 키를 참조할 수 있다. keys 섹션에는 키를 정의할 수 있는데 번들을 검증하는 데 사용할 공개 키를 지정했다. 이 예제에서는 RS512 알고리즘으로 서명했던 번들을 사용했기 때문에 알고리즘은 RS512로 설정했고 키 내용은 앞서 생성한 public_key.pem의 내용을 텍스트 편집기로 열어서 복사했다. YAML에서 여러 줄로 구성된 문자열을 값으로 지정하려면 값 부분에 |(프로그래밍 언어에서 OR이나 유닉스 파이프 기호로 사용되는 문자)를 써주면 그 다음 줄부터 공백인 줄 앞까지를 값으로 인식한다.

〈chap7/opaconf/opaconf.yaml〉

```
services:
  example:
    url: http://localhost:8080/policy/v1
    response_header_timeout_seconds: 5

lables:
  region: prod
  depart: dev1
  service: example

bundles:
  example:
```

```
      service: example
      resource: bundles/example/bundle.tar.gz
      persist: true
      polling:
        min_delay_seconds: 60
        max_delay_seconds: 120
      signing:
        keyid: example_key

keys:
  example_key:
    algorithm: RS512
    key: |
      -----BEGIN PUBLIC KEY-----
      MIIBIjANBgkqhkiG9w0BAQEFAAOCAQ8AMIIBCgKCAQEAxtXx9HIydGa90/0SIlyi
      G6uJS3xTZqr+IfIA1YZrgdhpIJSIW4Wj19R56X6tzr5AMw4Z/FfcR7E+5/9Q30y9
      8bvCDMM+58RPIhL4fyHLZeLR2ysMHgXt3aQ1epTKJA+AP2ndQu7nzYJ/ZgIzQkGO
      3AR9IfYva5D9x9d5KxsBS6S5FyAfT9zspWtN9OO2Vu8jH9G/vWnLagYD8hXfTiaa
      U+ujkB0OSlOOWDVbXPO0Aw/z7GKyc9Zg/TF2Vq8/SJjw0j1FlgJCC+tXBx8SYXuQ
      TxsjpMHAGiWg5slt+FpvSQEcZjPlvUN+tnvsUxfnVpyMDmxKMvdRtzAy0BaL/wpe
      GQIDAQAB
      -----END PUBLIC KEY-----

decision_logs:
  console: true

caching:
  inter_query_builtin_cache:
    max_size_bytes: 10000000
```

decision_logs 섹션은 OPA의 정책 평가 결과를 로그에 설정한다. 서비스에 정의된 원격 서버로 로그를 전송할 수도 있고 콘솔에 정책 결과 로그를 출력할 수도 있다. 여기서는 콘솔에 로그를 출력하도록 설정했다.

이외에도 OPA 서버의 상태를 외부 서버로 전송하도록 설정하는 status 섹션과 외부 번들, 정책 판단 로그, 상태 서버 등을 통합해 동적으로 찾을 수 있도록 디스커버리 번들 서버를 설정하는 discovery 섹션이 존재한다.

REST 서버 시작 시 OPA 설정 적용

REST 서버를 시작할 때 OPA 설정 파일(이 예제에서는 opaconf.yaml)을 지정하려면 -c 옵션을 사용해 다음과 같이 실행하면 된다.

```
$ opa run -s -c opaconf.yaml
```

현재 opaconf.yaml은 http://localhost:8080/policy/v1에서 번들을 받아오므로 위와 같이 실행하면 번들을 찾을 수 없어 에러가 발생한다. 번들을 제공하는 HTTP 서버를 별도로 두고 REST API를 통해 주기적으로 번들을 사용하도록 해 보자. OPA 사용법에서 안내하는 것처럼 간단한 명령으로 번들을 서비스하는 서버를 간단히 띄울 수 있다. 명령의 실행에 파이썬 3.x를 사용하므로 파이썬을 먼저 설치해야 하며 파이썬 설치는 간단하므로 이 책에서 다루지 않는다.

우선 policy/v1 경로에 bundle이 위치하도록 policy 디렉터리 아래에 v1 디렉터리가 위치하게 경로를 만든다. 윈도우 cmd 셸이라면 mkdir -p policy\v1, 리눅스나 맥 OS 등이라면 mkdir -p policy/v1 명령으로 한 번에 디렉터리를 쉽게 만들 수 있다. 디렉터리를 만든 후에는 디렉터리를 이동하지 말고 해당 policy/v1 디렉터리 아래에 사용할 번들을 복사하자. 이 책에서는 opaconf.yaml에 RS512로 서명한 번들을 사용했으므로 RS512로 서명된 bundle.tar.gz를 복사했다. 복사를 마치면 다음과 같이 실행해 보자.

```
$ python3 -m http.server --bind localhost 8080 --directory .
Serving HTTP on ::1 port 8080 (http://[::1]:8080/) ...
```

제대로 동작한다면 그림 7-2처럼 브라우저로 접속했을 때 policy 디렉터리가 최상위에 보인다. policy 디렉터리, v1 디렉터리를 차례로 클릭해서 번들 파일이 존재하는지도 한 번 확인해 보자.

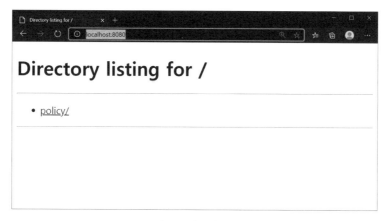

그림 7-2 번들 서버 접속

이 책에서는 단순함을 위해 OPA 사용법 페이지에서 안내하는 내용 그대로 번들 서버를 띄웠지만 실제 환경에서 적용할 때에는 아파치, nginx 등의 웹 서버를 구성하거나 node. js 등의 프로그래밍 언어로 간단한 웹 서버를 개발해서 사용하기를 권한다.

번들 서버가 잘 동작하면 다음과 같이 OPA 서버를 띄워보자. OPA 서버가 시작되고 번들 이 주기적으로 폴링되는 것을 확인할 수 있다.

```
$ opa run -s -c opaconf.yaml
{"addrs":[":8181"],"diagnostic-addrs":[],"level":"info","msg":"Initializing
server.","time":"2020-11-05T10:19:10+09:00"}
{"level":"info","msg":"Starting bundle downloader.","name":"example","plugin":"bundle",
"time":"2020-11-05T10:19:10+09:00"}
{"level":"info","msg":"Starting decision logger.","plugin":"decision_
logs","time":"2020-11-05T10:19:10+09:00"}
{"level":"info","msg":"Log upload skipped.","plugin":"decision_logs","time":"2020-11-
05T10:19:10+09:00"}
{"level":"info","msg":"Bundle downloaded and activated successfully.","name":"example",
"plugin":"bundle","time":"2020-11-05T10:19:10+09:00"}
{"level":"info","msg":"Bundle downloaded and activated successfully.","name":"example",
"plugin":"bundle","time":"2020-11-05T10:21:08+09:00"}
...
```

다른 셸을 열어서 curl로 OPA 서버에 요청을 보내보자. 요청은 7장의 앞부분에서 보낸 요청과 동일하다.

```
$ curl localhost:8181/v1/data/test/server/rest/allowed -d {\"input\":{\"name\":\"bob
\"}}
{"decision_id":"f7b082e5-16b5-4368-bae3-6752ebf4179a","result":true}
```

응답으로 이전과 동일하게 result:true가 리턴된 것을 알 수 있고 uuid 형식으로 decision_id가 같이 리턴된 것을 볼 수 있다.

OPA 서버를 띄운 셸을 보면 다음과 같은 내용이 출력된 것을 확인할 수 있다.

```
{"client_addr":"[::1]:61080","level":"info","msg":"Received request.","req_id":1,"req_
method":"POST","req_path":"/v1/data/test/server/rest/allowed","time":"2020-11-
05T10:34:01+09:00"}
{"client_addr":"[::1]:61080","level":"info","msg":"Sent response.","req_id":1,"req_
method":"POST","req_path":"/v1/data/test/server/rest/allowed","resp_bytes":68,"resp_
duration":8.0402,"resp_status":200,"time":"2020-11-05T10:34:01+09:00"}
```

OPA 서버를 설정하는 방법을 간단히 확인해 봤다. 설정에 관한 자세한 내용은 공식 문서 (https://www.openpolicyagent.org/docs/latest/configuration/)를 참조하자.

▌ 도커 및 쿠버네티스 환경에서 실행

OPA에서 공식 도커 이미지를 제공하기 때문에 도커나 쿠버네티스를 이용해서 OPA 서버를 손쉽게 띄울 수 있다. 도커 허브에서 openpolicyagent/opa를 검색하면 그림 7-3과 같이 OPA 도커 이미지를 찾을 수 있다. OPA 공식 도커 이미지의 설명을 확인해 보면 표 7-2와 같은 이미지들을 제공하고 있다. 개발 과정에서는 디버깅을 위한 셸이 내장된 openpolicyagent/opa:latest-debug를 사용하면 되고 실제 환경에서 적용할 때에는 openpolicyagent/opa：latest보다는 openpolicyagent/opa：latest−rootless를 사용하면 된다. 물론 기본 이미지 openpolicyagent/opa：latest를 사용해도 되고 OPA 이미지에는 OPA 단일 바이너리 이외에는 별다른 것들을 포함하지 않으므로 root로 동작하더라도 별 문제는 없을 수도 있지만 보안 관리 도구들이 보안 취약점으로 탐지할 수 있으므로 root가 아닌 다른 계정으로 서버를 동작시키는 rootless 이미지를 사용하는 것이 더 좋다.

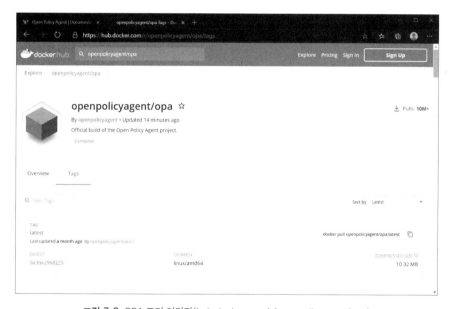

그림 7-3 OPA 도커 이미지(hub.docker.com/r/openpolicyagent/opa)

이미지 태그	설명
openpolicyagent/opa：〈버전〉	기본 OPA 이미지
openpolicyagent/opa：〈버전〉−debug	최소한의 컨테이너 이미지 구현을 위한 distroless 기반 OPA 이미지로 디버깅을 위한 셸 추가
openpolicyagent/opa：〈버전〉−rootless	기본 이미지와 동일하지만 root가 아닌 일반 계정으로 동작하는 이미지
openpolicyagent/opa：〈버전〉−envoy	Envoy 외부 인가 서버를 포함한 이미지

표 7-2 도커 허브를 통해 제공되는 OPA 도커 이미지의 종류[2]

---

2 출처: https://hub.docker.com/r/openpolicyagent/opa

도커 환경에서 실행

도커를 통해 OPA를 실행하는 것은 단순하지만 정책과 데이터를 OPA 컨테이너가 인식할 수 있도록 전달할 수단은 고민이 필요하다. 가장 쉬운 방법은 로컬 디렉터리를 컨테이너에 연결한 후 해당 파일을 OPA 컨테이너가 로딩하도록 하는 방법이다.

도커에서 OPA 서버를 실행하려면 우선 도커 설치가 필요하다. 도커 사용을 위해 윈도우나 맥 OS 환경에서는 도커 데스크톱을 설치하면 되고, 리눅스 환경에서는 도커 엔진 패키지를 설치하면 된다. 윈도우 환경에서 도커 데스크톱을 설치하려면 Hyper-V가 활성화돼야 하는데 윈도우 10 최신 업데이트가 아니면 Home 버전에서는 Hyper-V가 활성화되지 않아 도커 데스크톱을 사용할 수 없다. 윈도우 10 Home 버전 사용자라면 최신 빌드로 업데이트하자. 이 책에서는 자세한 도커 설치 방법은 다루지 않을 예정이므로 https://www.docker.com/get-started를 참조하자.

도커를 통해 OPA를 실행해 보자. 관련 소스는 chap7/docker 디렉터리를 참조하면 된다. 우선 앞서 작성했던 policy.rego와 users.json 두 개의 파일을 담은 디렉터리(아래 예제에서는 c:\opabook\chap7\docker\rest)는 컨테이너의 /rest라는 위치에 마운트하고 이미지는 openpolicyagent/opa:latest-rootless를 실행했으며 이미지에 넘길 인자로 run /rest/policy.rego /rest/users.json을 넘겼고 -it 옵션으로 컨테이너의 표준 입출력을 셸에 연결했다. 실행하면 다음과 같이 OPA를 바이너리로 직접 실행했을 경우와 같이 동일한 OPA 셸을 볼 수 있다.

```
$ docker run -it -v c:\opabook\chap7\docker\rest:/rest openpolicyagent/opa:latest run /
rest/policy.rego /rest/users.json
OPA 0.23.2 (commit 661ec2f, built at 2020-08-24T18:49:17Z)

Run 'help' to see a list of commands and check for updates.
>
```

data 명령을 입력해 보면 정상적으로 파일이 로딩됐다면 결과가 출력될 것이다. 셸을 종료하려면 Ctrl + D를 입력하면 다음과 같은 프롬프트를 볼 수 있고 y를 누르면 프로세스가 종료된다.

```
Do you want to exit ([y]/n)? y
```

다시 원래의 목적대로 OPA 컨테이너를 REST API 서버로 실행해 보자. 바이너리로 실행할 때와 동일하게 opa run -s <파일들>로 실행하면 OPA 서버를 동작시킬 수 있다. REST API로 실행할 때 컨테이너의 포트를 외부로 노출해 주기 위해 -p 옵션을 추가해야 하는데 서버 모드이므로 -it 옵션은 필요없다. 이런 내용을 모두 적용한 결과는 다음과 같다.

```
$ docker run -p 8100:8181 -v c:\opabook\chap7\docker\rest:/rest   openpolicyagent/
opa:latest-rootless run -s /rest/policy.rego /rest/users.json
{"addrs":[":8181"],"diagnostic-addrs":[],"insecure_addr":"","level":"info","msg":"Initi
alizing server.","time":"2020-10-11T11:52:20Z"}
```

위의 예제에서는 컨테이너에서 8181 포트를 호스트의 8000 포트로 매핑했으며 다음과 같이 curl로 테스트해 보면 바이너리로 서버를 실행했을 때와 동일한 결과를 얻을 수 있다.

```
$ curl localhost:8000/v1/data/test/server/rest/allowed -d {\"input\":{\"name\":\"bob
\"}}
{"result":true}
```

도커로 실행한 OPA 서버 셸에서 Ctrl + C를 입력해서 셸에서 빠져나오더라도 opa run -s 명령은 프로세스를 데몬 모드로 동작시키기 때문에 다시 curl로 동일하게 요청하면 여전히 잘 동작할 것이다.

실행 중인 서버를 종료하려면 다음과 같이 docker ps 명령으로 실행 중인 컨테이너를 확인한 후 docker stop으로 컨테이너를 중지시키고 docker rm 명령으로 컨테이너를 삭제하면 된다. 아래 예제에서는 8dc8394f6058이 컨테이너 식별자이며 랜덤하게 생성되는 값이므로 환경에 따라 다르다. 따라서 실행할 때에는 docker ps 명령 결과로 출력되는 컨테이너 식별자에 따라서 docker stop이나 docker rm에 넘기는 컨테이너 식별자를 변경해야 한다.

```
$ docker ps
CONTAINER ID      IMAGE                                  COMMAND
CREATED           STATUS          PORTS                  NAMES
8dc8394f6058      openpolicyagent/opa:latest-rootless    "/opa run -s /rest/p…"  9
minutes ago       Up 9 minutes         0.0.0.0:8000->8181/tcp   thirsty_bartik

$ docker stop 8dc8394f6058
8dc8394f6058

$ docker rm 8dc8394f6058
8dc8394f6058
```

다시 docker ps 명령을 실행하면 컨테이너가 삭제된 것을 확인할 수 있다. 예제를 따라하는 중 이미 포트가 점유된 상황이라면 이전에 동일 컨테이너를 동일 포트에 띄웠을 가능성이 높으니 docker ps 명령으로 확인하자.

```
$ docker ps
CONTAINER ID      IMAGE            COMMAND          CREATED          STATUS
PORTS             NAMES
```

쿠버네티스 환경에서 실행

쿠버네티스 환경에서는 정책 및 데이터 파일들을 복사해서 볼륨으로 연결하는 것보다는 번들을 통해 가져오도록 설정하는 것이 더 편리하다. 이 책에서는 쿠버네티스 환경에서 OPA 서버를 동작시키는 방법을 간단히 설명한다. 관련 소스는 chap7/kubernetes 디렉터리를 참조하면 된다.

이전의 예제에서는 localhost 주소로 바인딩해서 번들 서버를 띄웠는데 번들 서버의 바인딩 주소를 쿠버네티스 내부에서 찾을 수 있는 IP로 지정해 줘야 한다. PC에서 테스트한다면 **ifconfig**(리눅스나 맥 OS)나 **ipconfig**(윈도우) 명령으로 IP를 지정하면 되고, 외부 서버에서 테스트한다면 번들 서버를 동작시키는 서버의 IP를 확인한다. 저자의 경우 인터넷 공유기를 통해 연결된 PC이고 IP는 192.168.0.10이므로 다음과 같이 번들 서버를 실행했다. 지정한 IP가 정확한지 확인하려면 브라우저에 http://192.168.0.10:8080 형식으로 입력해 접속해 보자(사용하는 PC의 IP에 맞춰 변경 필요).

```
$ python3 -m http.server --bind 192.168.0.10:8080 --directory .
```

번들 서버가 잘 동작한다면 kubectl 명령으로 쿠버네티스에서 OPA 서버를 본격적으로 실행해 보자. 우선 OPA 서버와 관련된 자원들을 분리해서 관리할 수 있는 네임스페이스를 opa라는 이름으로 생성한다.

```
$ kubectl create namespace opa
```

네임스페이스가 생성되면 앞의 예제에서 사용했던 opaconf.yaml을 복사해서 IP를 번들 서버 IP로 바꾼다.

```
services:
  example:
    url: http://192.168.0.10:8080/policy/v1
    response_header_timeout_seconds: 5
....
```

그런 다음 opaconf.yaml을 쿠버네티스에서 설정해 사용할 수 있도록 opaconf라는 이름의 컨피그맵을 생성한다. 이때 -n 옵션으로 앞서 생성한 네임스페이스를 지정해 준다.

```
$ kubectl -n opa create configmap opaconf --from-file opaconf.yaml
```

컨피그맵이 제대로 생성됐는지 확인하려면 다음 명령을 실행해 본다.

```
$ kubectl -n opa describe configmap opaconf
Name:         opaconf
Namespace:    opa
Labels:       <none>
Annotations:  <none>

Data
====
opaconf.yaml:
----
services:
  example:
    url: http://localhost:8080/policy/v1
    response_header_timeout_seconds: 5
... <이하 opaconf.yaml 내용 생략> ...
```

컨피그맵이 생성됐다면 OPA 서버를 위한 서비스를 생성한다. service.yaml이라는 이름으로 다음 내용을 작성하고 저장한다. 이 책에서는 ClusterIP를 통해 서비스를 노출했지만 쿠버네티스에서 사용할 수 있는 로드밸런서가 있다면 LoadBalancer로 서비스 포트를 노출하는 것이 더 좋다.

〈chap7/kubernetes/service.yaml〉

```
kind: Service
apiVersion: v1
metadata:
  name: opa
  labels:
    app: opa
spec:
  type: ClusterIP
  selector:
    app: opa
  ports:
    - name: http
      protocol: TCP
```

```
          port: 8181
          targetPort: 8181
```

다음 명령을 실행해서 서비스를 생성할 수 있다.

```
$ kubectl -n opa apply -f service.yaml
```

다음 명령으로 서비스가 잘 생성됐는지 확인하자.

```
kubectl -n opa get svc
NAME   TYPE        CLUSTER-IP      EXTERNAL-IP   PORT(S)    AGE
opa    ClusterIP   10.107.90.72    <none>        8181/TCP   15s
```

서비스가 생성되면 OPA 서버를 위한 컨테이너 배포를 생성해야 한다. 다음 내용을 작성한 후 deployment.yaml로 저장한다.

〈chap7/kubernetes/deployment.yaml〉

```
apiVersion: apps/v1
kind: Deployment
metadata:
  name: opa
  labels:
    app: opa
spec:
  replicas: 1
  selector:
    matchLabels:
      app: opa
  template:
    metadata:
      labels:
        app: opa
      name: opa
```

```yaml
    spec:
      containers:
      - name: opa
        image: openpolicyagent/opa:latest
        ports:
        - name: http
          containerPort: 8181
        args:
        - "run"
        - "--ignore=.*"
        - "-s"
        - "-c"
        - "/opaconf/opaconf.yaml"
        volumeMounts:
        - readOnly: true
          mountPath: /opaconf
          name: opaconf
      volumes:
      - name: opaconf
        configMap:
          name: opaconf
```

다음 명령을 실행해서 OPA 배포를 생성할 수 있다.

```
$ kubectl -n opa apply -f deployment.yaml
```

배포가 생성되면 쿠버네티스에 컨테이너를 포함한 파드가 제대로 생성됐는지 다음 명령으로 확인한다.

```
$ kubectl -n opa get pod
NAME                 READY   STATUS    RESTARTS   AGE
opa-d78bf44fc-5t9nv  1/1     Running   0          15m
```

kubectl get pod 명령의 결과로 나타난 파드 이름을 사용해서 kubectl logs 명령으로 로그를 확인할 수 있다. 서버가 정상 동작한다면 앞의 예제와 유사한 로그가 나타날 것이다.

```
$ kubectl -n opa logs opa-d78bf44fc-5t9nv
{"addrs":["18181"],"diagnostic addrs":[],"level":"info","msg":"Initializing
server.","time":"2020-11-05T12:36:21Z"}
{"level":"info","msg":"Starting bundle downloader.","name":"example","plugin":"bundle",
"time":"2020-11-05T12:36:21Z"}
{"level":"info","msg":"Starting decision logger.","plugin":"decision_
logs","time":"2020-11-05T12:36:21Z"}
{"level":"info","msg":"Log upload skipped.","plugin":"decision_logs","time":"2020-11-
05T12:36:21Z"}
{"level":"info","msg":"Bundle downloaded and activated successfully.","name":"example",
"plugin":"bundle","time":"2020-11-05T12:36:21Z"}
```

현재 서비스가 ClusterIP로 포트를 노출하므로 OPA 서버에서 쿠버네티스 외부에 접근할 수 없다. 다음 명령으로 opa 서비스에서 포트 포워딩을 수행하자.

```
$ kubectl -n opa port-forward service/opa 8181:8181
Forwarding from 127.0.0.1:8181 -> 8181
Forwarding from [::1]:8181 -> 8181
```

서비스가 잘 동작하는지 다른 셸을 열어 curl로 테스트해 보자. 잘 동작함을 확인할 수 있다.

```
$ curl localhost:8181/v1/data/test/server/rest/allowed -d {\"input\":{\"name\":\"bob
\"}}
{"decision_id":"bfa3be4a-66d8-4c5b-bd38-444bd99b34f0","result":true}
```

테스트가 완료됐으면 kubectl port-forward를 실행 중인 셸에서 Ctrl + C를 입력해 포트 포워딩을 중단한 후 생성된 쿠버네티스 자원들을 다음 명령들을 사용해서 삭제해 보자. 명령이 모두 성공적으로 완료됐다면 쿠버네티스에서 테스트 과정에 생성한 모든 자원이 삭제된다. 도중에 에러가 발생했다면 문제를 수정한 후 자원들을 삭제하고 다시 테스트해 보자.

```
$ kubectl -n opa delete deployment opa
deployment.apps "opa" deleted

$ kubectl -n opa delete service opa
service "opa" deleted

$ kubectl -n opa delete configmap opaconf
configmap "opaconf" deleted

$ kubectl delete namespace opa
namespace "opa" deleted
```

▌ Go 클라이언트 라이브러리로 애플리케이션에 통합

이번에는 Go 클라이언트 라이브러리를 사용해서 OPA를 실행해 보자. 우선 Go 컴파일러를 설치해야 하는데 가급적 1.13 이상 버전을 설치하기를 권한다. Go 컴파일러는 https://golang.org/dl로 접속하면 플랫폼별로 최신 버전을 다운받을 수 있다.

우선 프로젝트로 사용할 디렉터리를 생성해 보자. opa_go_hello 디렉터리를 생성한 다음 편집기로 다음과 같은 내용으로 opahello.go 파일을 작성했다.

⟨chap7/opa_go_hello/opahello.go⟩

```go
package main

import (
  "context"
  "fmt"
  "log"

  "github.com/open-policy-agent/opa/rego"
)

func main() {
```

```go
input := map[string]interface{}{
  "name": "bob",
}

opaFiles := []string{
  "policy.rego",
  "users.json",
}

queryStr := "data.test.server.rest.allowed"

r := rego.New(
  rego.Query(queryStr),
  rego.Load(opaFiles, nil),
)

ctx := context.Background()

query, err := r.PrepareForEval(ctx)
if err != nil {
  log.Fatalf("unable to prepare for eval: %s", err)
}

rs, err := query.Eval(ctx, rego.EvalInput(input))
if err != nil {
  log.Fatalf("unable to eval: %s", err)
}

fmt.Printf("rs = %+v\n", rs)

fmt.Printf("query result = %+v\n", rs[0].Expressions[0].String())
}
```

코드의 내용을 설명하면 다음과 같다. 우선 "context", "fmt", "log"는 Go 언어에서 기본적으로 제공되는 모듈이다. 그 다음 OPA 모듈 "github.com/open-policy-agent/opa/rego"를 임포트했다.

input 변수는 := 연산자로 선언과 동시에 할당했는데 키가 문자열이고 값이 interface{} 타입(자바의 Object 타입이나 C/C++의 void*와 유사하게 어떤 타입의 변수든 가리킬 수 있는 타입)의 map으로 선언됐다. Go 언어는 기본적으로 JSON 파싱을 위한 모듈을 제공하는데 이런 모듈을 사용해 JSON을 언마샬링하면 map[string]interface{}로 리턴된다. 즉 input 변수에는 앞선 예제의 input.json을 언마샬링한 값이 담긴다. 마찬가지로 opaFiles는 로드할 정책 및 데이터 파일 경로를 담은 문자열 배열이다. 마지막으로 queryStr 변수는 OPA에 요청할 쿼리를 담은 문자열이다.

그 다음 rego.New를 호출해 Rego를 초기화하는데 쿼리 문자열을 rego.Query에 넘겨 쿼리를 생성하고 rego.Load로 정책 및 데이터 파일을 로딩한다. rego.Load의 두 번째 인자는 파일 목록 중 특정 확장자 등 조건을 만족하는 함수만 필터링할 수 있는 필터링 함수를 넘길 수 있는데 이 예제에서는 필터링이 필요하지 않아 nil을 넘겼다. rego.New 등 함수의 사용법에 관해서는 OPA 모듈에 관한 godoc 페이지 https://godoc.org/github.com/open-policy-agent/opa/rego를 참조하면 된다.

다음으로 콘텍스트를 생성했는데 특별한 타임아웃 등을 적용하지 않을 예정이므로 context.Background()로 기본 콘텍스트를 생성한다. 초기화한 Rego 엔진에 생성한 콘텍스트를 넘겨서 평가를 위한 준비를 마친다.

마지막으로 평가를 수행하고 결과를 rs 변수에 할당한 다음 fmt.Printf를 호출해서 결과를 포맷팅해서 출력한다. Printf의 %+v 지시자는 다른 언어의 printf 계열 함수에서는 볼 수 없는 지시자인데 %v를 사용하면 각 타입에 적합한 포맷으로 출력해 주고 %+v를 사용하면 구조체의 경우 필드 이름까지 포함해서 출력해 준다.

코드가 작성됐으면 실행해 보자. 코드 실행에 앞서 OPA 모듈을 설치해야 하는데 go 모듈을 통해 프로젝트 의존성으로 관리하거나(1.12버전 이후 버전에서 안정적) 혹은 go get 명령을 통해서 로컬에 설치할 수 있다.

소스를 저장한 뒤 다음과 같은 명령을 실행하면 go 모듈이 초기화된다.

```
$ go mod init example.com/opahello
```

모듈이 초기화된 후 다음과 같이 실행하면 결과를 확인할 수 있다. 만일 에러가 발생했다
면 코드를 다시 한 번 확인하자.

```
$ go run opahello.go
rs = [{Expressions:[true] Bindings:map[]}]
query result = true
```

실행 결과를 보면 Expressions 부분에 결괏값이 담긴다. Bindings는 OPA 서버에 웹으로
접속했을 때처럼 쿼리 결과를 담을 변수를 지정했다면 변수 이름이 키로 값이 담기는 부분
이다. 소스 코드의 쿼리를 "data.test.server.rest.allowed"에서 "x = data.test.server.
rest.allowed"로 변경하고 다시 실행해 보자. Bindings맵에 키 x의 값이 true로 설정된 것
을 확인할 수 있다.

```
$ go run opahello.go
rs = [{Expressions:[true] Bindings:map[x:true]}]
query result = true
```

실제 환경에서 적용할 코드는 go 모듈로 의존성을 관리해 주는 것이 좋지만 단순히 실습
을 위한 목적이라면 로컬에 라이브러리를 설치하는 것이 더 편리할 것이다. go 모듈로 관
리하지 않고 설치를 원하면 go get으로 다음과 같이 설치하자.

```
$ go get -u github.com/open-policy-agent/opa/rego
```

라이브러리 설치가 끝나면 다음 명령으로 실행해 보자. go 모듈을 적용한 경우와 실행 결
과는 동일하다.

```
$ go run opahello.go
rs = [{Expressions:[true] Bindings:map[x:true]}]
query result = true
```

OPA와 외부 데이터를 연동하는 방법

OPA 문서에는 OPA와 외부의 데이터를 연동하는 방법 5가지를 표 7-3과 같이 제시하고 있다. 각 방법에 대해 살펴보자.

방법	성능/가용성	제약사항	권장되는 사용처
JWT	높음	사용자가 다시 로그인할 때만 JWT 내용이 업데이트	사용자의 속성
Input 오버로딩	높음	서비스와 OPA의 커플링 발생	로컬이고 동적인 데이터
번들	높음	데이터와 정책을 동시에 업데이트. 크기에 제약	중간 규모 정적 데이터
푸시	높음	데이터 갱신 주기를 조절해야 함. 크기에 제약	중간 규모 동적 데이터
평가 시 폴링	네트워크 성능에 의존	항상 최신으로 업데이트. 크기 제한 없음	큰 규모 동적 데이터

표 7-3 OPA 외부 데이터 연동 방법별 비교[3]

JWT에 기반한 방법

OPA에 넘기는 input 중 하나의 필드를 정의하고 JWT 토큰을 넘기는 방법이다. Rego로 작성된 정책 파일 내에서 JWT 토큰의 서명을 검증하고 디코딩한 다음 정책 판단의 기초 데이터로 활용한다. 내장 함수 관련 장에서 설명한 JWT 토큰 및 검증을 위한 내장 함수를 Rego 파일 내에서 호출해 구현할 수 있다.

---

3 출처: https://www.openpolicyagent.org/docs/latest/external-data/

Input 오버로딩

Input의 정책 결정에 필요한 데이터를 필드로 넘기는 방법이다. JWT에서 얻을 수 있는 정보들을 Input 오버로딩으로 넘긴다고 가정하면 JWT 토큰의 디코딩을 OPA에 넘기기 전 애플리케이션 코드에서 수행할 수 있을 것이다. 디코딩된 정보 중 정책 및 권한 판단에 필요한 정보들만 Input에 추가해 넘길 수 있는데 이렇게 필요한 정보를 Input에 필드로 추가해서 넘기는 방법을 Input 오버로딩이라고 한다. Go 클라이언트 라이브러리를 통한 통합에서 사용된 방법이다.

번들

사용할 데이터와 정책을 번들로 패키징하고 OPA 서버에서 번들을 주기적으로 폴링하는 방법이다. 번들을 통한 통합 방법은 OPA 서버 설정 부분에서 이미 다룬 바 있다.

푸시

외부의 데이터가 변경될 때마다 변경사항을 OPA 서버에서 제공하는 API를 활용해서 OPA 서버로 푸시해 주는 방법이다. OPA 서버는 데이터 중 푸시받은 부분의 내용을 업데이트한다. OPA 서버의 API를 활용해서 서버에 데이터를 푸시하는 방법을 간략히 알아보자.

우선 셸을 열어 다음 명령으로 아무 데이터나 정책 없이 OPA 서버만 띄워보자.

```
$ opa run -s
{"addrs":[":8181"],"diagnostic-addrs":[],"insecure_addr":"","level":"info","msg":"Initi
alizing server.","time":"2020-11-09T22:01:42+09:00"}
```

다른 셸을 열어서 curl로 데이터를 조회해 보면 다음과 같이 아무 데이터 없이 result에 빈 객체가 리턴된다.

```
$ curl localhost:8181/v1/data
{"result":{}}
```

다음과 같이 PUT을 사용해서 OPA 서버의 /v1/data의 하위 URL로 JSON을 넘기면 기존에 존재하던 데이터이면 해당 URL 전체가 업데이트 되고, 없던 데이터이면 새로 생성된다.

```
$ curl -X PUT localhost:8181/v1/data/test/push -d {\"key1\":\"val1\",\"key2\":\"val2\"}
$ curl localhost:8181/v1/data
{"result":{"test":{"push":{"key1":"val1","key2":"val2"}}}}
```

데이터의 일부만 수정하려면 PATCH를 사용하면 된다. OPA에서 패치할 내용은 일반 JSON이 아니라 RFC 6902로 정의된 JSON Patch 형식을 사용한다.

우선 JSON Patch 형식의 다음 JSON 파일을 생성하고 patch.json으로 저장하자.

```
[ { "op":"replace", "path":"/key1", "value":"newval1" } ]
```

JSON 패치 문서의 최상단은 객체의 배열로 각 객체는 수행할 동작을 지정하는 op, 문서 상 키의 경로를 지정하는 path, 값을 지정하는 value 필드를 가진다. 각 필드에 대해서는 자세히 설명하지 않으며 자세한 내용을 원하는 독자들은 https://docs.microsoft.com/ko-kr/aspnet/core/web-api/jsonpatch?view=aspnetcore-3.1을 참조하면 이해가 쉬울 것이다.

patch.json을 작성했다면 PATCH로 API를 호출해 key1의 값을 다음과 같이 변경해 보자.

```
$ curl -X PATCH localhost:8181/v1/data/test/push -d @patch.json
```

변경 후 다시 데이터를 조회해 보면 값이 잘 변경된 것을 확인할 수 있다.

```
$ curl -X GET localhost:8181/v1/data/test/push
{"result":{"key1":"newval1","key2":"val2"}}
```

평가 시 폴링

OPA 정책을 정의한 rego 코드 내에서 HTTP API를 호출할 수 있는 내장 함수들을 이용해 정책을 평가할 때마다 외부의 데이터를 가져오는 방법이다. 데이터가 한 번에 로드하기에 크기가 너무 크거나 동적으로 변경되는 데이터를 항상 최신 상태로 반영해야 할 때 적용할 수 있는 방법이다.

정책 코드 내부에서 내장 함수를 활용해 매번 HTTP로 호출하기 때문에 성능은 감소할 수 있지만 매번 HTTP를 호출하는 순간의 최신 데이터를 읽어올 수 있고 읽어온 내용을 메모리에 계속 저장해서 재활용하지 않기 때문에 메모리 사용량이 감소한다. 내장 함수 http.send를 Rego 파일 내에서 호출해 외부의 데이터를 HTTP로 가져올 수 있다.

데이터베이스를 활용해서 정책 정보 관리하기

OPA는 데이터베이스에 데이터를 저장하고 읽어오는 기능을 직접적으로 제공하지 않는다. OPA를 데이터베이스와 연동하기 위한 방법을 고민해 보자.

앞서 살펴본 5가지의 OPA 외부 데이터 연동 방법 중 JWT와 Input 오버로딩은 데이터보다는 Input에 관한 것이며 Input은 데이터베이스에서 읽어오는 데이터보다는 세션 정보에 가까운 성격을 지니므로 데이터베이스와 연동하기에는 적합하지 않다.

활용할 수 있는 방법들을 예로 들어 보면 다음과 같다.

1) 필요한 데이터들을 데이터베이스에서 읽어서 번들로 만들어 주는 방법

필요한 데이터베이스들을 주기적으로 배치 처리하거나 데이터베이스 변경을 감지해서 데이터 파일을 생성하고 번들을 만들어서 HTTP로 제공하는 방법이다. 이 경우 데이터의 변경을 확인하는 데 버전과 타임스탬프를 사용해 변경이 일어난 경우에만 번들을 다시 다운로드하도록 하는 것이 좋다. OPA 서버의 설정 파일을 변경해 주기적으로 번들을 확인하고 다운로드하도록 할 수 있다.

2) 푸시를 활용한 방법

정책 관리 서비스에서 데이터베이스를 업데이트할 때마다 OPA 서버에서 제공하는 HTTP API를 활용해서 OPA 서버에 푸시해 주는 방법이다. OPA 서버는 REST 스타일을 충실히 따르는 API를 제공하는데 PUT 메소드를 사용하는 API를 적용하면 기존 데이터가 없으면 새로 생성하고, 있으면 새로운 내용으로 덮어쓴다. PATCH는 PUT과 다르게 동작하며 데이터의 지정된 일부분만 변경한다.

3) 폴링을 이용한 방법

데이터베이스에 저장된 정책을 HTTP API로 조회하는 서비스를 개발해서 동작시키고 OPA 서버 내의 Rego 파일에서 HTTP 관련 내장 함수로 API를 호출하는 방법이다. 이 방법을 사용하면 항상 데이터베이스에 저장된 최신 데이터를 반영할 수 있다.

▌정리

7장에서는 OPA를 시스템의 다른 구성요소나 외부 시스템과 통합하는 다양한 방법을 살펴봤다. OPA를 Go 클라이언트 라이브러리로 Go로 작성된 애플리케이션에 통합하는 방법, 별도의 REST 서버로 활용하는 방법 등을 설명했다. 또 정책 데이터를 패키징해 관리할 수 있는 번들 패키징과 번들의 서명 및 검증을 통해 변조를 방지하면서 외부에 데이터를 공유할 수 있는 방법도 예제와 함께 제시했다. 마지막으로 OPA 서버에 정책 데이터를 외부 데이터로 통합하는 데 적용할 수 있는 다양한 방법에 대해서도 논의했다. 7장의 내용들을 통해서 독자들은 실제 개발/운영 중인 시스템과 OPA를 어떻게 통합할 것인지에 관한 밑그림을 그릴 수 있을 것이다.

8장

모니터링

8장에서 다루는 내용

- 프로메테우스를 통한 OPA 서버 모니터링
- OPA 쿼리 성능 확인
- OPA 서버 헬스체크
- OPA 서버 상태 정보 및 결정 로그를 원격 서버로 전달하는 방법

OPA는 서버의 자원 사용량 등에 대한 모니터링, 정책 평가 성능에 관한 메트릭, 헬스체크 등의 모니터링 기능을 제공한다. 또 원격 서버로 상태 정보와 결정 로그를 전달하는 기능도 제공한다. 8장에서는 각각의 모니터링 및 로깅 기능에 대해 설명하고 실제로 모니터링 및 로깅 기능을 활용하는 방법을 살펴본다.

▌프로메테우스를 통한 OPA 서버 모니터링

OPA에서 제공하는 메트릭 정보

OPA 서버는 프로메테우스를 통한 모니터링이 가능하도록 메트릭을 제공한다. 메트릭 정

보는 서버 주소의 /metrics URL을 GET 요청하면 얻을 수 있다. 앞의 예제에서 사용했던 OPA 서버를 띄우고 curl 요청을 통해 확인해 보자.

```
$ curl localhost:8181/metrics
# HELP go_gc_duration_seconds A summary of the pause duration of garbage collection
cycles.
# TYPE go_gc_duration_seconds summary
go_gc_duration_seconds{quantile="0"} 0
go_gc_duration_seconds{quantile="0.25"} 0
go_gc_duration_seconds{quantile="0.5"} 0
go_gc_duration_seconds{quantile="0.75"} 0
go_gc_duration_seconds{quantile="1"} 0
go_gc_duration_seconds_sum 0
go_gc_duration_seconds_count 1
# HELP go_goroutines Number of goroutines that currently exist.
# TYPE go_goroutines gauge
go_goroutines 11
# HELP go_info Information about the Go environment.
# TYPE go_info gauge
go_info{version="go1.14.9"} 1
# HELP go_memstats_alloc_bytes Number of bytes allocated and still in use.
# TYPE go_memstats_alloc_bytes gauge
go_memstats_alloc_bytes 1.6354e+06
# HELP go_memstats_alloc_bytes_total Total number of bytes allocated, even if freed.
# TYPE go_memstats_alloc_bytes_total counter
go_memstats_alloc_bytes_total 2.561792e+06
# HELP go_memstats_buck_hash_sys_bytes Number of bytes used by the profiling bucket
hash table.
# TYPE go_memstats_buck_hash_sys_bytes gauge
go_memstats_buck_hash_sys_bytes 5449
# HELP go_memstats_frees_total Total number of frees.
# TYPE go_memstats_frees_total counter
go_memstats_frees_total 14273
# HELP go_memstats_gc_cpu_fraction The fraction of this program's available CPU time
used by the GC since the program started.
# TYPE go_memstats_gc_cpu_fraction gauge
go_memstats_gc_cpu_fraction 0.00013690667167567526
```

HELP go_memstats_gc_sys_bytes Number of bytes used for garbage collection system metadata.

TYPE go_memstats_gc_sys_bytes gauge

go_memstats_gc_sys_bytes 1.614352e+06

HELP go_memstats_heap_alloc_bytes Number of heap bytes allocated and still in use.

TYPE go_memstats_heap_alloc_bytes gauge

go_memstats_heap_alloc_bytes 1.6354e+06

HELP go_memstats_heap_idle_bytes Number of heap bytes waiting to be used.

TYPE go_memstats_heap_idle_bytes gauge

go_memstats_heap_idle_bytes 4.431872e+06

HELP go_memstats_heap_inuse_bytes Number of heap bytes that are in use.

TYPE go_memstats_heap_inuse_bytes gauge

go_memstats_heap_inuse_bytes 3.694592e+06

HELP go_memstats_heap_objects Number of allocated objects.

TYPE go_memstats_heap_objects gauge

go_memstats_heap_objects 11632

HELP go_memstats_heap_released_bytes Number of heap bytes released to OS.

TYPE go_memstats_heap_released_bytes gauge

go_memstats_heap_released_bytes 4.235264e+06

HELP go_memstats_heap_sys_bytes Number of heap bytes obtained from system.

TYPE go_memstats_heap_sys_bytes gauge

go_memstats_heap_sys_bytes 8.126464e+06

HELP go_memstats_last_gc_time_seconds Number of seconds since 1970 of last garbage collection.

TYPE go_memstats_last_gc_time_seconds gauge

go_memstats_last_gc_time_seconds 1.612095757679477e+09

HELP go_memstats_lookups_total Total number of pointer lookups.

TYPE go_memstats_lookups_total counter

go_memstats_lookups_total 0

HELP go_memstats_mallocs_total Total number of mallocs.

TYPE go_memstats_mallocs_total counter

go_memstats_mallocs_total 25905

HELP go_memstats_mcache_inuse_bytes Number of bytes in use by mcache structures.

TYPE go_memstats_mcache_inuse_bytes gauge

go_memstats_mcache_inuse_bytes 10224

HELP go_memstats_mcache_sys_bytes Number of bytes used for mcache structures obtained from system.

TYPE go_memstats_mcache_sys_bytes gauge

go_memstats_mcache_sys_bytes 16384

```
# HELP go_memstats_mspan_inuse_bytes Number of bytes in use by mspan structures.
# TYPE go_memstats_mspan_inuse_bytes gauge
go_memstats_mspan_inuse_bytes 89896
# HELP go_memstats_mspan_sys_bytes Number of bytes used for mspan structures obtained
from system.
# TYPE go_memstats_mspan_sys_bytes gauge
go_memstats_mspan_sys_bytes 98304
# HELP go_memstats_next_gc_bytes Number of heap bytes when next garbage collection will
take place.
# TYPE go_memstats_next_gc_bytes gauge
go_memstats_next_gc_bytes 4.194304e+06
# HELP go_memstats_other_sys_bytes Number of bytes used for other system allocations.
# TYPE go_memstats_other_sys_bytes gauge
go_memstats_other_sys_bytes 1.501623e+06
# HELP go_memstats_stack_inuse_bytes Number of bytes in use by the stack allocator.
# TYPE go_memstats_stack_inuse_bytes gauge
go_memstats_stack_inuse_bytes 262144
# HELP go_memstats_stack_sys_bytes Number of bytes obtained from system for stack
allocator.
# TYPE go_memstats_stack_sys_bytes gauge
go_memstats_stack_sys_bytes 262144
# HELP go_memstats_sys_bytes Number of bytes obtained from system.
# TYPE go_memstats_sys_bytes gauge
go_memstats_sys_bytes 1.162472e+07
# HELP go_threads Number of OS threads created.
# TYPE go_threads gauge
go_threads 10
```

결과를 보면 다음과 같은 동일한 형태가 반복됨을 알 수 있다.

```
# HELP <메트릭> <메트릭에 대한 설명>
# TYPE <메트릭> <gauge, counter, histogram 등의 메트릭 타입>
<메트릭> <메트릭 측정값>
```

또 메트릭의 내용이 메모리, 스레드, 가비지 컬렉션(OPA 구현에 사용된 Go 언어도 가비지 컬렉션이 존재) 등 시스템 메트릭을 노출하고 있음을 알 수 있다.

OPA 서버에 쿼리를 요청하면 해당 요청에 대한 메트릭 정보를 얻을 수 있다. 다음과 같은 명령으로 요청이 성공하는 쿼리와 실패하는 쿼리, 잘못된 인자를 포함한 요청을 OPA 서버에 요청했다. 참조로 /v1/compile은 Rego 파일을 POST하면 부분 평가^{Partial Evaluation}해서 단순화된 정책을 리턴해 주는 API인데 POST하는 내용이 비어 있으면 잘못된 인자 에러가 발생한다.

```
$ curl localhost:8181/v1/data/test/server/rest/allowed -d {\"input\":{\"name\":\
"bob\"}}
{"result":true}

$ curl localhost:8181/v1/data/test/server/rest/allowed/aaa -d {\"input\":{\"name\":\
"bob\"}}
{
  "code": "internal_error",
  "message": "1 error occurred: 1:1: rego_type_error: undefined ref: data.test.server.
rest.allowed.aaa\n\tdata.test.server.rest.allowed.aaa\n\t^^^^^^^^^^^^^^^^^^^^^^^^^^^^^^\
n\thave: boolean"
}

$ curl -i -X POST localhost:8181/v1/compile
HTTP/1.1 400 Bad Request
Content-Type: application/json
Date: Thu, 04 Feb 2021 06:25:25 GMT
Content-Length: 96

{
  "code": "invalid_parameter",
  "message": "error(s) occurred while decoding request: EOF"
}
```

다시 localhost:8181/metrics를 조회해 보면 다음과 같이 HTTP 요청에 대한 항목이 API 와 에러 코드별로 추가된 것을 볼 수 있다. http_request_duration_seconds는 히스토그램 타입으로 요청 응답 시간이 구간별(le="0.005"는 0.005초, 즉 5ms 이내, le="0.01"은 10ms 이내...)로 어떻게 분포하는지를 알려 준다. http_request_duration_seconds_sum은 요청 응

답 시간, http_request_duration_seconds_count는 수집된 항목의 수를 나타내므로 sum을 count로 나누면 평균적인 응답 시간을 구할 수 있다.

```
# HELP http_request_duration_seconds A histogram of duration for requests.
# TYPE http_request_duration_seconds histogram
http_request_duration_seconds_bucket{code="200",handler="v1/data",method="post",le=
"0.005"} 1
http_request_duration_seconds_bucket{code="200",handler="v1/data",method="post",le=
"0.01"} 1
http_request_duration_seconds_bucket{code="200",handler="v1/data",method="post",le=
"0.025"} 1
http_request_duration_seconds_bucket{code="200",handler="v1/data",method="post",le=
"0.05"} 1
http_request_duration_seconds_bucket{code="200",handler="v1/data",method="post",le=
"0.1"} 1
http_request_duration_seconds_bucket{code="200",handler="v1/data",method="post",le=
"0.25"} 1
http_request_duration_seconds_bucket{code="200",handler="v1/data",method="post",le=
"0.5"} 1
http_request_duration_seconds_bucket{code="200",handler="v1/data",method="post",le="1"}
1
http_request_duration_seconds_bucket{code="200",handler="v1/data",method="post",le=
"2.5"} 1
http_request_duration_seconds_bucket{code="200",handler="v1/data",method="post",le="5"}
1
http_request_duration_seconds_bucket{code="200",handler="v1/data",method="post",le=
"10"} 1
http_request_duration_seconds_bucket{code="200",handler="v1/
data",method="post",le="+Inf"} 1
http_request_duration_seconds_sum{code="200",handler="v1/data",method="post"} 0.0017316
http_request_duration_seconds_count{code="200",handler="v1/data",method="post"} 1
http_request_duration_seconds_bucket{code="400",handler="v1/compile",method="post",
le="0.005"} 1
http_request_duration_seconds_bucket{code="400",handler="v1/compile",method="post",
le="0.01"} 1
http_request_duration_seconds_bucket{code="400",handler="v1/compile",method="post",
le="0.025"} 1
```

```
http_request_duration_seconds_bucket{code="400",handler="v1/compile",method="post",
le="0.05"} 1
http_request_duration_seconds_bucket{code="400",handler="v1/compile",method="post",
le="0.1"} 1
http_request_duration_seconds_bucket{code="400",handler="v1/compile",method="post",
le="0.25"} 1
http_request_duration_seconds_bucket{code="400",handler="v1/compile",method="post",
le="0.5"} 1
http_request_duration_seconds_bucket{code="400",handler="v1/compile",method="post",le=
"1"} 1
http_request_duration_seconds_bucket{code="400",handler="v1/compile",method="post",
le="2.5"} 1
http_request_duration_seconds_bucket{code="400",handler="v1/compile",method="post",le=
"5"} 1
http_request_duration_seconds_bucket{code="400",handler="v1/compile",method="post",le=
"10"} 1
http_request_duration_seconds_bucket{code="400",handler="v1/compile",method="post",le="
+Inf"} 1
http_request_duration_seconds_sum{code="400",handler="v1/compile",method="post"} 0
http_request_duration_seconds_count{code="400",handler="v1/compile",method="post"} 1
http_request_duration_seconds_bucket{code="500",handler="v1/data",method="post",le=
"0.005"} 1
http_request_duration_seconds_bucket{code="500",handler="v1/data",method="post",le=
"0.01"} 1
http_request_duration_seconds_bucket{code="500",handler="v1/data",method="post",le=
"0.025"} 1
http_request_duration_seconds_bucket{code="500",handler="v1/data",method="post",le=
"0.05"} 1
http_request_duration_seconds_bucket{code="500",handler="v1/data",method="post",le=
"0.1"} 1
http_request_duration_seconds_bucket{code="500",handler="v1/data",method="post",le=
"0.25"} 1
http_request_duration_seconds_bucket{code="500",handler="v1/data",method="post",le=
"0.5"} 1
http_request_duration_seconds_bucket{code="500",handler="v1/data",method="post",le="1"}
1
http_request_duration_seconds_bucket{code="500",handler="v1/data",method="post",le=
"2.5"} 1
http_request_duration_seconds_bucket{code="500",handler="v1/data",method="post",le="5"}
```

```
1
http_request_duration_seconds_bucket{code="500",handler="v1/data",method="post",le=
"10"} 1
http_request_duration_seconds_bucket{code="500",handler="v1/data",method="post",le=
"+Inf"} 1
http_request_duration_seconds_sum{code="500",handler="v1/data",method="post"} 0
http_request_duration_seconds_count{code="500",handler="v1/data",method="post"} 1
```

/metrics를 통해 제공되는 정보들은 API 요청의 관점에서 성공, 실패를 나타내기 때문에 OPA의 정책 판단의 결과로 허용, 거부되는 것과는 관련이 없다. 이런 정책 판단의 결과를 확인하려면 로그를 확인해야 한다.

프로메테우스를 통한 모니터링

프로메테우스는 /metrics URL을 요청했을 때 위와 같은 형태로 현재 메트릭 측정값들을 제공하면 이것들을 모아서 모니터링할 수 있게 해 준다.

프로메테우스를 설치하고 OPA 서버를 모니터링해 보자. 프로메테우스를 설치하려면 그림 8-1과 같이 https://prometheus.io/download/에 접속해서 프로메테우스를 다운로드해야 한다. 사용하는 플랫폼에 맞는 버전을 선택해서 다운로드하자.

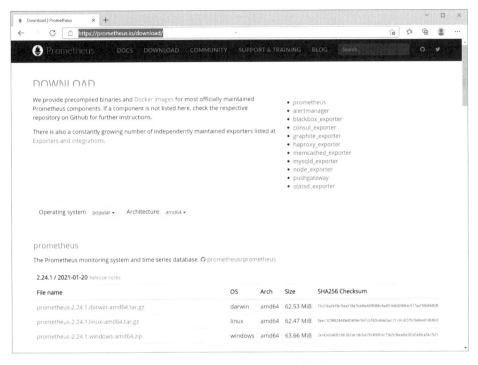

그림 8-1 프로메테우스 다운로드 페이지

프로메테우스를 다운로드해서 압축을 풀면 다음과 같은 목록을 볼 수 있다.

```
LICENSE
NOTICE
console_libraries
consoles
prometheus
prometheus.yml
promtool
```

프로메테우스 설정 파일은 prometheus.yml이며 내용은 다음과 같다. 기본적으로 프로메테우스 자체도 모니터링 대상과 동일한 /metrics API를 제공하며 9090 포트로 동작한다. 따라서 scrape_configs 섹션의 내용은 프로메테우스 자체에 대한 모니터링이다.

```
global:
  scrape_interval:     15s
  evaluation_interval: 15s
alerting:
  alertmanagers:
  - static_configs:
    - targets:
      # - alertmanager:9093

rule_files:
  # - "first_rules.yml"
  # - "second_rules.yml"

scrape_configs:
  - job_name: 'prometheus'
    static_configs:
    - targets: ['localhost:9090']
```

OPA에 대한 모니터링을 추가하려면 scrape_configs 섹션의 prometheus 부분 아래에 동일한 형태로 job_name을 opa, targets 주소를 OPA 서버 주소 localhost:8181로 설정하자. 수정이 완료된 내용은 소스 파일 중 chap8/prometheus/prometheus.yml에서 찾을 수 있다.

```
scrape_configs:
  - job_name: 'prometheus'
    static_configs:
    - targets: ['localhost:9090']
  - job_name: 'opa'
    static_configs:
    - targets: ['localhost:8181']
```

다음 명령을 실행하면 프로메테우스를 시작할 수 있다.

```
$ ./prometheus --config.file=prometheus.yml
```

252

프로메테우스가 시작되면 브라우저에 `localhost:9090`을 입력해 프로메테우스에 접속해 보자.

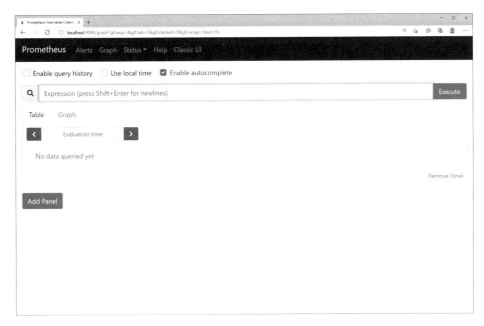

그림 8-2 프로메테우스 시작 화면

등록한 OPA 관련 메트릭이 잘 수집되고 있는지 확인하려면 [Status] → [Targets] 메뉴를 클릭하면 그림 8-3과 같은 화면을 볼 수 있다. 정상적으로 등록됐다면 opa 타깃의 상태 가 UP이 된다.

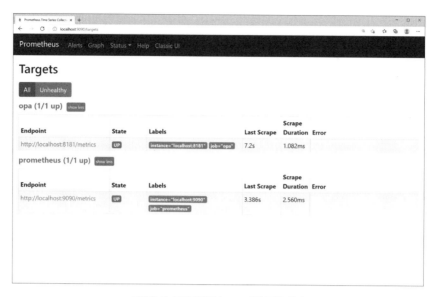

그림 8-3 프로메테우스 opa 타깃 등록 확인

다시 [Graph] 메뉴를 클릭한 다음 메트릭 검색창에 커서를 두고 스페이스 바를 눌러 공백을 입력하면 그림 8-4처럼 사용할 수 있는 메트릭 목록을 볼 수 있다.

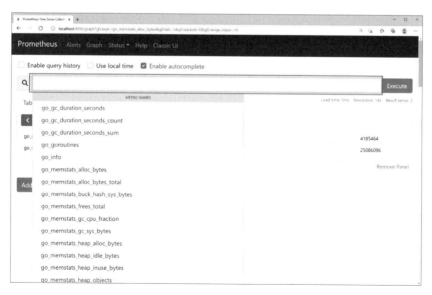

그림 8-4 프로메테우스에서 사용할 수 있는 메트릭 목록

현재 할당된 메모리의 양을 바이트 단위로 나타내는 go_memstats_heap_alloc_bytes를 선택해 보자. 선택한 후 [Execute] 버튼을 클릭하면 그림 8-5처럼 현재의 측정값을 볼 수 있다. 프로메테우스와 OPA가 모두 해당 메트릭을 제공하므로 두 개의 결과가 보인다. 만일 OPA에 관련된 내용만 보기를 원하면 go_memstats_heap_alloc_bytes{job="opa"}와 같이 필터를 주면 된다.

그림 8-5 go_memstats_heap_alloc_bytes 메트릭 조회 결과

[Graph] 탭을 클릭하고 시간 간격을 [+], [−]로 조절하면 그림 8-6처럼 메트릭의 변화를 그래프로 볼 수 있다.

그림 8-6 go_memstats_heap_alloc_bytes 메트릭 그래프

프로메테우스는 시계열 데이터베이스로 수집한 메트릭값들을 저장하므로 프로메테우스 서버와 OPA 서버가 동작해서 메트릭을 제공하는 동안에 모니터링 데이터는 유실되지 않는다. OPA 서버의 성능 저하 등이 발생하면 성능 저하 시점의 다양한 메트릭을 확인하면 문제 파악에 큰 도움이 될 것이다.

HTTP 요청과 관련된 평균 응답 시간을 그래프로 그려보자. 그래프를 그리기 위한 데이터를 쌓기 위해 임의로 불규칙적인 수의 curl 요청을 반복적으로 서버에 보냈다.

프로메테우스는 PromQL이라는 전용 쿼리 언어를 제공하는데 이를 사용해 1분 간격으로 요청 응답 시간을 구하는 쿼리를 작성하면 다음과 같다.

```
avg(rate(http_request_duration_seconds_sum[1m]) / rate(http_request_duration_seconds_count[1m])) by (code, handler, instance, method)
```

이를 그래프로 시각화해 보면 그림 8-7과 같다.

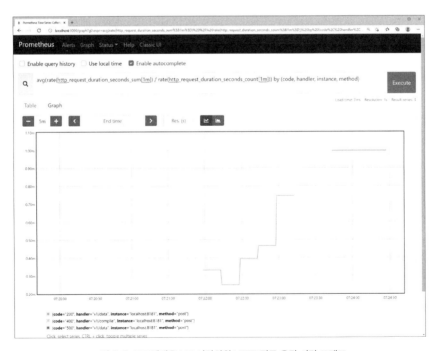

그림 8-7 프로메테우스로 시각화한 HTTP 평균 응답 시간 그래프

단일 쿼리 성능 모니터링

OPA 서버는 API 요청 시 해당 요청에 대한 성능 정보를 메트릭으로 제공이 가능한 API 이면 결과와 함께 제공한다. 이런 메트릭 정보가 필요하다면 요청의 HTTP 쿼리 인자로 metrics=true를 넘기면 된다. metrics=true를 넘기면 응답에 metrics 필드로 메트릭값들을 담은 객체를 함께 반환해 준다.

```
$ curl localhost:8181/v1/data/test/server/rest/allowed?metrics=true -d {\"input\":{\
"name\":\"bob\"}}
{"metrics":{"counter_server_query_cache_hit":0,"timer_rego_external_resolve_
ns":0,"timer_rego_input_parse_ns":0,"timer_rego_query_compile_ns":0,"timer_rego_query_
eval_ns":0,"timer_rego_query_parse_ns":0,"timer_server_handler_ns":0},"result":true}
```

▌OPA 서버 헬스체크

OPA 서버는 헬스체크를 위한 API를 제공한다. 헬스체크는 사용자가 직접 API를 호출하기보다는 주로 쿠버네티스나 프록시 서버에서 서비스의 상태를 체크하기 위한 목적으로 사용된다.

OPA 서버에 /health URL을 요청할 경우 정상 동작하면 HTTP 응답 코드 200 OK를 리턴하고 문제가 있으면 500 Internal Server Error를 리턴한다. OPA 서버가 동작하는 상태에서 curl을 사용해 다음과 같이 확인해 볼 수 있다. 상태가 200 OK이면 curl 기본 옵션으로는 아무것도 출력되지 않으므로 응답 코드 등을 확인하기 위해서 -i 옵션을 추가했다.

```
$ curl -i localhost:8181/health
HTTP/1.1 200 OK
Content-Type: application/json
Date: Wed, 03 Feb 2021 05:38:05 GMT
Content-Length: 2
```

OPA는 서버 자체의 상태를 확인할 수 있는 /health 이외에도 /health?bundles와 /health ?plugins를 사용해서 번들이나 플러그인의 상태도 확인할 수 있다.

```
$ curl -i  localhost:8181/health?bundles
HTTP/1.1 200 OK
Content-Type: application/json
Date: Wed, 03 Feb 2021 05:57:03 GMT
Content-Length: 2

{}

$ curl -i  localhost:8181/health?plugins
HTTP/1.1 200 OK
Content-Type: application/json
Date: Wed, 03 Feb 2021 05:57:10 GMT
Content-Length: 2

{}
```

번들이나 플러그인은 설정된 번들이나 플러그인이 모두 정상 동작할 때에만 200 OK를 리턴한다. 여러 개 중 어떤 플러그인이나 번들이 정상 동작하지 않는지는 헬스체크로는 확인할 수 없다. 이런 정보는 /status API를 활용해야 하는데 /status API는 클라이언트에서 GET으로 호출하지 않고 POST받을 서버를 지정하면 해당 서버의 /status URL에 JSON을 POST해 주는 방식으로 동작한다.

번들의 경우 한 번 번들이 전부 로딩되면 이후의 업데이트가 실패하는 것은 헬스체크에 영향을 주지 않는다. 번들 업데이트가 실패하면 OPA 서버를 사용할 수 없는 것이 아니라 기존 상태로 서비스가 가능하기 때문이다.

▌OPA 서버 상태 정보 및 결정 로그

OPA 상태 정보 및 결정 로그는 GET 호출의 응답으로 정보를 리턴하는 프로메테우스 메트릭 및 헬스체크와는 다른 방식으로 동작한다. OPA 실행에서 서버를 시작하면 원격 서버의 /status, /log URL에 내용을 POST해 주거나 콘솔에 JSON 형태로 출력한다. 쿠버네티스 환경이라면 OPA 컨테이너에서 콘솔에 JSON 형태로 출력된 내용들을 EFK(Elastic Search + Fluentd + Kibana) 스택으로 수집하는 방법으로 처리할 수 있다.

OPA 상태 정보

소스 코드의 chap8/statusandlog 디렉터리에서 다음 명령으로 번들을 위한 웹 서버를 시작하자. 참조로 policy 디렉터리에 있는 번들은 7장에서 사용한 것과 동일하다.

```
python3 -m http.server --bind localhost 8080 --directory .
```

7장에서 사용했던 OPA 설정 파일을 다음과 같이 수정한다. 수정된 부분은 status와 decision_logs 섹션인데 console: true 부분을 추가하면 OPA 서버를 띄운 창에 로그가 출력된다.

〈chap8/statusandlog/opaconf_console.yaml〉

```
services:
  example:
    url: http://localhost:8080/policy/v1
    response_header_timeout_seconds: 5

lables:
  region: prod
  depart: dev1
  service: example

bundles:
  example:
```

```yaml
    service: example
    resource: bundles/example/bundle.tar.gz
    persist: true
    polling:
      min_delay_seconds: 60
      max_delay_seconds: 120
    signing:
      keyid: global_key

keys:
  global_key:
    algorithm: RS512
    key: |
      -----BEGIN PUBLIC KEY-----
      MIIBIjANBgkqhkiG9w0BAQEFAAOCAQ8AMIIBCgKCAQEAxtXx9HIydGa90/0SIlyi
      G6uJS3xTZqr+IfIA1YZrgdhpIJSIW4Wj19R56X6tzr5AMw4Z/FfcR7E+5/9Q30y9
      8bvCDMM+58RPIhL4fyHLZeLR2ysMHgXt3aQ1epTKJA+AP2ndQu7nzYJ/ZgIzQkGO
      3AR9IfYva5D9x9d5KxsBS6S5FyAfT9zspWtN9OO2Vu8jH9G/vWnLagYD8hXfTiaa
      U+ujkB0OSlOOWDVbXPO0Aw/z7GKyc9Zg/TF2Vq8/SJjw0j1FlgJCC+tXBx8SYXuQ
      TxsjpMHAGiWg5slt+FpvSQEcZjPlvUN+tnvsUxfnVpyMDmxKMvdRtzAy0BaL/wpe
      GQIDAQAB
      -----END PUBLIC KEY-----

decision_logs:
  console: true
status:
  console: true
```

다음 명령을 실행해 OPA 서버를 시작해 보자.

```
$ opa run -s -c opaconf_console.yaml
```

서버가 시작되면 여러 로그가 출력되는데 상태 로그 부분을 보면 다음과 같다. OPA 로그는 포맷팅되지 않고 공백 제거돼 JSON 객체 하나가 한 줄씩 출력되지만 사용자가 보기 쉽도록 VSCode에서 [Format Document] 기능을 실행해서 정렬했다.

```
{
    "bundles": {
        "example": {
            "last_request": "2021-02-04T14:48:10.1058913Z",
            "last_successful_activation": "2021-02-04T14:48:10.1089159Z",
            "last_successful_download": "2021-02-04T14:48:10.1058913Z",
            "last_successful_request": "2021-02-04T14:48:10.1058913Z",
            "metrics": {
                "timer_rego_data_parse_ns": 0,
                "timer_rego_load_bundles_ns": 5000900,
                "timer_rego_module_compile_ns": 0,
                "timer_rego_module_parse_ns": 0
            },
            "name": "example"
        }
    },
    "labels": {
        "id": "8a3cf7d6-5123-44ad-87dd-c38f749f6ed7",
        "version": "0.26.0"
    },
    "level": "info",
    "metrics": {
        "prometheus": {
<<<<<<<<<<<<< 중략 >>>>>>>>>>>>>>>
            "go_threads": {
                "help": "Number of OS threads created.",
                "metric": [
                    {
                        "gauge": {
                            "value": 11
                        }
                    }
                ],
                "name": "go_threads",
                "type": 1
            }
        }
    },
    "msg": "Status Log",
```

```
    "plugins": {
        "bundle": {
            "state": "OK"
        },
        "decision_logs": {
            "state": "OK"
        },
        "discovery": {
            "state": "OK"
        },
        "status": {
            "state": "OK"
        }
    },
    "time": "2021-02-04T23:48:10+09:00",
    "type": "openpolicyagent.org/status"
}
```

상태 로그의 내용을 간략히 설명하면 다음과 같다. 우선 msg 필드가 "Status Log"이므로 상태 로그임을 알 수 있다. labels 섹션을 통해 OPA 버전과 서버의 고유 id 등을 알 수 있다.

bundles 필드에서는 원격 번들 서버에서 번들을 다운로드 시도한 시간, 마지막으로 성공적으로 다운받은 시간, OPA에서 로딩하기 위한 각종 처리 시간 등의 정보를 확인할 수 있다. 이 내용을 통해 원격에서 정책 번들을 주기적으로 업데이트하는 데 문제가 없었는지 파악할 수 있다. 원격 서버로부터 다운받지 않고 인자로 로컬 번들 파일을 넘겨서 로딩했다면 주기적으로 번들을 업데이트하지 않으므로 bundles 필드가 상태 로그에 포함되지 않는다.

metrics 필드에는 prometheus 객체가 있고 프로메테우스를 위한 메트릭이 그대로 JSON 포맷으로 변환돼 포함돼 있다.

plugins 필드에는 각 플러그인의 상태가 플러그인별로 표시된다. 플러그인은 설정에 따라 활성화되는데 외부 URL을 서비스로 정의했기 때문에 discovery 플러그인이 활성화됐고 원격 번들을 설정했기 때문에 bundle이 활성화됐다. 또 상태 정보와 결정 로그를 활성화했기 때문에 각각 status와 decision_logs도 활성화됐다. 헬스체크에서는 전체 플러그인의 정상 동작 여부만 알 수 있었지만 plugins 필드를 통해 개별 플러그인의 동작 상태를 확인할 수 있다.

OPA 결정 로그

결정 로그는 OPA 서버로 쿼리가 요청될 때 출력된다. 이전 절의 상태 로그 테스트를 위해 실행한 서버가 떠 있는 상태에서 다음과 같이 OPA 서버에 요청을 보내보자. 결정 로그가 활성화되면 응답에 decision_id 필드가 포함된다.

```
$ curl localhost:8181/v1/data/test/server/rest/allowed -d {\"input\":{\"name\":\"bob\"}}
{"decision_id":"fae26b4e-2563-43ae-bc50-cb518d0b22a8","result":true}
```

OPA 서버가 떠 있는 창을 보면 결정 로그가 출력된다. JSON으로 공백 없이 한 줄로 출력되는데 보기 쉽게 정렬하면 다음과 같다.

```json
{
    "bundles": {
        "example": {}
    },
    "decision_id": "0fd4ad8c-8bfb-4335-b48c-18b73e87e9b3",
    "input": {
        "name": "bob"
    },
    "labels": {
        "id": "8a3cf7d6-5123-44ad-87dd-c38f749f6ed7",
        "version": "0.26.0"
    },
    "level": "info",
    "metrics": {
        "counter_server_query_cache_hit": 0,
        "timer_rego_external_resolve_ns": 0,
        "timer_rego_input_parse_ns": 792000,
        "timer_rego_query_compile_ns": 0,
```

```
        "timer_rego_query_eval_ns": 0,
        "timer_rego_query_parse_ns": 0,
        "timer_server_handler_ns": 792000
    },
    "msg": "Decision Log",
    "path": "test/server/rest/allowed",
    "requested_by": "[::1]:63766",
    "result": true,
    "time": "2021-02-05T00:51:10+09:00",
    "timestamp": "2021-02-04T15:51:10.0038784Z",
    "type": "openpolicyagent.org/decision_logs"
}
```

로그 내용을 살펴보면 msg 필드가 "Decision Log"임을 볼 수 있다. labels 필드에는 OPA 서버가 시작될 때 상태 정보로 출력됐던 아이디와 버전 정보가 포함된다. metrics 필드에는 해당 쿼리를 처리할 때의 성능 정보들이 포함돼 있다. 그 외에 path, input, result 필드는 각각 요청된 쿼리, 입력, 결과 등의 내용을 그대로 포함한다.

OPA 결정 로그 마스킹

앞서 살펴본 바와 같이 결정 로그에는 입력 내용이 input 필드에 그대로 남기 때문에 상황에 따라서는 필드에 대한 마스킹 처리가 필요할 수 있다.

OPA 결정 로그를 마스킹하려면 system.log 패키지에 mask 규칙을 정의해야 한다. mask 규칙의 예는 다음과 같다.

〈chap8/statusandlog/mask.rego〉

```
package system.log

# input의 name 필드가 bob이면 salary 필드 제거
mask["/input/salary"] {
  input.input.name == "bob"
}
```

```
# input의 패스워드 필드 무조건 제거
mask["/input/password"]

# input card 필드가 존재하면 값을 ****-****-****-****로 변경
mask[{"op": "upsert", "path": "/input/card", "value": x}] {
  input.input.card
  x := "****-****-****-****"
}
```

mask 규칙은 부분 규칙으로 정의됐다. 규칙이 조건을 만족하는 [ ] 사이의 값들이 집합으로 모여서 mask 규칙의 출력 변수가 된다. 문법과 관련된 내용은 3장의 부분 규칙 부분을 다시 참조하면 이해가 쉬울 것이다.

규칙 내용상으로 눈에 띄는 점이 있는데 input.name이 아니라 input.input.name으로 값을 비교한 부분이다. 로그 마스킹이 동작할 때 input은 OPA 쿼리의 입력이 아니고 결정 로그 자체의 객체가 되기 때문에 결정 로그의 input 필드가 실제 쿼리 입력이 된다. 따라서 쿼리의 입력은 system.log 내에서는 input.input이다.

내용을 설명하면 다음과 같다. 우선 쿼리 입력의 name 필드가 bob이면 mask 출력 변수 집합에 /input/salary가 추가된다. 즉 input 객체 아래에 salary 필드가 있으면 삭제한다. 그 다음 규칙은 규칙 바디가 없는데 무조건 참이 되므로 /input/passsword는 무조건 출력 변수에 추가된다. 마지막 규칙은 입력에 card 필드가 정의됐다면(즉 undefined가 아니라면) JSON 패치 문법을 활용해서 규칙에서 할당한 x 변수의 값으로 입력의 card 필드를 치환한다.

규칙을 저장하고 테스트해 보자. 서버를 띄우기 위해 다음 명령을 실행했다.

```
$ opa run -s --set decision_logs.console=true mask.rego
```

마스킹만 테스트할 예정이므로 서버로부터 번들을 로딩하지 않고 간단히 mask.rego만 로딩했다. --set 옵션으로 decision_logs.console=true를 지정했는데 이는 decision_logs 섹션의 console만 true로 설정한 OPA 설정 파일을 로딩한 것과 동일한 효과를 낸다.

다음과 같이 input 필드에 name 이외에 마스킹 예제에서 조작할 필드들을 더 추가 입력한 다음 curl로 OPA 서버에 요청을 보내자. 쿼리 없이 /v1/data를 요청했고 서버 실행 시 정책을 로딩하지 않고 마스킹 규칙만 로딩했기 때문에 응답의 result 부분은 비어 있다.

```
$ curl localhost:8181/v1/data -d {\"input\":{\"name\":\"bob\",\"salary\":12000,\"passwo
rd\":\"1234\",\"card\":\"1234-1234-1234\"}}
{"decision_id":"276778f8-ae0a-4a3f-8940-deac56ff7995","result":{}}
```

OPA 서버 측에 출력된 결정 로그 중 응답의 decision_id와 일치하는 것을 찾아보기 쉽게 정렬하면 다음과 같다.

```
{
    "decision_id": "276778f8-ae0a-4a3f-8940-deac56ff7995",
    "erased": [
        "/input/password",
        "/input/salary"
    ],
    "input": {
        "card": "****-****-****-****",
        "name": "bob"
    },
    "labels": {
        "id": "c652d5f4-e8fa-4825-a237-4cbae2a39ec4",
        "version": "0.26.0"
    },
    "level": "info",
    "masked": [
        "/input/card"
    ],
    "metrics": {
        "counter_server_query_cache_hit": 0,
        "timer_rego_external_resolve_ns": 0,
        "timer_rego_input_parse_ns": 0,
        "timer_rego_query_compile_ns": 0,
        "timer_rego_query_eval_ns": 0,
```

```
        "timer_rego_query_parse_ns": 0,
        "timer_server_handler_ns": 0
      },
      "msg": "Decision Log",
      "requested_by": "[::1]:50487",
      "result": {},
      "time": "2021-02-06T01:55:03+09:00",
      "timestamp": "2021-02-05T16:55:03.3773544Z",
      "type": "openpolicyagent.org/decision_logs"
}
```

결과를 보면 input 필드의 card 속성이 ****-****-****-**** 로 바뀌었고 password와 salary 속성은 input 필드에서 삭제됐다. 또 erased 필드에 삭제된 속성들의 경로가 추가된 것을 볼 수 있다.

📢 **주의 사항**

로컬에서 로딩된 번들과 마스킹 정책을 같이 로딩하면 잘 동작하지만 원격에서 다운로드받은 번들에 로컬로 마스킹 정책을 로딩하면 동작하지 않는다. 이 경우 원격으로 다운받은 번들을 생성할 때 마스킹 정책을 포함해야 한다.

상태 정보 및 결정 로그 수집을 위한 서버 구현

OPA 상태 정보는 URL /status에 압축되지 않은 JSON 문서가 POST되는 방식으로 전달되고, 결정 로그는 URL /logs에 JSON 문서이지만 GZIP으로 압축돼 전달된다. 이 내용들을 전달받아서 단순히 화면에 출력하는 서버를 구현해 보자. 해당 내용을 Go 언어로 구현하면 다음과 같다. 표준적인 HTTP 요청이기 때문에 어떤 언어로 구현하더라도 URL, 메서드, GZIP 압축 처리만 정확히 하면 잘 동작할 것이다.

⟨chap8/go/statusandlog.go⟩

```
package main

import (
```

```go
    "compress/gzip"
    "fmt"
    "io/ioutil"
    "log"
    "net/http"
)

func status(w http.ResponseWriter, r *http.Request) {
    if r.Method != "POST" {
        http.Error(w, "Unsupported Method.", http.StatusNotFound)
        return
    }

    body, err := ioutil.ReadAll(r.Body)
    if err != nil {
        panic(err)
    }

    fmt.Println(">***** Status Start *****")
    fmt.Printf("%s\n", body)
    fmt.Println("<***** Status End    *****")
}

func logs(w http.ResponseWriter, r *http.Request) {
    if r.Method != "POST" {
        http.Error(w, "Unsupported Method.", http.StatusNotFound)
        return
    }

    reader, err := gzip.NewReader(r.Body)
    if err != nil {
        panic(err)
    }

    body, err := ioutil.ReadAll(reader)
    if err != nil {
        panic(err)
    }
```

```
    fmt.Println(">***** DecisionLog Start *****")
    fmt.Printf("%s\n", body)
    fmt.Println("<***** DecisionLog End    *****")
}

func main() {
    http.HandleFunc("/status", status)
    http.HandleFunc("/logs", logs)

    fmt.Printf("Starting server at port 9111\n")
    log.Fatal(http.ListenAndServe(":9111", nil))
}
```

이전 장의 예제와 다르게 Go 언어에서 제공하는 기본 라이브러리만 사용하므로 go mod init 등 모듈 설정 작업을 수행하지 않고 컴파일 및 실행을 할 수 있다. go run 명령을 이용하면 별도로 컴파일하지 않고도 바로 실행할 수 있다.

```
$ go run logandstatus.go
```

별도 서버로 로그가 저장되는지 테스트해 보자. 우선 OPA 설정 파일을 다음과 같이 수정한다.

⟨chap8/statusandlog/opaconf_remote.yaml⟩

```
services:
  example:
    url: http://localhost:8080/policy/v1
    response_header_timeout_seconds: 5
  statusandlog:
    url: http://localhost:9111
    response_header_timeout_seconds: 5

lables:
  region: prod
  depart: dev1
```

```yaml
    service: example

bundles:
  example:
    service: example
    resource: bundles/example/bundle.tar.gz
    persist: true
    polling:
      min_delay_seconds: 60
      max_delay_seconds: 120
    signing:
      keyid: global_key

keys:
  global_key:
    algorithm: RS512
    key: |
      -----BEGIN PUBLIC KEY-----
      MIIBIjANBgkqhkiG9w0BAQEFAAOCAQ8AMIIBCgKCAQEAxtXx9HIydGa90/0SIlyi
      G6uJS3xTZqr+IfIA1YZrgdhpIJSIW4Wj19R56X6tzr5AMw4Z/FfcR7E+5/9Q30y9
      8bvCDMM+58RPIhL4fyHLZeLR2ysMHgXt3aQ1epTKJA+AP2ndQu7nzYJ/ZgIzQkGO
      3AR9IfYva5D9x9d5KxsBS6S5FyAfT9zspWtN9OO2Vu8jH9G/vWnLagYD8hXfTiaa
      U+ujkB0OSlOOWDVbXPO0Aw/z7GKyc9Zg/TF2Vq8/SJjw0j1FlgJCC+tXBx8SYXuQ
      TxsjpMHAGiWg5slt+FpvSQEcZjPlvUN+tnvsUxfnVpyMDmxKMvdRtzAy0BaL/wpe
      GQIDAQAB
      -----END PUBLIC KEY-----

decision_logs:
  service: statusandlog
  reporting:
    min_delay_seconds: 5
    max_delay_seconds: 10

status:
  service: statusandlog
```

수정된 파일의 내용을 살펴보면 상태 정보와 결정 로그를 전달받을 서버의 주소가 서비스로 등록됐다. 그리고 decision_logs와 status 섹션의 service 필드가 해당 서비스로 설정

된 것을 확인할 수 있다.

번들 서버와 방금 작성한 Go 프로그램이 동작하는 상태에서 다음과 같이 새로 작성한 opaconf_remote.yaml을 지정해서 OPA 서버를 시작하자.

```
$ opa run -s -c opaconf_remote.yaml
```

상태 정보가 원격 서버로 전달돼 출력되며 curl로 요청을 보내면 결정 로그도 출력될 것이다. 상세한 과정은 반복이므로 생략한다.

상태 정보 및 결정 로그 파티션 설정

상태 정보와 결정 로그를 원격 서버로 보낼 때 파티션을 설정하면 /status, /logs로 POST되는 대신 /status/<파티션 이름>, /logs/<파티션 이름>으로 POST되도록 설정할 수 있다. 이 기능을 이용하면 서로 다른 서버에서 수집된 로그를 분리해서 관리할 수 있다.

파티션을 설정하려면 OPA 설정 파일에서 decision_logs 섹션과 status 섹션 하단에 각각 원하는 partition_name을 설정하면 된다. 파티션을 설정하면 상태 정보와 결정 로그를 받아서 출력했던 Go 프로그램도 수정해야 하지만 그리 어렵지 않으므로 독자들의 몫으로 남겨둔다.

```
decision_logs:
  service: statusandlog
  partition_name: example
  reporting:
    min_delay_seconds: 5
    max_delay_seconds: 10

status:
  service: statusandlog
  partition_name: example
```

▌ 정리

8장에서는 OPA 서버의 자원 사용량 모니터링, 쿼리 실행 성능 확인, 헬스체크, 상태 정보 및 결정 로그의 원격 전달 등에 관한 내용을 설명하고 실제 동작을 확인했다. 이런 OPA 서버의 모니터링 및 로그에 관련된 내용은 OPA 서버를 운영하는 데 큰 도움이 될 것이다.

9장에서는 8장의 내용과 크게 연관성은 없지만 많은 독자들이 관심을 가질 쿠버네티스의 정책 엔진으로 OPA를 적용하는 방법을 살펴본다.

9장

쿠버네티스 환경에서 OPA 활용

9장에서 다루는 내용

- OPA 게이트키퍼 개요
- OPA 게이트키퍼를 위한 제약사항 템플릿 및 제약사항 작성
- OPA 게이트키퍼 정책 라이브러리
- 쿠버네티스 환경에서 사용할 수 있는 OPA 게이트키퍼 이외의 도구들

OPA는 쿠버네티스 환경에서 쿠버네티스 자체의 정책 관리를 위한 OPA 게이트키퍼를 제공한다. 7장에서 이미 쿠버네티스 환경에서 OPA 서버를 동작시키는 방법을 살펴본 바 있지만 앞서 살펴본 것은 쿠버네티스의 정책 관리를 위한 것이 아니라 애플리케이션의 정책 관리를 위한 것이다.

OPA는 마이크로서비스 환경과 클라우드 네이티브 환경(쿠버네티스 환경이라고 봐도 무방)을 위한 권한 및 정책 관리에 유용하다고 설명한 바 있다. 9장에서는 CI/CD 파이프라인과 데브옵스 환경에서 필요한 쿠버네티스 정책 관리에 OPA를 활용할 수 있게 해 주는 OPA 게이트키퍼에 대해 설명한다.

▌ OPA 게이트키퍼

OPA 게이트키퍼 개요

OPA 게이트키퍼는 쿠버네티스 API 요청이 쿠버네티스 자체 인증 및 인가를 마친 후 실제 시스템에 반영되기 직전에 OPA로 정의한 정책을 준수하는지 감사하는 최종 관문 역할을 한다. OPA 게이트키퍼는 그림 9-1과 같이 쿠버네티스의 승인 컨트롤러 웹훅[Admission Controller Webhook]을 구현해서 쿠버네티스에 자원에 대한 변동사항이 발생할 때마다 개입한다.

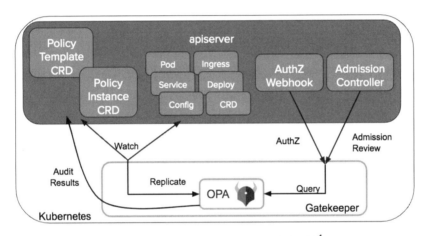

그림 9-1 OPA 게이트키퍼와 쿠버네티스의 상호작용[1]

OPA 게이트키퍼의 현재 버전은 v3.x로 처음 개발된 1.x 버전은 Rego 파일을 컨피그맵으로 작성해서 반영하는 방식이었으나 v3.x에서는 CRD[Custom Resource Definition]를 활용한 방식으로 변경됐다. OPA 게이트키퍼에서 사용하는 정책은 쿠버네티스의 서비스, 배포 등기본 자원 이외의 사용자 정의된 자원 타입인 CR[Custom Resource]을 정의한 CRD로 구현된다. OPA에서 정의하는 쿠버네티스 CR은 정책의 재사용을 위해 제약사항 템플릿[Constraint Template]과 그 템플릿에 인자들을 설정한 제약사항 두 가지다. 제약사항 템플릿은 Rego 정

---

1 출처: https://kubernetes.io/blog/2019/08/06/opa-gatekeeper-policy-and-governance-for-kubernetes/

책을 포함하고 있으며 제약사항 템플릿의 인자를 치환해 제약사항 인스턴스가 생성되는데 하나의 템플릿으로부터 서로 다른 인자를 가진 여러 개의 인스턴스가 생성될 수 있다.

OPA 게이트키퍼는 OPA와는 별도의 프로젝트이며 Go 언어로 구현됐다. OPA의 GitHub 저장소는 https://github.com/open-policy-agent/opa이며 OPA 게이트키퍼의 GitHub 저장소는 https://github.com/open-policy-agent/gatekeeper로 서로 다르다. OPA 게이트키퍼에 관한 문서는 OPA 공식 문서와는 다른 웹페이지인 https://open-policy-agent.github.io/gatekeeper/website/docs에서 참조할 수 있다.

OPA 게이트키퍼 설치 및 제거 방법

OPA 게이트키퍼 설치에는 cluster-admin 권한이 필요하다. PC에서 Minikube나 도커 데스크톱을 사용하는 경우라면 기본적으로 모든 권한이 허용돼 있기 때문에 문제가 없다. 실 서비스 환경에서 관리자 권한이 없는 경우라면 관리자에게 문의해야 한다. 이 책에서는 독자들이 Minikube나 도커 데스크톱을 사용하는 것을 가정한다.

OPA 게이트키퍼 설치를 위해 다음과 같이 kubectl 명령을 실행하면 된다. 실행 후 경고 메시지는 일부 설치되는 구성요소의 버전이 v1beta1인데 향후 지원되지 않을 예정이므로 v1을 사용하라는 내용으로 다른 에러가 발생하지 않는다면 동작에는 문제가 없다. 쿠버네티스 버전을 너무 최신에 맞추면 동작할 수 있는 쿠버네티스 버전 범위가 좁아지므로 OPA 게이트웨이 프로젝트 자체에서 이전 버전을 유지하고 있는 것으로 보인다. 이 책을 쓰는 시점의 OPA 게이트키퍼 버전은 3.3이며 독자들이 실행할 때 에러가 발생한다면 최신 버전의 OPA 게이트키퍼를 적용하자. 최신 버전을 확인하고 싶다면 https://github.com/open-policy-agent/gatekeeper/releases를 확인하면 된다.

```
$ kubectl apply -f https://raw.githubusercontent.com/open-policy-agent/gatekeeper/
release-3.3/deploy/gatekeeper.yaml

namespace/gatekeeper-system created
Warning: apiextensions.k8s.io/v1beta1 CustomResourceDefinition is deprecated in v1.16+,
```

```
unavailable in v1.22+; use apiextensions.k8s.io/v1 CustomResourceDefinition
customresourcedefinition.apiextensions.k8s.io/configs.config.gatekeeper.sh created
customresourcedefinition.apiextensions.k8s.io/constraintpodstatuses.status.gatekeeper.
sh created
customresourcedefinition.apiextensions.k8s.io/constrainttemplatepodstatuses.status.
gatekeeper.sh created
customresourcedefinition.apiextensions.k8s.io/constrainttemplates.templates.gatekeeper.
sh created
serviceaccount/gatekeeper-admin created
podsecuritypolicy.policy/gatekeeper-admin created
role.rbac.authorization.k8s.io/gatekeeper-manager-role created
clusterrole.rbac.authorization.k8s.io/gatekeeper-manager-role created
rolebinding.rbac.authorization.k8s.io/gatekeeper-manager-rolebinding created
clusterrolebinding.rbac.authorization.k8s.io/gatekeeper-manager-rolebinding created
secret/gatekeeper-webhook-server-cert created
service/gatekeeper-webhook-service created
deployment.apps/gatekeeper-audit created
deployment.apps/gatekeeper-controller-manager created
Warning: admissionregistration.k8s.io/v1beta1 ValidatingWebhookConfiguration is
deprecated in v1.16+, unavailable in v1.22+; use admissionregistration.k8s.io/v1
ValidatingWebhookConfiguration
validatingwebhookconfiguration.admissionregistration.k8s.io/gatekeeper-validating-
webhook-configuration created
```

OPA 게이트키퍼의 구성요소는 gatekeeper-system 네임스페이스에 설치된다. 다음 명령을 실행하면 설치된 서비스와 파드 등의 정보를 볼 수 있다.

```
$ kubectl -n gatekeeper-system get all
NAME                                                READY   STATUS     RESTARTS   AGE
pod/gatekeeper-audit-54b5f86d57-npssm               1/1     Running    0          28s
pod/gatekeeper-controller-manager-5b96bd668-2c7bv   1/1     Running    0          27s
pod/gatekeeper-controller-manager-5b96bd668-d8q4g   1/1     Running    0          27s
pod/gatekeeper-controller-manager-5b96bd668-w2jgc   1/1     Running    0          28s

NAME                                  TYPE        CLUSTER-IP       EXTERNAL-IP   PORT(S)
AGE
service/gatekeeper-webhook-service    ClusterIP   10.102.226.174   <none>        443/TCP
```

28s

NAME	READY	UP-TO-DATE	AVAILABLE	AGE
deployment.apps/gatekeeper-audit	1/1	1	1	28s
deployment.apps/gatekeeper-controller-manager	3/3	3	3	28s

NAME	DESIRED	CURRENT	READY
AGE			
replicaset.apps/gatekeeper-audit-54b5f86d57	1	1	1
28s			
replicaset.apps/gatekeeper-controller-manager-5b96bd668	3	3	3
28s			

테스트를 마치고 쿠버네티스에서 OPA 게이트키퍼를 삭제하고 싶다면 다음 명령을 실행하면 된다.

```
$ kubectl delete -f https://raw.githubusercontent.com/open-policy-agent/gatekeeper/
release-3.3/deploy/gatekeeper.yaml
```

OPA 게이트키퍼 제약사항 템플릿

먼저 OPA 게이트키퍼 제약사항 템플릿의 예를 살펴보자. OPA 게이트키퍼 문서(https://open-policy-agent.github.io/gatekeeper/website/docs/howto)에 제시된 예제의 내용은 다음과 같다.[2]

```
apiVersion: templates.gatekeeper.sh/v1beta1
kind: ConstraintTemplate
metadata:
  name: k8srequiredlabels
spec:
```

2 출처: https://raw.githubusercontent.com/open-policy-agent/gatekeeper/master/demo/basic/templates/
k8srequiredlabels_template.yaml

```
crd:
  spec:
    names:
      kind: K8sRequiredLabels
    validation:
      # 'parameters' 필드의 구조
      openAPIV3Schema:
        properties:
          labels:
            type: array
            items: string
targets:
  - target: admission.k8s.gatekeeper.sh
    rego: |
      package k8srequiredlabels

      violation[{"msg": msg, "details": {"missing_labels": missing}}] {
        provided := {label | input.review.object.metadata.labels[label]}
        required := {label | label := input.parameters.labels[_]}
        missing := required - provided
        count(missing) > 0
        msg := sprintf("you must provide labels: %v", [missing])
      }
```

내용을 설명하면 다음과 같다. 우선 제약사항 템플릿 객체의 API 타입은 templates.gate
keeper.sh/v1beta1이다. 현재 버전의 게이트키퍼를 사용한다면 이 값을 사용하면 되고 추
후 버전이 올라간다면 templates.gatekeeper.sh/v1, templates.gatekeeper.sh/v2beta1 등
이 될 수 있을 것이다.

그 다음 metadata 섹션의 name 필드는 제약사항 템플릿의 이름을 정의한다. spec 섹션은
CRD의 스펙을 정의하는데 이 CRD가 정의하는 자원의 종류kind는 K8sRequiredLabels다.
즉 이 자원에 대한 객체는 kind 필드가 K8sRequiredLabels다. 그리고 이 자원은 labels라는
이름의 속성을 갖는데 속성의 데이터 타입은 문자열 배열이다.

CRD 정의에 관한 자세한 내용은 쿠버네티스 공식 문서(https://kubernetes.io/docs/tasks/

extend-kubernetes/custom-resources/custom-resource-definitions/)를 참조하면 된다.

마지막 targets 섹션은 target 필드와 rego 필드를 가진 객체들의 배열이 올 수 있는데 현재는 하나의 객체가 사용되며 target은 admission.k8s.gatekeeper.sh다. 게이트키퍼에 기능이 추가되면 다른 target 타입이 추가될 수 있다. rego 필드는 OPA의 Rego 언어로 작성된 정책을 포함한다.

Rego로 작성된 정책을 설명하면 다음과 같다. 우선 패키지는 metadata.name과 동일하게 지정됐고 violation 부분 규칙을 하나 정의하고 있다. 패키지와 부분 규칙의 이름은 이런 규칙을 따라야 하며 violation 부분 규칙은 최소한 하나 이상이 존재해야 한다. 인터넷의 블로그나 예제들을 살펴보면 부분 규칙의 이름이 deny로 된 경우가 많은데 이것은 OPA 게이트키퍼의 이전 버전에서 사용되던 이름이므로 violation으로 변경해서 적용하면 된다.

violation 부분 규칙은 규칙 위반에 대한 에러 메시지를 담는 msg와 detail 필드를 가진 객체를 생성한다. 만일 규칙 위반이 발견되지 않았다면 violation 부분 규칙들이 아무런 결과도 생성하지 않을 것이므로 규칙 평가의 결과는 빈 집합이 될 것이다. 만일 violation 부분 규칙 중 매칭되는 규칙이 있어 에러 객체가 생성된다면 해당 객체의 내용이 감사[audit] 부분에 기록되고 쿠버네티스 API 요청은 반영되지 않고 에러가 리턴된다.

violation의 구현을 살펴보면 우선 input.review.object.metadata.labels로 쿠버네티스에서 API로 요청한 객체의 metadata.labels 항목을 순회하면서 레이블의 키, 값 중 키를 label로 이름 붙이고 키 값들을 활용해 집합 포괄식으로 provided 집합을 생성한다. 그 다음 input.parameters.labels로 넘겨받은 labels 속성을 참조해서 집합 포괄식으로 required 집합을 생성한다. 그런 다음 required와 provided의 차집합을 구해서 missing 집합을 생성한다. 이렇게 하면 정책의 인자로 넘어온 라벨 중에서 쿠버네티스 API 호출 시 포함되지 않은 라벨들이 missing 집합을 구성한다. 이번에는 missing 집합의 구성요소 수가 0보다 큰지 비교한다. 0보다 크다면 sprintf 내장 함수로 에러 메시지를 생성해서 msg 변수에 할당한다. 그런 다음 처음 부분 규칙 정의 부분에서 msg와 missing 변수의 값으로 {"msg": msg, "details": {"missing_labels": missing}} 객체를 생성한다.

제약사항 템플릿을 생성하려면 다음 명령을 입력한다.

```
$ kubectl apply -f https://raw.githubusercontent.com/open-policy-agent/gatekeeper/
master/demo/basic/templates/k8srequiredlabels_template.yaml
```

OPA 게이트키퍼 제약사항

이번에는 OPA 게이트키퍼 문서에 제시된 제약사항 예제를 살펴보자. 예제의 내용은 다음과 같다.[3]

```yaml
apiVersion: constraints.gatekeeper.sh/v1beta1
kind: K8sRequiredLabels
metadata:
  name: ns-must-have-gk
spec:
  match:
    kinds:
      - apiGroups: [""]
        kinds: ["Namespace"]
  parameters:
    labels: ["gatekeeper"]
```

우선 제약사항 템플릿 객체의 API 타입은 constraints.gatekeeper.sh/v1beta1이다. kind 필드의 값은 앞서 선언한 제약사항 템플릿의 crd 섹션에 선언된 kind와 동일한 것을 알 수 있다. metadata 섹션의 name 필드는 제약사항 자체의 이름을 선언한다.

spec 섹션의 match 부분은 이 제약사항이 적용될 대상을 지정하는데 이 예제에서는 쿠버네티스가 네임스페이스를 조작할 때만 동작한다. match 부분은 제약사항이 선택될 대상을 지정한다. match 하위에 위치할 수 있는 요소들로는 쿠버네티스 API 객체 목록을

---

3 출처: https://raw.githubusercontent.com/open-policy-agent/gatekeeper/master/demo/basic/constraints/all_ns_must_have_gatekeeper.yaml

지정하는 kinds, 클러스터 범위, 네임스페이스 범위, 전체 범위(*) 등 범위를 제한하는 scope, 포함할 네임스페이스를 지정하는 namespaces, 제외할 네임스페이스를 지정하는 excludedNamespaces, 쿠버네티스 레이블 셀렉터를 지정하는 labelSelector, 쿠버네티스 네임스페이스를 저장하는 namespaceSelector 등 6가지가 존재하며 다수가 지정되면 모두 만족해야 한다. 가장 많이 사용되고 예제에서 사용된 kinds 매칭에 대해 설명하면 kinds는 하위 요소로 kinds와 apiGroups 필드를 갖는 객체의 배열 형식으로 배열 객체 중 하나만 일치하면 매칭된다. kinds 필드는 Namespace, Pod, Ingress 등 쿠버네티스 객체로 지정할 수 있다. apiGroups 필드는 kinds가 Pod나 Namespace라면 존재하지 않고 Ingress에 대해서는 여러 개의 apiGroups가 존재하는 등 kinds에 따라 다르게 존재한다. 객체에 따른 apiGroups 의 목록은 kubectl api-resources 명령을 실행해 보면 확인할 수 있다.

spec 섹션의 parameters 부분에 템플릿에 선언된 속성들을 지정하는데 제약사항 템플릿에서 선언한 내용대로 labels 속성값이 "gatekeeper"라는 요소 하나를 가진 문자열 배열로 지정됐다. 전체적인 내용을 검토해 보면 ns-must-have-gk라는 이름의 제약사항은 쿠버네티스에 네임스페이스가 생성될 때 gatekeeper라는 label이 존재하지 않으면 생성을 거부할 것이라고 예상할 수 있다.

해당 제약사항을 다음 명령으로 배포해 보자.

```
$ kubectl apply -f https://raw.githubusercontent.com/open-policy-agent/gatekeeper/master/demo/basic/constraints/all_ns_must_have_gatekeeper.yaml
```

OPA 게이트키퍼 동작 확인

제약사항 템플릿과 제약사항이 모두 배포됐다면 예상과 동일하게 제약사항이 동작하는지 한 번 테스트해 보자. 먼저 제약사항을 만족하는 네임스페이스를 한 번 만들어 보자. 다음 내용을 goodns1.yaml로 저장한다.

```
kind: Namespace
apiVersion: v1
metadata:
  name: goodns1
  labels:
    gatekeeper: gatekeeper1
```

다음 명령으로 goodns1.yaml을 적용해 보면 제약사항을 만족하므로 goodns1 네임스페이스가 성공적으로 생성됐다.

```
$ kubectl apply -f goodns1.yaml
namespace/goodns1 created
```

```
kind: Namespace
apiVersion: v1
metadata:
  name: goodns2
  labels:
    gatekeeper: gw2
    environment: production
```

goodns2.yaml의 내용도 제약사항을 만족하므로 goodns2 네임스페이스도 성공적으로 생성됐다.

```
$ kubectl apply -f goodns2.yaml
namespace/goodns2 created
```

이번에는 제약사항을 위반하면 어떻게 되는지 테스트해 보자. 다음 내용을 작성하고 badns.yaml로 저장한다.

```
kind: Namespace
apiVersion: v1
metadata:
  name: badns
  labels:
    environment: production
```

badns.yaml을 적용하기 위해 다음과 같이 명령을 실행하면 ns-must-have-gk라는 제약사항을 만족하지 못하기 때문에 승인 웹훅 "validation.gatekeeper.sh"에 의해 거부됐다는 에러 메시지를 볼 수 있다. 또 제약사항 템플릿에서 제공했던 에러에 대한 자세한 메시지(detail 필드)도 같이 출력됐음을 확인할 수 있다.

```
$ kubectl apply -f badns.yaml
Error from server ([denied by ns-must-have-gk] you must provide labels: {"gatekeeper"}):
error when creating "badns.yaml": admission webhook "validation.gatekeeper.sh" denied
the request: [denied by ns-must-have-gk] you must provide labels: {"gatekeeper"}
```

다음 명령으로 쿠버네티스에 존재하는 네임스페이스를 확인해 보면 goodns1과 goodns2는 존재하지만 badns는 존재하지 않는다. 정상적으로 동작하는 것을 확인할 수 있다.

```
$ kubectl get namespace
NAME                STATUS   AGE
default             Active   12d
gatekeeper-system   Active   35h
goodns1             Active    1h
goodns2             Active    1h
kube-node-lease     Active   12d
kube-public         Active   12d
kube-system         Active   12d
```

OPA 게이트키퍼 CRD 관련 명령

앞서 OPA 게이트키퍼에서 사용되는 자원은 CRD로 구현된다고 설명했었다. 게이트키퍼가 등록한 자원을 확인하려면 kubectl api-resources 명령의 출력 결과 중 gatekeeper를 포함한 내용을 grep하면 된다.

```
$ kubectl api-resources |grep gatekeeper
configs                       config.gatekeeper.sh      true    Config
k8srequiredlabels             constraints.gatekeeper.sh false   K8sRequiredLabels
constraintpodstatuses         status.gatekeeper.sh      true    ConstraintPodStatus
constrainttemplatepodstatuses status.gatekeeper.sh      true
ConstraintTemplatePodStatus
constrainttemplates           templates.gatekeeper.sh   false   ConstraintTemplate
```

다음과 같이 kubectl get crds 명령으로도 확인이 가능한데 다른 CRD를 등록하지 않았다면 게이트키퍼 관련 결과만 볼 수 있다.

```
$ kubectl get crds
NAME                                                  CREATED AT
configs.config.gatekeeper.sh                          2021-02-10T02:22:31Z
constraintpodstatuses.status.gatekeeper.sh            2021-02-10T02:22:31Z
constrainttemplatepodstatuses.status.gatekeeper.sh    2021-02-10T02:22:31Z
constrainttemplates.templates.gatekeeper.sh           2021-02-10T02:22:31Z
k8srequiredlabels.constraints.gatekeeper.sh           2021-02-10T13:51:58Z
```

kubectl api-resources 명령의 실행 결과로 되돌아가 설명을 계속하면 이름(NAME), 단축 이름(SHORTNAMES), API 그룹(APIGROUP), 네임스페이스에 속하는지 여부(NAMESPACED), 타입명(KIND) 컬럼을 갖는데 위의 예제에서는 grep 명령 때문에 제거됐다. OPA 게이트키퍼가 추가한 자원들은 단축 이름을 갖지 않기 때문에 단축 이름 필드는 비어 있다. 또 API 그룹이 gatekeeper.sh로 끝나는 것을 볼 수 있다. 마지막으로 제약사항 템플릿도 CRD로 등록된 것을 볼 수 있다.

이름 필드의 값을 사용해 kubectl get이나 kubectl describe 명령을 실행해 보면 관련 정보를 조회할 수 있다.

다음과 같이 명령을 실행하면 제약사항 템플릿과 제약사항의 목록을 볼 수 있다.

```
$ kubectl get constrainttemplates
NAME                AGE
k8srequiredlabels   4h12m

$kubectl get constraints
NAME                                                              AGE
k8srequiredlabels.constraints.gatekeeper.sh/ns-must-have-gk   4h23m
```

제약사항 템플릿의 이름을 사용해서 kubectl get을 실행하면 해당 템플릿을 사용한 제약사항의 목록을 볼수 있다.

```
$ kubectl get k8srequiredlabels
NAME              AGE
ns-must-have-gk   3h23m
```

제약사항에 대해 다음과 같이 kubectl describe <제약사항 템플릿 CRD 이름> <제약사항> 형식으로 명령을 실행하면 Status 필드에서 위반사항을 기록한 감사 로그도 볼 수 있다.

```
$ kubectl describe k8srequiredlabels ns-must-have-gk
Name:          ns-must-have-gk
Namespace:
Labels:        <none>
Annotations:   <none>
API Version:   constraints.gatekeeper.sh/v1beta1
Kind:          K8sRequiredLabels
... <중략> ...
Status:
... <중략> ...
```

```
Total Violations:  5
Violations:
  Enforcement Action:  deny
  Kind:                Namespace
  Message:             you must provide labels: {"gatekeeper"}
  Name:                default
  Enforcement Action:  deny
  Kind:                Namespace
  Message:             you must provide labels: {"gatekeeper"}
  Name:                gatekeeper-system
  Enforcement Action:  deny
  Kind:                Namespace
  Message:             you must provide labels: {"gatekeeper"}
  Name:                kube-node-lease
  Enforcement Action:  deny
  Kind:                Namespace
  Message:             you must provide labels: {"gatekeeper"}
  Name:                kube-public
  Enforcement Action:  deny
  Kind:                Namespace
  Message:             you must provide labels: {"gatekeeper"}
  Name:                kube-system
Events:                <none>
```

감사 로그를 보면 시스템에 존재하는 네임스페이스별로 다 위반 기록이 남은 것을 볼 수 있다. 이 부분을 해결하기 위해서는 네임스페이스를 OPA 게이트키퍼에서 열외로 처리하거나 제약사항 match 섹션에서 네임스페이스나 제외할 네임스페이스를 설정해 대상 네임스페이스를 한정해야 한다.

OPA는 쿠버네티스 제약사항을 검증해서 감사 로그만 남기고 쿠버네티스 반영은 실패하지 않는 드라이런 모드를 제공한다. 드라이런을 제공하기 위해서는 제약사항의 spec 섹션에 enforcementAction: dryrun을 추가하면 된다. 앞서 작성한 ns-must-have-gk 제약사항을 담고 있는 파일에 enforcementAction: dryrun을 추가하고 all_ns_must_have_gate keeper_dryrun.yaml로 저장하자.

```yaml
apiVersion: constraints.gatekeeper.sh/v1beta1
kind: K8sRequiredLabels
metadata:
  name: ns-must-have-gk
spec:
  enforcementAction: dryrun
  match:
    kinds:
      - apiGroups: [""]
        kinds: ["Namespace"]
  parameters:
    labels: ["gatekeeper"]
```

해당 파일을 다음 명령으로 적용하면 제약사항의 이름을 바꾸지 않았기 때문에 기존 제약 사항이 드라이런 모드로 동작할 것이다.

```
$ kubectl apply -f all_ns_must_have_gatekeeper_dryrun.yaml
k8srequiredlabels.constraints.gatekeeper.sh/ns-must-have-gk configured
```

그런 후 다음 명령으로 이전에는 실패했던 badns.yaml을 적용하면 badns 네임스페이스가 생성된 것을 확인할 수 있다.

```
$ kubectl apply -f badns.yaml
namespace/badns created
```

예상대로 badns가 생성된 것을 확인할 수 있다. 다음 명령으로 감사 로그를 확인해 보면 감사 로그 부분에는 로그가 남아 있는 것을 확인할 수 있다. 그리고 감사 로그의 Enforcement Action이 드라이런이 아닐 때는 deny였는데 dryrun으로 바뀐 것을 알 수 있다.

```
$ kubectl describe k8srequiredlabels ns-must-have-gk
Name:           ns-must-have-gk
Namespace:
Labels:         <none>
Annotations:    <none>
API Version:    constraints.gatekeeper.sh/v1beta1
Kind:           K8sRequiredLabels
... <중략> ...
Status:
... <중략> ...
  Violations:
    Enforcement Action:  dryrun
    Kind:                Namespace
    Message:             you must provide labels: {"gatekeeper"}
    Name:                default
    Enforcement Action:  dryrun
    Kind:                Namespace
    Message:             you must provide labels: {"gatekeeper"}
    Name:                gatekeeper-system
    Enforcement Action:  dryrun
    Kind:                Namespace
    Message:             you must provide labels: {"gatekeeper"}
    Name:                kube-node-lease
    Enforcement Action:  dryrun
    Kind:                Namespace
    Message:             you must provide labels: {"gatekeeper"}
    Name:                kube-public
    Enforcement Action:  dryrun
    Kind:                Namespace
    Message:             you must provide labels: {"gatekeeper"}
    Name:                kube-system
  Events:                <none>
```

288

▍OPA 게이트키퍼 정책 라이브러리

OPA 게이트키퍼에서 사용할 수 있는 정책 라이브러리들은 https://github.com/open-policy-agent/gatekeeper-library를 통해 제공된다. 우선 Git 저장소를 다음과 같이 복제하자.

```
$ git clone https://github.com/open-policy-agent/gatekeeper-library
```

내려받은 내용을 살펴보면 src, test, library 등 3가지 디렉터리가 있는데 src와 test는 OPA 게이트키퍼를 위한 라이브러리를 만들기 전에 정책을 테스트한 소스와 단위 테스트를 담은 디렉터리다. 따라서 OPA 게이트키퍼에서 사용할 정책은 library 디렉터리에서 찾아야 한다.

```
$ ls
LICENSE  Makefile  NOTICE  README.md  library  src  test  test.sh
```

library 디렉터리로 이동해 보면 다음과 같이 general과 pod-security-policy 두 개의 하위 디렉터리가 보인다. kustomizaton.yaml도 보이는데 이 파일은 전체 템플릿을 모아서 하나의 YAML로 생성하는 등의 목적으로 사용되는 파일로 템플릿을 개별적으로 사용할 때에는 고려할 필요가 없다.

```
$ cd library
$ ls
general  kustomization.yaml  pod-security-policy
```

일반 템플릿

OPA 게이트키퍼 라이브러리 현재(2021년 2월 기준) 버전에서 제공하는 일반적인 템플릿들의 목록은 표 9-1과 같다.

템플릿	설명
allowedrepos	컨테이너 이미지를 가져올 때 특정 이미지 저장소만 허용
block-nodeport-services	NodePort로 서비스 생성 차단
containerlimits	컨테이너의 CPU, 메모리 사용량을 제한
containerresourceratios	컨테이너의 CPU, 메모리 제한값/초기 요청값 비율을 제한
disallowedtags	컨테이너 이미지 중 특정 태그를 가진 것을 금지
externalip	서비스에 허용된 외부 IP 이외의 IP를 spec.externalIPs 항목에 설정하지 못하도록 제한
httpsonly	인그레스에 HTTP를 금지하고 HTTPS만 허용
imagedigests	컨테이너 이미지가 반드시 다이제스트를 포함하도록 강제
requiredlabels	특정 레이블을 포함하도록 강제
requiredprobes	활성 프로브(Liveness Probe), 준비성 프로브(Readiness Probe), 스타트업 프로브(Startup Probe) 중 지정한 목록의 프로브가 설정되도록 강제
uniqueingresshost	새로운 기존 인그레스와 동일한 호스트를 사용할 수 없도록 강제
uniqueserviceselector	서비스가 네임스페이스 내에서 유니크한 셀렉터를 갖도록 강제

표 9-1 OPA 게이트키퍼 라이브러리에서 제공하는 일반적인 템플릿

우선 general 디렉터리의 템플릿 중 하나를 찾아 내용을 살펴보고 다음 명령으로 image digest 디렉터리로 이동한 다음 tree 명령으로 디렉터리 구조를 살펴보자. tree 명령은 디렉터리 구조를 살펴보는 목적으로만 사용하기 때문에 독자들의 환경에 설치돼 있지 않다면 꼭 설치할 필요는 없다.

```
$ cd general/imagedigest
$ tree
.
├── kustomization.yaml
├── samples
│   └── container-image-must-have-digest
│       ├── constraint.yaml
│       ├── example_allowed.yaml
│       └── example_disallowed.yaml
└── template.yaml
```

```
2 directories, 5 files
```

최상위에 template.yaml 파일이 보이는데 이 파일이 제약사항 템플릿 파일이다. 하위에 samples 디렉터리가 있고 container−image−must−have−digest라는 폴더가 있다. 해당 폴더에는 제약사항 템플릿을 인스턴스화해 제약사항을 정의한 constraint.yaml과 각각 허용되는 경우와 거부되는 경우의 예를 담은 example_allowed.yaml과 example_disallowed.yaml 파일이 존재한다. 다른 라이브러리들도 동일한 구조를 갖는데 차이점은 samples 하위에 예제를 담는 디렉터리의 이름과 라이브러리에 따라 example_allowed.yaml 없이 example_disallowed.yaml 파일만 있는 등의 차이가 있다. 라이브러리 중 requiredlabels는 9장의 앞부분에서 살펴봤던 레이블 예제와 거의 동일한 내용을 담고 있으며 디렉터리 구조를 살펴보면 다음과 같다.

```
$ cd ../requiredlabels
$ tree
.
├── kustomization.yaml
├── samples
│   └── all-must-have-owner
│       ├── constraint.yaml
│       └── example_disallowed.yaml
└── template.yaml
```

다시 imagedigests로 돌아와서 template.yaml의 내용부터 살펴보면 다음과 같다.

〈imagedigests/template.yaml〉

```
apiVersion: templates.gatekeeper.sh/v1beta1
kind: ConstraintTemplate
metadata:
  name: k8simagedigests
  annotations:
    description: Requires container images to contain a digest.
```

```
spec:
  crd:
    spec:
      names:
        kind: K8sImageDigests
  targets:
    - target: admission.k8s.gatekeeper.sh
      rego: |
        package k8simagedigests

        violation[{"msg": msg}] {
            container := input.review.object.spec.containers[_]
            satisfied := [re_match("@[a-z0-9]+([+._-][a-z0-9]+)*:[a-zA-Z0-9=_-]+",
container.image)]
            not all(satisfied)
            msg := sprintf("container <%v> uses an image without a digest <%v>",
[container.name, container.image])
        }

        violation[{"msg": msg}] {
            container := input.review.object.spec.initContainers[_]
            satisfied := [re_match("@[a-z0-9]+([+._-][a-z0-9]+)*:[a-zA-Z0-9=_-]+",
container.image)]
            not all(satisfied)
            msg := sprintf("initContainer <%v> uses an image without a digest <%v>",
[container.name, container.image])
        }
```

내용을 설명하면 다음과 같다. 두 개의 violation 부분 규칙을 정의하고 있고 각각 넘어온
쿠버네티스 객체의 spec.containers와 spec.initContainers 부분을 가져와서 정규식 매칭
을 수행한다. 정규식에서 매칭하는 패턴을 제약사항만 보면 이해하기 어렵지만 곧 설명할
예제를 보면 쉽게 이해할 수 있을 것이다. 만일 해당 부분이 매칭되지 않는다면 에러 메시
지를 생성해서 msg에 할당하고 부분 규칙에서 msg 필드를 가진 객체를 생성한다.

이번에는 제약사항을 담은 constraint.yaml을 살펴보자.

<imagedigests/container-image-must-have-digest/constraint.yaml>

```yaml
apiVersion: constraints.gatekeeper.sh/v1beta1
kind: K8sImageDigests
metadata:
  name: container-image-must-have-digest
spec:
  match:
    kinds:
      - apiGroups: [""]
        kinds: ["Pod"]
    namespaces:
      - "default"
```

우선 kind가 제약사항 템플릿에서 정의한 K8sImageDigests로 선언됐고 제약사항의 이름은 container-image-must-have-digest다. 제약사항 템플릿에서 속성이 정의되지 않았기 때문에 제약사항에도 설정한 속성이 없다. spec.match 섹션을 보면 이 제약사항은 파드에 적용되며 쿠버네티스에서 네임스페이스를 선택하지 않았을 때 적용되는 "default" 네임스페이스에 대해서만 동작함을 알 수 있다.

이번에는 example_allowed.yaml의 내용을 살펴보자.

<imagedigests/container-image-must-have-digest/example_allowed.yaml>

```yaml
apiVersion: v1
kind: Pod
metadata:
  name: opa-allowed
spec:
  containers:
    - name: opa
      image: openpolicyagent/opa:0.9.2@sha256:04ff8fce2afd1a3bc26260348e5b290e8d945b1fad4b4c16d22834c2f3a1814a
      args:
        - "run"
        - "--server"
        - "--addr=localhost:8080"
```

일반적인 파드 선언인데 특이한 점은 image 필드가 이미지 이름 다음 부분에 @<다이제스트 알고리즘>:<다이제스트값> 형식으로 이미지 다이제스트 부분이 추가된 것을 볼 수 있다. 제약 사항 템플릿이 컨테이너 이미지가 다이제스트 부분을 포함하도록 하고 제약사항에서는 default 네임스페이스의 파드에 대해 적용되도록 템플릿을 확장하고 있기 때문에 이 예제를 적용하면 허용될 것이다. 네임스페이스가 "default"이면 배포된 제약사항을 만족하기 때문에 허용될 것이고, 다른 네임스페이스라면 제약사항 매칭 대상이 아니기 때문에 허용될 것이다.

이번에는 example_disallowed.yaml의 내용을 살펴보자.

⟨imagedigests/container-image-must-have-digest/example_disallowed.yaml⟩

```
apiVersion: v1
kind: Pod
metadata:
  name: opa-disallowed
spec:
  containers:
    - name: opa
      image: openpolicyagent/opa:0.9.2
      args:
        - "run"
        - "--server"
        - "--addr=localhost:8080"
```

파드의 이름이 다르고 이미지 다이제이스트가 없는 점을 제외하고 다른 부분은 example_ allowed.yaml과 동일하다. 이미지 다이제스트가 없으므로 만일 default 네임스페이스에 적용하려고 하면 에러가 발생할 것이다.

생각한 대로 동작하는지 확인해 보자. imagedigests 디렉터리에서 다음 명령을 실행해 제약사항 템플릿과 제약사항을 적용해 보자.

```
$ kubectl apply -f template.yaml
```

```
constrainttemplate.templates.gatekeeper.sh/k8simagedigests created
$ kubectl apply -f samples/container-image-must-have-digest/constraint.yaml
k8simagedigests.constraints.gatekeeper.sh/container-image-must-have-digest created
```

이번에는 example_allowed.yaml을 적용해 보자. kubectl apply로 적용한 후 kubectl get pod 명령으로 확인해 보면 컨테이너가 생성된 것을 볼 수 있다.

```
$ kubectl apply -f samples/container-image-must-have-digest/example_allowed.yaml
pod/opa-allowed created
$ kubectl get pod
NAME          READY   STATUS             RESTARTS   AGE
opa-allowed   0/1     ContainerCreating  0          6s
```

다음으로 example_disallowed.yaml을 적용해 보자. 예상했던 것처럼 실패한 것을 볼 수 있다.

```
$ kubectl apply -f samples/container-image-must-have-digest/example_disallowed.yaml
Error from server ([denied by container-image-must-have-digest] container <opa>
uses an image without a digest <openpolicyagent/opa:0.9.2>): error when creating
"samples/container-image-must-have-digest/example_disallowed.yaml": admission webhook
"validation.gatekeeper.sh" denied the request: [denied by container-image-must-have-
digest] container <opa> uses an image without a digest <openpolicyagent/opa:0.9.2>
```

이번에는 example_disallowed.yaml을 default 네임스페이스 이외의 네임스페이스에 적용하면 파드가 생성되는지 확인해 보자. 다음 명령과 같이 kubectl에 -n 옵션으로 9장의 앞부분에서 생성했던 goodns1 네임스페이스에 적용해 컨테이너가 생성됨을 확인한 후 파드를 삭제했다.

```
$ kubectl apply -n goodns1 -f samples/container-image-must-have-digest/example_
disallowed.yaml
pod/opa-disallowed created
$ kubectl get pod -n goodns1
```

```
NAME              READY   STATUS    RESTARTS   AGE
opa-disallowed    1/1     Running   0          17s
$ kubectl delete pod opa-disallowed -n goodns1
pod "opa-disallowed" deleted
```

PSP 템플릿

general 디렉터리가 OPA 게이트웨이에서 사용할 수 있는 일반적인 템플릿이라면 pod-security-policy는 파드에서 생성되는 컨테이너의 보안과 관련된 자원인 PSP[Pod Security Policy] 템플릿들을 담고 있다. PSP에 관한 자세한 내용은 쿠버네티스 공식 문서(https://kubernetes.io/ko/docs/concepts/policy/pod-security-policy/)를 참조하면 된다.

OPA 게이트키퍼 라이브러리 현재(2021년 2월 기준) 버전에서 제공하는 PSP 템플릿들의 목록은 표 9-2와 같다.

템플릿	PSP 필드	제어 포인트
privileged-containers	privileged	특권 모드로 컨테이너 실행
host-namespaces	hostPID, hostIPC	리눅스 컨테이너의 6가지 네임스페이스 중 host 네임스페이스 사용
host-network-ports	hostNetwork, hostPorts	호스트 네트워킹 및 포트 사용
volumes	volumes	사용할 수 있는 볼륨 타입
host-filesystem	allowedHostPaths	호스트 파일 시스템 사용
flexvolume-drivers	allowedFlexVolumes	허용된 FlexVolume 드라이버 목록
read-only-root-filesystem	readOnlyRootFilesystem	루트 파일 시스템을 읽기 전용으로 강제
users	runAsUser, runAsGroup, supplementalGroups, fsgroup	컨테이너가 실행될 그룹 및 사용자의 ID
allow-privilege-escalation	allowPrivilegeEscalation, defaultAllowPrivilegeEscalation	root 권한으로 권한을 상승시키는 것을 제어
capabilities	defaultAddCapabilities, requiredDropCapabilities, allowedCapabilities	슈퍼 유저의 권한을 분할한 Capability들
selinux	seLinux	SELinux

proc-mount	allowedProcMountTypes	컨테이너에 마운트할 proc 파일 시스템을 제어
apparmor	annotations	컨테이너가 사용할 AppArmor 프로파일
seccomp	annotations	컨테이너가 사용할 coooomp 프로파인
forbidden-sysctls	forbiddenSysctls, allowedUnsafeSysctls	컨테이너가 사용할 sysctl 프로파일

표 9-2 OPA 게이트키퍼 라이브러리에서 제공하는 PSP 템플릿[4]

PSP 템플릿의 경우도 일반 템플릿과 크게 다르지는 않으므로 설명은 생략한다.

OPA 게이트키퍼 설정

데이터 복제 설정

게이트키퍼 정책 라이브러리들을 살펴보면 쿠버네티스 API 호출 객체 자체 이외에 쿠버네티스에 배포된 다른 객체들을 검사해야 동작할 수 있는 라이브러리들이 있다. 예를 들어 일반 라이브러리 중 uniqueingresshost는 기존 인그레스와 동일한 호스트를 사용하지 못하게 하는데 이렇게 하려면 기존 인그레스의 호스트 정보를 확인할 수 있어야 한다. OPA 게이트키퍼에서 기본적으로는 이런 정보들이 공유되지 않지만 구성Configuration 객체를 통해 sync 설정을 하면 이런 정보들을 공유할 수 있다.

정책 라이브러리 프로젝트에서 library/general/uniqueingresshost의 디렉터리의 구조를 살펴보면 다음과 같다.

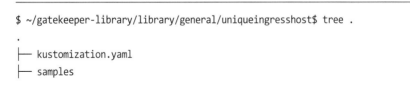

```
$ ~/gatekeeper-library/library/general/uniqueingresshost$ tree .
.
├── kustomization.yaml
├── samples
```

4 출처: https://github.com/open-policy-agent/gatekeeper-library/tree/master/library/pod-security-policy

```
|    └── unique-ingress-host
|        ├── constraint.yaml
|        ├── example_disallowed.yaml
|        └── example_disallowed2.yaml
├── sync.yaml
└── template.yaml
```

내용을 살펴보면 다른 라이브러리에서는 볼 수 없었던 sync.yaml을 볼 수 있다. sync.yaml
이 이런 sync 설정을 위한 구성 객체를 담고 있으며 내용을 확인해 보면 다음과 같다. spec
섹션 하위 부분에 sync 설정이 있다. uniqueingresshost는 다른 Ingress의 정보가 필요하기
때문에 Ingress 관련 내용을 동기화하고 있다. kubectl api-resources 명령을 보면 Ingress
는 extensions와 networking.k8s.io 두 가지 API 그룹에 등록된 것을 확인할 수 있는데 그
에 따라 각각에 대한 항목이 존재한다. version 필드는 설치된 쿠버네티스에서 해당 객체
종류kind에 대해 지원하는 버전을 지정하면 된다.

〈sync.yaml〉

```
apiVersion: config.gatekeeper.sh/v1alpha1
kind: Config
metadata:
  name: config
  namespace: "gatekeeper-system"
spec:
  sync:
    syncOnly:
      - group: "extensions"
        version: "v1beta1"
        kind: "Ingress"
      - group: "networking.k8s.io"
        version: "v1beta1"
        kind: "Ingress"
```

데이터 복제 설정의 다른 예를 살펴보자. OPA 게이트키퍼 공식 문서 https://open-po
licy-agent.github.io/gatekeeper/website/docs/sync에 설명된 복제 설정을 살펴보면

다음과 같다.

```
apiVersion: config.gatekeeper.sh/v1alpha1
kind: Config
metadata:
  name: config
  namespace: "gatekeeper-system"
spec:
  sync:
    syncOnly:
      - group: ""
        version: "v1"
        kind: "Namespace"
      - group: ""
        version: "v1"
        kind: "Pod"
```

파드와 네임스페이스에 대해 동기화가 설정됐고 파드와 네임스페이스가 별다른 API 그룹을 갖지 않는 객체이므로 group 필드는 빈 문자열이다.

동기화된 복제 데이터가 제약사항 템플릿에서 Rego로 정책을 작성할 때 어떻게 참조되는지 확인해 보자. uniqueingresshost 라이브러리 디렉터리의 최상위에 있는 template. yaml을 열어보면 다음과 같다.

〈template.yaml〉

```
apiVersion: templates.gatekeeper.sh/v1beta1
kind: ConstraintTemplate
metadata:
  name: k8suniqueingresshost
  annotations:
    description: Requires all Ingress hosts to be unique.
spec:
  crd:
    spec:
      names:
```

```
        kind: K8sUniqueIngressHost
  targets:
    - target: admission.k8s.gatekeeper.sh
      rego: |
        package k8suniqueingresshost

        identical(obj, review) {
          obj.metadata.namespace == review.object.metadata.namespace
          obj.metadata.name == review.object.metadata.name
        }

        violation[{"msg": msg}] {
          input.review.kind.kind == "Ingress"
          re_match("^(extensions|networking.k8s.io)$", input.review.kind.group)
          host := input.review.object.spec.rules[_].host
          other := data.inventory.namespace[ns][otherapiversion]["Ingress"][name]
          re_match("^(extensions|networking.k8s.io)/.+$", otherapiversion)
          other.spec.rules[_].host == host
          not identical(other, input.review)
          msg := sprintf("ingress host conflicts with an existing ingress <%v>", [host])
        }
```

기존 제약사항 템플릿에서 봤던 input.review 이외에도 data.inventory 부분을 볼 수 있다.

동기화된 데이터는 data.inventory를 통해 접근할 수 있는데 클러스터 범위 객체는 data.inventory.cluster[<groupVersion>][<kind>][<name>] 형식으로 접근할 수 있고, 네임스페이스 범위 객체Namespace-scoped Objects는 data.inventory.namespace[<namespace>][groupVersion][<kind>][<name>]으로 접근할 수 있다.

data.inventory.namespace[ns][otherapiversion]["Ingress"][name]에서 ns, otherapiversion, name은 바인딩된 변수가 아니므로 "Ingress" 타입들을 찾아서 ns, otherapiversion, name을 발견된 Ingress의 네임스페이스, 버전, 이름으로 할당해서 순회한다. 그리고 버전이 extensions/나 networking.k8s.io/로 시작하는지 정규식으로 매칭해 본 후 host가 동일하다면 동일한 객체 여부를 검사한다. 동일한 객체가 아닌데도 동일한 host를 가진다면 에러 메시지 응답 객체를 생성한다. 쿠버네티스 환경에서 uniqueingresshost에 대한 실습은 독자들의 몫으로 남겨둔다.

네임스페이스 열외 처리

특정 네임스페이스를 열외 처리^{exempting}하면 제약사항에서 필요하지 않은 네임스페이스의 정책이 평가되는 것을 막아 성능에 도움이 될 수 있다. 열외 처리 방법은 앞서 데이터 복제를 설정했던 방법과 동일하게 구성 객체를 수정해서 적용하면 된다. 다음 내용을 작성하고 exempting_ns.yaml로 저장한 후 kubectl apply -f exempting_ns.yaml을 실행하면 된다.

〈chap9/opa_gatekeeper/exempting_ns.yaml〉

```
apiVersion: config.gatekeeper.sh/v1alpha1
kind: Config
metadata:
  name: config
  namespace: "gatekeeper-system"
spec:
  match:
    - excludedNamespaces: ["kube-system", "gatekeeper-system"]
      processes: ["audit", "webhook", "sync"]
```

위의 예제에서는 쿠버네티스 시스템 구성요소들이 설치되는 kube-system 네임스페이스와 OPA 게이트키퍼 구성요소들이 설치되는 gatekeeper-system 네임스페이스를 열외 처리했다. 그리고 열외 처리하는 동작은 감사 로그, 웹훅, 데이터 복제로 지정했는데 간단하게 processes: ["*"]로 지정하면 전체 동작에 대한 열외 처리를 할 수 있다.

주의할 점은 기존 구성 객체와 metadata 섹션의 name이 동일하면 동일한 구성 객체로 인식되기 때문에 위의 내용으로만 적용하면 기존의 데이터 동기화 설정이 제거될 수 있다. 따라서 기존의 설정을 유지하고자 한다면 spec 섹션의 match 부분을 기존 spec 부분에 추가한 내용으로 적용해야 한다.

OPA 게이트키퍼 공식 문서에는 네임스페이스 열외 처리를 위한 방법 한 가지를 더 설명하고 있으나 감사 로그에만 적용할 수 있고 파드의 OPA 게이트키퍼 컨테이너 실행 시 인자에 네임스페이스를 일일이 추가해야 하는 등 복잡한 과정이 필요하다. 관심 있는 독자들은 https://open-policy-agent.github.io/gatekeeper/website/docs/exempt-namespaces#exempting-namespaces-from-the-gatekeeper-admission-webhook-using---exempt-namespace-flag의 내용을 확인하자.

웹훅 설정

OPA 게이트키퍼의 웹훅을 설정하려면 설치에 사용했던 YAML 파일 https://raw.github usercontent.com/open-policy-agent/gatekeeper/release-3.3/deploy/gate keeper.yaml 내용 중 가장 마지막 부분에 있는 kind가 ValidatingWebhookConfiguration 인 부분을 찾아 수정한 후 kubectl apply로 적용하면 된다. 해당 파일의 웹훅 부분을 살펴보면 다음과 같다.

웹훅에서 설정할 만한 내용은 기본값으로 CREATE와 UPDATE에 대해서만 게이트키퍼가 동작하게 설정돼 있는데 사용자의 실수를 방지하기 위해 DELETE 검증을 위한 정책 등이 필요하다면 DELETE를 추가하거나 타임아웃값을 변경하면 된다.

또 웹훅 설정에서 주의가 필요한 부분은 failurePolicy: Ignore로 설정된 부분이다. 공식 문서에서는 장애가 발생할 경우 현재는 하나의 인스턴스로 동작하기 때문에 다운타임을 줄이기 위해 Ignore로 설정됐고 추후에 가용성이 확보되면 Fail로 설정 예정이라고 설명하고 있다. 그러나 Ignore로 설정된 상태에서는 웹훅 요청 실패 시 요청이 실행되므로 문제가 발생할 수 있다. 실제 환경에서는 Fail로 변경하는 것이 좋다.

```
apiVersion: admissionregistration.k8s.io/v1beta1
kind: ValidatingWebhookConfiguration
metadata:
  creationTimestamp: null
  labels:
```

```yaml
    gatekeeper.sh/system: "yes"
  name: gatekeeper-validating-webhook-configuration
webhooks:
- clientConfig:
    caBundle: Cg==
    service:
      name: gatekeeper-webhook-service
      namespace: gatekeeper-system
      path: /v1/admit
  failurePolicy: Ignore    # 실제 환경에 적용할 때는 Fail로 변경하자.
  name: validation.gatekeeper.sh
  namespaceSelector:
    matchExpressions:
    - key: admission.gatekeeper.sh/ignore
      operator: DoesNotExist
  rules:
  - apiGroups:
    - '*'
    apiVersions:
    - '*'
    operations: # DELETE를 처리하려면 - UPDATE 아래 - DELETE를 추가
    - CREATE
    - UPDATE
    resources:
    - '*'
  sideEffects: None
  timeoutSeconds: 3
- clientConfig:
    caBundle: Cg==
    service:
      name: gatekeeper-webhook-service
      namespace: gatekeeper-system
      path: /v1/admitlabel
  failurePolicy: Fail
  name: check-ignore-label.gatekeeper.sh
  rules:
  - apiGroups:
    - ""
    apiVersions:
```

```
      - '*'
    operations:
    - CREATE
    - UPDATE
    resources:
    - namespaces
  sideEffects: None
  timeoutSeconds: 3
```

쿠버네티스 환경에서 사용 가능한 그 외의 도구들

Conftest

OPA 게이트키퍼는 쿠버네티스의 승인 웹훅으로 동작하기 때문에 쿠버네티스상에 설치돼야 한다. 또 드라이런 모드가 정책만 검사하고 쿠버네티스에 적용하지 않는 방식이 아니라 정책 위반만 기록하고 적용을 거부하지 않는 방식으로 동작한다. 그렇다면 쿠버네티스 객체들을 담고 있는 YAML 파일의 포맷 등을 CI/CD 파이프라인에 통합할 때 YAML 파일의 내용만으로 검증할 수 있는 방법은 없을까? 물론 OPA 바이너리, 직접 작성한 OPA 정책들, 정책 라이브러리의 src 디렉터리에 포함된 Rego 파일 등을 활용하면 이런 CI/CD 파이프라인을 구축하기가 더 쉬워질 것이다.

이런 용도로 편리하게 사용할 수 있는 도구가 Conftest다. Conftest는 Helm이 쿠버네티스 애플리케이션 배포를 용이하게 하듯이 쿠버네티스와 관련된 다양한 OPA 정책들을 공유할 수 있게 해 준다. Conftest를 사용하면 쿠버네티스뿐만 아니라 도커, 테라폼 등 클라우드 네이티브 환경에서 사용하는 다양한 파일 포맷들을 쉽게 검증하고 관리할 수 있다.

Conftest GitHub 페이지에 소개된 사용법은 다음과 같다. 유닛 테스트를 위한 opa test 명령과 비교하면 테스트 결과가 인자로 넘겨진 설정 파일의 검증에 특화돼 있음을 알 수 있다. Conftest에서 사용하는 OPA 규칙도 OPA 게이트키퍼와 유사하게 violations 부분 규칙을 통해 에러 메시지를 생성할 수 있다.

```
$ conftest test deployment.yaml
FAIL - deployment.yaml - Containers must not run as root
FAIL - deployment.yaml - Containers must provide app label for pod selectors

2 tests, 0 passed, 0 warnings, 2 failures, 0 exceptions
```

Conftest의 GitHub 저장소는 https://github.com/open-policy-agent/conftest이며 관련된 문서들은 https://www.conftest.dev를 참조하면 된다.

테라폼에서 OPA 활용

테라폼은 AWS, GCP, Azure 등 다양한 클라우드 환경에 대한 인프라 제어를 코드로 자동화할 수 있도록 해 주는 도구다. 테라폼은 원하는 인프라의 형상을 기술하면 현재 인프라 상태에서 변경해야 할 부분에 따라 변경 계획을 작성해 주며 변경 계획을 적용하면 실제 인프라에 변경사항이 적용된다. 테라폼의 변경 계획은 OPA를 자체 바이너리 포맷으로 저장하지만 JSON으로 변환하면 OPA의 입력으로 변환된 JSON을 넘겨서 검증할 수 있다.

간단한 예를 들어 확인해 보자. 다음은 도커를 인프라로 사용해서 nginx 컨테이너를 생성하고 8080 포트로 노출해 주는 간단한 테라폼 파일이다. 임의의 디렉터리를 생성하고 다음 내용을 main.tf로 저장하자.

〈chap9/terraform/main.tf〉

```
terraform {
  required_providers {
    docker = {
      source = "kreuzwerker/docker"
      version = "2.11.0"
    }
  }
}
```

```
provider "docker" {
}

resource "docker_container" "nginx" {
  image = "nginx:latest"
  name  = "nginx_app"
  restart = "always"
  ports {
    internal = 80
    external = 8080
  }
}
```

예제 실행에 앞서 도커가 실행되고 있는지 docker ps 명령 등을 실행해서 먼저 확인해 보
자. 그리고 테라폼이 설치돼 있지 않다면 https://www.terraform.io/downloads.html
에서 사용하는 플랫폼에 적합한 바이너리를 다운로드받고 압축을 푼 다음 디렉터리 위치
를 PATH 환경 변수에 추가하면 된다. 테라폼 바이너리는 단일 실행 파일이므로 설치에 큰
어려움은 없을 것이다.

테라폼 설치가 끝났다면 main.tf가 위치한 디렉터리에서 다음 명령을 실행하면 테라폼이
초기화된다.

```
$ terraform init

Initializing the backend...

Initializing provider plugins...
- Finding kreuzwerker/docker versions matching "2.11.0"...
- Installing kreuzwerker/docker v2.11.0...
- Installed kreuzwerker/docker v2.11.0 (self-signed, key ID 24E54F214569A8A5)

... <중략> ...
Terraform has been successfully initialized!
... <후략> ...
```

다음 명령을 실행하면 변경 계획 파일을 생성할 수 있다. 출력되는 내용을 살펴보면 기대한 것처럼 nginx 컨테이너가 생성될 것을 알려 준다. 또 변경 계획을 실행한 후에 설정되는 값인지도 알려 준다.

```
$ terraform plan -out plan.binary

An execution plan has been generated and is shown below.
Resource actions are indicated with the following symbols:
  + create

Terraform will perform the following actions:

  # docker_container.nginx will be created
  + resource "docker_container" "nginx" {
      + attach           = false
      + bridge           = (known after apply)
      + command          = (known after apply)
      + container_logs   = (known after apply)
      + entrypoint       = (known after apply)
      + env              = (known after apply)
      + exit_code        = (known after apply)
      + gateway          = (known after apply)
      + hostname         = (known after apply)
      + id               = (known after apply)
      + image            = "nginx:latest"
      + init             = (known after apply)
      + ip_address       = (known after apply)
      + ip_prefix_length = (known after apply)
      + ipc_mode         = (known after apply)
      + log_driver       = "json-file"
      + logs             = false
      + must_run         = true
      + name             = "nginx_app"
      + network_data     = (known after apply)
      + read_only        = false
      + remove_volumes   = true
      + restart          = "always"
```

```
    + rm              = false
    + security_opts   = (known after apply)
    + shm_size        = (known after apply)
    + start           = true
    + stdin_open      = false
    + tty             = false

    + healthcheck {
        + interval     = (known after apply)
        + retries      = (known after apply)
        + start_period = (known after apply)
        + test         = (known after apply)
        + timeout      = (known after apply)
      }

    + labels {
        + label = (known after apply)
        + value = (known after apply)
      }

    + ports {
        + external = 8080
        + internal = 80
        + ip       = "0.0.0.0"
        + protocol = "tcp"
      }
  }

Plan: 1 to add, 0 to change, 0 to destroy.

------------------------------------------------------------------------

This plan was saved to: plan.binary

To perform exactly these actions, run the following command to apply:
    terraform apply "plan.binary"
```

저장된 plan.binary는 바이너리 파일이므로 에디터로는 내용을 다시 확인할 수 없다.

terraform show 명령으로 저장된 변경 계획 파일을 텍스트로 볼 수 있으며 다음 명령처럼
-json 옵션을 주면 json 형식으로 출력해 준다. 출력된 내용을 다음과 같이 plan.json으로
저장한 다음 JSON 파일을 가독성 높게 정렬하고 pplan.json으로 다시 저장했다.

```
$ terraform show -json plan.binary > plan.json
$ python3 -m json.tool plan.json pplan.json
```

저장된 pplan.json의 내용을 살펴보면 다음과 같다.

〈pplan.json〉

```
{
    "format_version": "0.1",
    "terraform_version": "0.14.8",
    "planned_values": {
        "root_module": {
            "resources": [
                {
                    "address": "docker_container.nginx",
... <중략> ...
                    "ports": [
                        {
                            "external": 8080,
                            "internal": 80,
                            "ip": "0.0.0.0",
                            "protocol": "tcp"
                        }
                    ],
                    "privileged": null,
... <중략> ...
                }
            }
        ]
    }
},
    "resource_changes": [
```

```
... <중략> ...
    ],
    "configuration": {
... <중략> ...
    }
}
```

nginx 포트를 8080으로 설정했는데 내부 규정상 컨테이너가 노출하는 포트는 10000보다 커야 된다고 가정해 보자. 간단한 OPA 규칙을 작성해서 해당 포트가 10000보다 큰지 검사해 보자.

다음 내용을 작성하고 tftest.rego로 저장한다. JSON 파일의 계층 구조가 복잡할 뿐 규칙은 익숙할 것이다.

⟨chap9/terraform/tftest.rego⟩

```
package tftest

default allowed = false

allowed {
  input.planned_values.root_module.resources[_].values.ports[_].external > 10000
}
```

저장이 완료되면 다음과 같이 opa eval 명령으로 pplan.json을 입력으로 tftest.rego를 실행하고 data.tftest.allowed 규칙의 결과를 조회해 보자.

```
$ opa eval --input pplan.json --data tftest.rego "data.tftest.allowed"
{
  "result": [
    {
      "expressions": [
        {
          "value": false,
```

```
        "text": "data.tftest.allowed",
        "location": {
          "row": 1,
          "col": 1
        }
      }
    ]
  }
]
}
```

예상한 것처럼 false가 출력됐다. `tftest.rego`에서 검사하는 포트의 값을 8000으로 다시 바꾼 다음 실행해 보면 true가 출력될 것이다.

좀 더 자세한 내용을 원하는 독자들은 OPA 공식 홈페이지(https://www.openpolicyagent. org/docs/latest/terraform/)를 참조하기 바란다.

opa-kafka-plugin

카프카는 인가 플러그인을 구현해 메시지 토픽에 대한 접근을 제어할 수 있다. 인가 플러그인은 Authorizer 자바 인터페이스를 구현하기만 하면 되는데 Authorizer 인터페이스의 내용은 https://kafka.apache.org/24/javadoc/org/apache/kafka/server/authorizer/ Authorizer.html을 참조하면 된다.

OPA를 카프카 인가를 위해 사용하려면 Authorizer 인터페이스의 구현체에서 인가 요청의 인자들을 입력으로 OPA REST 서버로 전달하고 그 결과를 다시 인가 요청의 결과로 리턴하면 된다. 물론 인가를 위한 규칙들은 작성해서 OPA 서버에 설정해야 하는데 OPA 서버를 구성하는 방법은 7장에서 이미 다뤘다. Authorizer 인터페이스의 인가 요청 판단 결과도 ALLOWED/DENIED이므로 OPA 규칙에서 boolean으로 결과를 리턴하면 된다.

OPA 공식 문서 https://www.openpolicyagent.org/docs/latest/kafka-authorization/를 참조하면 OPA를 카프카와 연동하는 자세한 방법을 설명하고 있다. 공식 문서

에서는 이 책에서 설명하는 opa-kafka-plugin(https://github.com/Bisnode/opa-kafka-plugin)이 아닌 kafka-authorizer(https://github.com/open-policy-agent/contrib/tree/master/kafka_authorizer)라는 모듈을 사용하고 있다. 해당 모듈은 OPA의 사용자 기여 코드들을 모아 놓은 저장소에서 제공되고 있으며 명확히 버전이 관리되지는 않는다.

카프카의 Authorizer 인터페이스에서 입력을 전달받아 OPA 서버에 전달하는 단순한 코드이므로 어느 것을 사용해도 무방하지만 opa-kafka-plugin 등이 버전을 체계적으로 관리하고 있으므로 opa-kafka-plugin을 사용하는 것이 더 나을 것이다.

카프카에서 opa-kafka-plugin을 통해 전달되는 입력의 내용은 다음과 같다.[5]

```
{
  "operation": {
    "name": "Write"
  },
  "resource": {
    "resourceType": {
      "name": "Topic"
    },
    "name": "alice-topic1"
  },
  "session": {
    "principal": {
      "principalType": "alice-producer"
    },
    "clientAddress": "172.21.0.5",
    "sanitizedUser": "alice-producer"
  }
}
```

해당 JSON 입력을 판단해 true/false를 리턴하는 규칙을 만들고 플러그인의 URL이 OPA 서버에서 해당 규칙을 호출하도록 설정하면 된다.

---

5 출처: https://github.com/Bisnode/opa-kafka-plugin

보다 자세한 내용은 https://github.com/Bisnode/opa-kafka-plugin을 참조하기 바란다.

opa-envoy-plugin

최근에는 쿠버네티스만 적용하는 경우보다 서비스 메시를 함께 적용하는 경우가 늘어나고 있다. 서비스 메시 중 가장 대표적이며 널리 사용되는 것은 이스티오다. 이스티오는 이전에는 믹서 컴포넌트를 통해 OPA 통합을 제공해 왔으나 최신 버전에서 믹서 컴포넌트가 제거됨에 따라 Envoy Authz 필터를 통해 연동되는 구조로 변경됐다. Envoy Authz 필터는 외부 인증 서버를 위한 인증/인가 규격을 외부와 연동할 수 있는 gRPC 프로토콜을 정의한다. 거의 모든 서비스 메시 구현이 데이터 플레인으로 Envoy를 사용하고 있기 때문에 Envoy Authz 필터를 사용하는 방법은 다른 서비스 메시에도 쉽게 적용될 수 있다.

서비스 메시나 Envoy 자체를 설명하기에는 너무 방대하고 현재 이스티오가 빠른 속도로 변화하고 있으므로 이 책에서는 더 이상 자세하게 설명하지는 않는다. 관심 있는 독자들은 https://github.com/open-policy-agent/opa-envoy-plugin을 참조하기 바란다.

▌정리

9장에서는 OPA를 사용자 애플리케이션이 아닌 쿠버네티스 자체의 정책 및 권한 관리에 적용할 수 있는 OPA 게이트키퍼의 개요와 사용 방법을 설명했다. 또 OPA 게이트키퍼를 위한 제약사항 템플릿 및 제약사항을 작성하고 적용하는 법, 감사 로그 등을 확인하는 방법 역시 설명했다. 그리고 OPA 게이트키퍼에서 사용할 수 있는 정책 라이브러리들도 살펴봤다. 마지막으로 OPA 게이트키퍼 이외에 쿠버네티스 기반 환경에 적용할 수 있는 다른 도구들도 간략히 소개했다.

10장에서는 내장 함수를 구현하고 기본적인 OPA의 기능들을 확장하는 방법에 대해 살펴본다.

10장

OPA 확장

10장에서 다루는 내용

- OPA 내장 함수
- OPA 내장 함수 구현 예제
- OPA 플러그인
- OPA 버전 정보 설정

OPA는 내장 함수나 플러그인 구현을 통해 확장할 수 있다. OPA는 자바나 기타 다른 언어로 구현된 프로그램들처럼 동적으로 모듈을 로딩하는 플러그인 시스템을 갖고 있지 않으며 기존 OPA 구현체를 확장해 새로운 바이너리를 생성하는 방법을 사용한다. 이는 Go 언어 자체의 동적 모듈 시스템이 아직 제약이 많기 때문에 불가피해 보인다. 그러나 바이너리를 빌드하는 불편함은 있지만 마치 기존 OPA 코드 자체를 라이브러리처럼 사용해서 새로운 main 함수를 작성하는 방식으로 코드의 가독성과 독립성을 유지하면서 확장할 수 있다.

10장에서는 먼저 기존 OPA 바이너리에 내장 함수와 플러그인을 추가해서 새로운 바이너리를 생성하는 방법을 살펴본다. 또 새로 생성된 바이너리는 기존 OPA에 비해 추가된 기능을 가지므로 이를 표현하려면 버전 정보를 기입해야 한다. 따라서 사용자의 혼동을 방지하고 형상 관리가 가능하도록 바이너리의 버전 정보를 설정하는 방법도 살펴본다.

우선 GitHub OPA 저장소(https://github.com/open-policy-agent/opa)에 접속해 최상위 디렉터리의 main.go 파일을 열어보자. 라이선스와 go:generate를 위한 주석 부분을 생략하면 주요 내용은 다음과 같다.

```
// 라이선스 부분은 생략

package main

import (
    "fmt"
    "os"

    "github.com/open-policy-agent/opa/cmd"
)

func main() {
    if err := cmd.RootCommand.Execute(); err != nil {
        fmt.Println(err)
        os.Exit(1)
    }
}

// go:generate 부분은 생략
```

---

main 함수가 하는 일은 cmd.RootCommand.Execute()를 실행하고 에러가 발생하면 콘솔에 출력하고 1을 리턴하는 것이 전부다. OPA를 확장하는 데 필요한 작업은 cmd.RootCommand.Execute()를 실행하기 이전에 내장 함수나 플러그인을 생성하고 등록하는 것뿐이다.

OPA 내장 함수

OPA 내장 함수 구현

OPA 내장 함수 구현을 예제를 통해 살펴보자. Go 클라이언트 라이브러리를 사용한다면 OPA 바이너리를 새로 빌드하지 않고도 내장 함수를 추가해서 쿼리를 실행해 볼 수 있다. 우선 다음과 같이 예제를 위한 프로젝트를 생성한다.

```
$ mkdir hellofunc
$ cd hellofunc
$ go mod init hellofunc
```

프로젝트 생성이 완료되면 다음과 같은 내용으로 main.go를 작성하고 저장한다.

⟨chap10/hellofunc/main.go⟩

```go
package main

import (
    "context"
    "fmt"
    "log"
    "strings"

    "github.com/open-policy-agent/opa/ast"
    "github.com/open-policy-agent/opa/rego"
    "github.com/open-policy-agent/opa/types"
)

func main() {
    ctx := context.Background()

    r := rego.New(
        rego.Query(`result = equalsIgnoreCase("Hello", "HELLO")`),
        rego.Function2(
```

```
    &rego.Function{
        Name: "equalsIgnoreCase",
        Decl: types.NewFunction(types.Args(types.S, types.S), types.B),
    },
    func(_ rego.BuiltinContext, a, b *ast.Term) (*ast.Term, error) {
        if str1, ok := a.Value.(ast.String); ok {
            if str2, ok := b.Value.(ast.String); ok {

                equals := strings.EqualFold(string(str1), string(str2))
                return ast.BooleanTerm(equals), nil
            }

            return nil, nil
        }

        return nil, nil
    },
),
)

query, err := r.PrepareForEval(ctx)
if err != nil {
    log.Fatal(err)
}

rs, err := query.Eval(ctx)
if err != nil {
    log.Fatal(err)
}

fmt.Printf("result=%v\n", rs[0].Bindings["result"])
}
```

코드의 내용을 간략히 설명하면 result = equalsIgnoreCase("Hello", "HELLO")라는 쿼리를
수행해 출력하는 프로그램인데 대소문자에 상관 없이 문자열을 비교하는 equalsIgnoreCase
함수를 만들어서 초기화 시점에 포함했다. 문자열 비교는 Go 언어의 기본 라이브러리에
서 제공하는 strings.EqualFold 함수를 사용했는데 UTF-8 문자열에 대해 대소문자 구별

318

없이 문자열이 동일한지 비교해 주는 함수다.

내장 함수와 관련된 부분을 설명해 보면 다음과 같다. 우선 rego.Function2 함수를 호출해 rego.New에 인자로 넘길 옵션을 생성한다. rego.New는 인자로 func(*Rego) 타입 함수의 리스트를 넘겨받는데 인자로 넘겨받은 함수들을 Rego 자료구조에 순차적으로 적용해 옵션을 반영한다. 이는 Go 언어에서 흔히 볼 수 있는 코드 패턴이다. rego.Function2 이외에 rego.Function1, rego.Function3, rego.Function4 등도 존재하는데 1, 2, 3, 4는 각각 함수 인자의 수를 나타낸다. 그 이상의 인자가 필요할 때에는 인자를 동적 배열로 넘겨받는 rego.FunctionDyn을 사용하면 된다.

함수를 다음과 같이 실행하면 예상한 결과를 볼 수 있는데 실행이 처음이라면 관련 go 모듈들을 설치하는 내용도 추가로 출력된다. rego.FunctionXXX는 두 개의 인자를 받는데 첫 번째 인자는 함수의 선언을 담은 구조체에 대한 포인터이고 두 번째 인자는 내장 함수를 구현한 함수로 코드에서는 익명 함수로 작성됐다. 선언부의 Name 필드는 함수의 이름, Decl 필드는 함수의 타입 정보를 담고 있다. 위의 예제에서 types.S, types.B는 각각 String, Boolean 타입을 나타낸다. 따라서 equalsIgnoreCase 함수는 문자열 인자를 두 개 받고 불리언값을 리턴한다.

익명 함수 부분을 살펴보면 익명 함수는 rego.BuiltinContext 타입 인자 하나와 *ast.Term 인자 두 개를 받는다. _은 해당 인자가 함수 내에서 참조하지 않고 타입만 일치시키기 위해 존재한다는 의미이며 *ast.Term 타입 인자는 각각 a, b로 이름을 붙였다. 또 함수의 리턴값은 *ast.Term 타입과 내장 함수로 인자가 전달될 때에는 모두 ast.Term 구조체에 대한 포인터로 전달되는데 Term 구조체는 값을 담은 Value와 Rego 소스 코드에서 위치(파일명, 라인 등) 정보를 담고 있는 Location 필드를 포함한다. if str1, ok := a.Value.(ast.String); ok {} 부분은 a.Value를 ast.String으로 타입 캐스팅한 후 캐스팅이 가능하면 그 값을 str1 변수에 할당하고 ok = true가 돼 블록의 내용이 수행되고 캐스팅이 불가능하면 ok = false가 돼 블록의 내용이 실행되지 않는다. if문을 중첩해서 *ast.Term 타입 a, b 변수를 각각 ast.String으로 캐스팅하고 string()으로 변환해서 Go 언어의 EqualFold 함수에 넘겼다.

ast.String이 실제로는 string 타입의 별명일 뿐이지만 컴파일 시에 다른 타입으로 인식되므로 string() 변환이 필요하다. 마지막으로 비교 결과로 리턴된 불리언값을 ast.BooleanTerm으로 변환해서 리턴했다. 이후의 부분은 Go 클라이언트 라이브러리를 통한 OPA 활용을 설명할 때 설명했듯이 쿼리를 실행하고 결과를 받아서 출력하는 부분이다.

코드 설명을 마쳤으므로 한 번 실행해 보자. 다음과 같이 실행하면 예상했던 결괏값을 볼 수 있다.

```
$ go run main.go
result=true
```

OPA 내장 함수 통합

내장 함수를 구현하는 방법을 익혔으므로 기존에 규칙으로 구현했던 부분을 내장 함수로 구현해서 동작시키고 단위 테스트까지 실행해 보자.

5장에서 설명한 API 계층 구조를 포함한 최종 권한 관리 시나리오에서 API URL이 매칭되지 않는 경우 상위 URL을 매칭해서 권한을 확인하는 기능을 longestmatchapi 규칙으로 구현했다. longestmatchapi 규칙은 OPA에서 사용하는 Rego 언어의 특성상 매칭되는 상위 URL을 찾더라도 도중에 중단하지 못하고 매칭되는 상위 URL을 모두 찾은 후 URL 길이가 긴 것부터 정렬된 상태에서 가장 처음 URL을 리턴했다. 내장 함수는 Go 언어로 구현되므로 매칭되는 URL을 찾으면 더 상위 URL을 찾지 않고 바로 리턴할 수 있다.

우선 프로젝트 역할을 할 디렉터리를 extfunc라는 이름으로 생성하자. 생성 후 extfunc 디렉터리로 이동한 후 다음 명령을 실행한다.

```
$ go mod init extfunc
go: creating new go.mod: module extfunc
```

go 모듈이 생성됐고 생성된 go.mod 파일은 다음과 같다. 현재는 모듈 이름과 Go 버전만 명시돼 있는데 추후 라이브러리를 추가하면 의존성에 관련된 정보도 추가된다. Go 버전은 1.13 이상이면 큰 문제가 없을 것이다.

<chap10/extfunc/go.mod>

```
module extfunc

go 1.15
```

다음 내용을 작성하고 main.go로 저장하자.

<chap10/extfunc/main.go>

```go
package main

import (
    "fmt"
    "os"
    "strings"

    "github.com/open-policy-agent/opa/ast"
    "github.com/open-policy-agent/opa/cmd"
    "github.com/open-policy-agent/opa/rego"
    "github.com/open-policy-agent/opa/types"
)

func main() {
    methodPermType := types.NewObject(nil, types.NewDynamicProperty(types.S, types.
NewArray(nil, types.S)))

    apiType := types.NewObject(nil, types.NewDynamicProperty(types.S, methodPermType))

    rego.RegisterBuiltin3(
        &rego.Function{
            Name:    "longest_match_api",
            Decl:    types.NewFunction(types.Args(apiType, types.S, types.S), types.S),
            Memoize: false,
```

```go
        },
        longestMatchAPI,
    )

    if err := cmd.RootCommand.Execute(); err != nil {
        fmt.Println(err)
        os.Exit(1)
    }
}

func longestMatchAPI(_ rego.BuiltinContext, api, url, method *ast.Term) (*ast.Term,
error) {
    if obj, ok := api.Value.(ast.Object); ok {
        targetURL := string(url.Value.(ast.String))

        for targetURL != "" {
            targetAPI := obj.Get(ast.StringTerm(targetURL))

            if targetAPI != nil && targetAPI.Get(method) != nil {
                return ast.StringTerm(targetURL), nil
            }

            targetURL = upperURL(targetURL)
        }
    }

    return nil, nil
}

func upperURL(url string) string {
    last := strings.LastIndex(url, "/")

    if last < 0 {
        return ""
    }

    return url[0:last]
}
```

우선 main 함수부터 살펴보자. 메인 함수는 10장의 초반에서 설명한 대로 cmd.RootCommand.
Execute()를 실행하기 전에 내장 함수를 등록한다. rego.RegisterBuiltin3 함수로 내장 함
수를 등록하는데 인자로는 함수 선언을 담은 rego.Function 구조체와 내장 함수를 구현한
함수를 사용한다. 내장 함수를 등록하는 rego.RegisterBuiltin3의 3도 인자가 앞선 예제와
비슷하게 내장 함수 인자의 수를 나타내며 rego.Function 구조체는 rego.RegisterBuiltin3
의 내부에서 생성된다. 앞선 예제에 비해 함수의 인자 타입이 훨씬 복잡한데 첫 번째 인
자는 data.api 객체를 참조하기 위한 타입이다. data.api 객체의 내용을 다시 살펴보면 다
음과 같다.

```
{
  "api": {
    "/users/{user_id}/profile" : {
      "GET": ["profile.read"],
      "PUT": ["profile.read", "profile.update"]
    },
... <중략> ...
  },
... <중략> ...
}
```

api 객체는 URL을 키로 하며 값으로 키가 HTTP 메서드이고 값은 권한을 담은 문자열 배열
이다. api 객체의 값의 타입은 types.NewObject(nil, types.NewDynamicProperty(types.S,
types.NewArray(nil, types.S)))로 생성했다. types.NewObject나 types.NewArray의 처음
nil로 설정된 부분은 정적 속성의 목록이다. 정적 속성은 객체를 예로 들면 반드시 특정
키를 가진 필드가 포함돼야 하는 필수 속성을 의미하는데 이 예제에서는 객체의 키가 하
나도 없고 필수 속성이 없으므로 정적 속성은 없다. 동적 속성은 키가 문자열 타입이고 값
은 문자열 배열이 된다. 이렇게 정의한 methodPermType이 값의 타입이고 문자열이 키의 타
입인 동적 속성을 갖는 객체 타입을 apiType으로 정의했다.

타입을 정의하는 방법이 공식 문서에 자세히 문서화돼 있지는 않은데 실제 내용을 확인

하고 싶은 독자들은 OPA 소스 코드의 types/types.go 파일을 확인하면 된다. types.go 에는 Null, String, Number, Boolean, Any, Function, Set, Object, Array 등이 정의돼 있다. types.S도 실제 코드를 확인하면 var S = types.NewString()과 같이 생성하고 있는데 단순 타입이므로 키와 값의 타입이 다르면 서로 다른 타입이 되는 객체 등과 달리 매번 생성하지 않고 한 번 생성한 값을 참조한다. types.N, types.B도 각각 types.NewNumber(), types. NewBoolean()으로 생성되는 등 유사한 패턴을 가진다.

함수 선언부를 살펴보면 함수의 이름은 longest_api_match, 인자의 타입은 data.api를 참조하는 객체, URL 문자열, HTTP 메소드 문자열을 인자로 받고 매칭되는 URL 문자열을 리턴한다. Memoize는 false로 설정됐는데 해당 필드는 항상 인자가 동일하다면 동일한 결과가 나오는 함수들에 대해 결과를 캐싱하도록 설정하는 필드다. API 권한 데이터는 번들 폴링 등의 방법으로 업데이트 될 수 있고 이렇게 외부 효과로 실행하는 시점에 따라 결과가 달라질 수 있으므로 false로 설정했다. 반대의 경우를 예로 들면 문자열의 길이를 카운트하는 strlen이라는 함수에 대해 strlen("hello")라는 함수를 실행하면 항상 5가 나올 것이고 "hello"라는 인자에 대해 5를 캐시에 저장해 두고 처리해도 문제가 없을 것이다. 이런 결정적 함수^{Deterministic Function}라면 Memoize를 true로 설정해서 캐싱을 통한 성능 향상이 가능하다.

함수의 구현을 살펴보면 앞의 예제와 마찬가지로 콘텍스트 정보는 사용하지 않으므로 _로 처리됐고 인자 3개는 *ast.Term 타입으로 선언됐다. api는 객체에 대한 참조이므로 ast. Object로 캐스팅했고 url을 키로 Get 함수를 호출하고 해당 url에 대한 항목이 있으면 다시 method를 키로 Get을 호출했다. 만일 값이 발견되지 않으면 url을 한 단계 위로 변경하기 위해 upperURL 함수를 호출하고 다시 반복한다.

내장 함수 구현을 완료했으므로 main.go를 컴파일해서 새로운 OPA 바이너리를 생성해 보자. 다음 명령을 통해 main.go를 컴파일하고 opaex라는 바이너리를 생성할 수 있는데 윈도우 환경이라면 실행에 확장자가 필요하므로 opaex 대신 opaex.exe로 지정하자.

```
$ go build -o opaex main.go
```

다음과 같이 opa와 새로 빌드된 opaex에 대해 REPL을 실행해서 longest_match_api 함수를 호출해 보면 opaex에서는 undefined function 에러가 아닌 결과가 undefined로 출력되는 것을 확인할 수 있다.

```
$ ./opaex run
OPA 0.26.0 (commit , built at )

Run 'help' to see a list of commands and check for updates.

> longest_match_api({},"","")
undefined

$ ./opa run
OPA 0.26.0 (commit 62d3900, built at 2021-01-20T18:56:12Z)

Run 'help' to see a list of commands and check for updates.
> longest_match_api({},"","")

1 error occurred: 1:1: rego_type_error: undefined function longest_match_api
```

이번에는 기존의 권한 시나리오를 담은 Rego 파일을 수정해서 새로 추가한 longest_match_api 내장 함수를 사용하도록 수정해 보자. 다음과 같이 내용을 수정하고 새로운 파일 policy_extfunc.rego로 저장하자.

〈chap10/extfunc/policy_extfunc.rego〉

```
package example.urlhierarchy

default allowed = false

allowed {
    input.user.role == "ADMIN"
```

```
}

allowed {
    input.user.role == "USER"

    input.user.target_user_id != ""

    input.user.target_user_id == input.user.id
}

allowed {
    input.user.role == "OPERATOR"

    method := input.api.method
    url := longest_match_api(data.api, input.api.url, method)

    permission := data.operator_permission[input.user.id]
    required_permssion := data.api[url][method]

     satisfied_permission := {p | permissionmatch(permission[_], required_permssion[p],
".")}

    count(required_permssion) > 0
    count(satisfied_permission) == count(required_permssion)
}

allowed {
    method := input.api.method
    url := longest_match_api(data.api, input.api.url, method)

    url

    required_permssion := data.api[url][method]

    count(required_permssion) == 0
}

permissionmatch(permission, req_permission, delim) = true {
    permission == req_permission
```

```
} else = result {
    result := startswith(req_permission, concat("", [permission, delim]))
}
```

변경된 내용을 확인해 보면 규칙 `longestmatchapi(url, method)`를 선언한 부분이 완전히 제거됐고 규칙 호출이 내장 함수 호출로 변경됐음을 알 수 있다. Rego 파일에 정의된 규칙과 달리 data에 직접 접근할 수 없어 API 권한을 참조할 수 있도록 data.api 객체가 함수의 첫 번째 인자로 전달된 것도 확인할 수 있다.

수정된 파일을 이용해 단위 테스트를 실행해 보자. 테스트 시나리오는 5장에서 작성했던 것과 동일한 것을 사용했다. 다음과 같이 Rego 파일만 새로 작성한 policy_extfunc.rego로 변경하고 opa 그대로 실행하면 다음과 같이 함수를 찾을 수 없다는 에러가 발생한다.

```
$ opa test -v policy_extfunc.rego policy_test.rego data.json
2 errors occurred:
policy_extfunc.rego:21: rego_type_error: undefined function longest_match_api
policy_extfunc.rego:34: rego_type_error: undefined function longest_match_api
```

내장 함수를 추가해서 빌드한 opaex 바이너리로 바꿔서 동일한 명령을 실행해 보자. 단위 테스트가 성공적으로 실행된 것을 확인할 수 있다.

```
$ opaex test -v policy_extfunc.rego policy_test.rego data.json
data.example.urlhierarchy.test_admin_allowed: PASS (12.3149ms)
data.example.urlhierarchy.test_oper1_profile_read_allowed: PASS (993µs)
data.example.urlhierarchy.test_oper1_profile_update_allowed: PASS (1.0001ms)
data.example.urlhierarchy.test_oper2_profile_read_allowed: PASS (999.7µs)
data.example.urlhierarchy.test_oper2_profile_update_not_allowed: PASS (522.4µs)
data.example.urlhierarchy.test_oper3_profile_read_not_allowed: PASS (1.0086ms)
data.example.urlhierarchy.test_oper3_profile_update_not_allowed: PASS (2.9998ms)
data.example.urlhierarchy.test_user_allowed: PASS (0s)
data.example.urlhierarchy.test_user_not_allowed: PASS (1.0033ms)
data.example.urlhierarchy.test_user_public: PASS (997.8µs)
data.example.urlhierarchy.test_useroper_userlist_read_allowed: PASS (0s)
```

```
data.example.urlhierarchy.test_useroper_user_read_allowed: PASS (2.0002ms)
data.example.urlhierarchy.test_useroper_user_update_not_allowed: PASS (1.0009ms)
data.example.urlhierarchy.test_oper1_user_read_not_allowed: PASS (0s)
data.example.urlhierarchy.test_goods_not_allowed: PASS (998.9µs)
--------------------------------------------------------------------------------
PASS: 15/15
```

longest_match_api 구현은 내장 함수로 구현한 것에 비해 OPA 규칙으로 구현한 것이 비효율적인 면이 분명하게 존재하지만 위의 결과만으로는 큰 차이를 볼 수 없다.

실제 성능을 벤치마크 기능을 사용해서 확인해 보자. OPA 공식 문서를 보면 벤치마크 결과를 비교하려면 gobench 포맷으로 벤치마크 결과를 저장한 후 benchstat으로 비교하면 된다고 안내하고 있다.

benchstat을 설치해 보자. Go 컴파일러가 설치돼 있다면 다음 명령을 실행하면 benchstat이 설치된다.

```
$ go get -u golang.org/x/perf/cmd/benchstat
```

설치 후 benchstat 명령어가 실행되지 않는다면 go env 명령을 실행해 GOPATH 정보를 확인하자. GOPATH 아래의 bin 디렉터리에서 찾을 수 있을 것이다. 해당 위치를 PATH에 추가하면 된다.

우선 규칙만 활용해서 작성한 policy.rego의 성능을 다음 명령으로 저장하자. benchstat 유틸리티는 1회 실행 결과에 대해 서로 비교하면 비교해 주지 않으므로 –count 옵션으로 5회 비교했다. OPA 공식 문서에서도 5~10회 정도면 충분하다고 설명하고 있다. 기본 타임아웃은 5초이지만 저자의 환경에서는 일부 규칙 성능 측정 과정에서 타임아웃이 발생해 -t 옵션으로 10초로 늘렸다. 마지막으로 바이너리는 opaex를 사용했는데 순정 opa 바이너리를 사용해도 되지만 바이너리를 컴파일할 때 최적화 옵션 등 다른 요소로 차이가 발생할 수 있고 opaex 바이너리로도 policy.rego를 실행할 수 있으므로 외부 요소를 제거하기 위해 opaex 바이너리로 실행했다.

```
$ opaex test -v -t 10s --count 5 --format gobench --bench policy.rego policy_test.rego
data.json | tee policy.txt
```

정책 파일의 이름과 결과를 저장할 파일의 이름만 바꿔서 다음과 같이 한 번 더 실행했다.

```
$ opaex test -v -t 10s --count 5 --format gobench –bench policy_extfunc.rego policy_
test.rego data.json | tee extfunc.txt
```

---

benchstat 명령에 두 개의 파일을 전달해서 성능을 비교해 보자. 성능을 비교하면 내장 함수를 이용한 경우 실행 시간이 50% 정도로 감소한 것을 확인할 수 있다. 쉽게 말해 두 배 정도의 성능을 보여준다.

```
$ benchstat policy.txt extfunc.txt
name                                          old time/op
new time/op                      delta
DataExampleUrlhierarchyTestAdminAllowed
90.8µs ± 0%                       46.9µs ± 3%  -48.39%  (p=0.016 n=5+4)
DataExampleUrlhierarchyTestOper1ProfileReadAllowed
179µs ± 1%                        78µs ± 4%  -56.66%  (p=0.016 n=5+4)
DataExampleUrlhierarchyTestOper1ProfileUpdateAllowed
189µs ± 1%                        95µs ±34%  -49.71%  (p=0.008 n=5+5)
DataExampleUrlhierarchyTestOper2ProfileReadAllowed
174µs ± 1%                        79µs ±33%  -54.63%  (p=0.008 n=5+5)
DataExampleUrlhierarchyTestOper2ProfileUpdateNotAllowed
188µs ± 0%                        88µs ±19%  -53.19%  (p=0.008 n=5+5)
DataExampleUrlhierarchyTestOper3ProfileReadNotAllowed
182µs ± 1%                        81µs ±13%  -55.40%  (p=0.008 n=5+5)
DataExampleUrlhierarchyTestOper3ProfileUpdateNotAllowed
189µs ± 1%                        88µs ±15%  -53.55%  (p=0.008 n=5+5)
DataExampleUrlhierarchyTestUserAllowed
95.7µs ± 1%                       51.3µs ± 3%  -46.41%  (p=0.008 n=5+5)
DataExampleUrlhierarchyTestUserNotAllowed
```

```
98.1μs ± 1%                        52.9μs ± 3%  -46.13%  (p=0.008 n=5+5)
DataExampleUrlhierarchyTestUserPublic
69.1μs ± 1%                        45.4μs ± 3%  -34.30%  (p=0.008 n=5+5)
DataExampleUrlhierarchyTestUseroperUserlistReadAllowed
149μs ± 0%                          84μs ± 5%  -43.92%  (p=0.008 n=5+5)
DataExampleUrlhierarchyTestUseroperUserReadAllowed
166μs ± 1%                          83μs ± 4%  -49.86%  (p=0.008 n=5+5)
DataExampleUrlhierarchyTestUseroperUserUpdateNotAllowed
186μs ± 1%                         106μs ± 5%  -43.20%  (p=0.008 n=5+5)
DataExampleUrlhierarchyTestOper1UserReadNotAllowed
162μs ± 1%                          79μs ± 4%  -51.02%  (p=0.008 n=5+5)
DataExampleUrlhierarchyTestGoodsNotAllowed
94.9μs ± 0%                        46.9μs ± 3%  -50.57%  (p=0.008 n=5+5)


name                                               old timer_rego_external_
resolve_ns/op  new timer_rego_external_resolve_ns/op  delta
DataExampleUrlhierarchyTestAdminAllowed
743 ± 1%                           259 ± 2%  -65.16%  (p=0.016 n=5+4)
DataExampleUrlhierarchyTestOper1ProfileReadAllowed
1.25k ± 2%                        0.43k ± 1%  -65.62%  (p=0.016 n=5+4)
DataExampleUrlhierarchyTestOper1ProfileUpdateAllowed
1.25k ± 2%                        0.47k ±28%  -62.73%  (p=0.008 n=5+5)
DataExampleUrlhierarchyTestOper2ProfileReadAllowed
1.26k ± 4%                        0.43k ± 1%  -65.92%  (p=0.016 n=5+4)
DataExampleUrlhierarchyTestOper2ProfileUpdateNotAllowed
1.26k ± 2%                        0.45k ±14%  -64.35%  (p=0.008 n=5+5)
DataExampleUrlhierarchyTestOper3ProfileReadNotAllowed
1.25k ± 4%                        0.45k ± 5%  -64.38%  (p=0.008 n=5+5)
DataExampleUrlhierarchyTestOper3ProfileUpdateNotAllowed
1.26k ± 1%                        0.45k ±17%  -64.03%  (p=0.008 n=5+5)
DataExampleUrlhierarchyTestUserAllowed
733 ± 2%                           265 ± 3%  -63.81%  (p=0.008 n=5+5)
DataExampleUrlhierarchyTestUserNotAllowed
737 ± 2%                           269 ± 4%  -63.46%  (p=0.008 n=5+5)
DataExampleUrlhierarchyTestUserPublic
418 ± 2%                           261 ± 8%  -37.59%  (p=0.008 n=5+5)
DataExampleUrlhierarchyTestUseroperUserlistReadAllowed
770 ± 2%                           436 ± 5%  -43.34%  (p=0.008 n=5+5)
DataExampleUrlhierarchyTestUseroperUserReadAllowed
```

```
1.09k ± 2%                    0.44k ± 5%  -59.75%  (p=0.008 n=5+5)
DataExampleUrlhierarchyTestUseroperUserUpdateNotAllowed
1.10k ± 3%                    0.44k ± 2%  -60.45%  (p=0.008 n=5+5)
DataExampleUrlhierarchyTestOper1UserReadNotAllowed
1.09k ± 1%                    0.44k ± 2%  -60.10%  (p=0.008 n=5+5)
DataExampleUrlhierarchyTestGoodsNotAllowed
778 ± 2%                      262 ± 2%  -66.26%  (p=0.008 n=5+5)


name                                          old timer_rego_query_eval_ns/
op        new timer_rego_query_eval_ns/op        delta
DataExampleUrlhierarchyTestAdminAllowed
84.0k ± 0%                    40.8k ± 3%  -51.50%  (p=0.016 n=5+4)
DataExampleUrlhierarchyTestOper1ProfileReadAllowed
156k ± 1%                      71k ± 4%  -54.33%  (p=0.016 n=5+4)
DataExampleUrlhierarchyTestOper1ProfileUpdateAllowed
166k ± 1%                      87k ±30%  -47.77%  (p=0.008 n=5+5)
DataExampleUrlhierarchyTestOper2ProfileReadAllowed
151k ± 1%                      71k ±31%  -52.70%  (p=0.008 n=5+5)
DataExampleUrlhierarchyTestOper2ProfileUpdateNotAllowed
165k ± 0%                      81k ±17%  -51.00%  (p=0.008 n=5+5)
DataExampleUrlhierarchyTestOper3ProfileReadNotAllowed
158k ± 1%                      74k ±11%  -53.14%  (p=0.008 n=5+5)
DataExampleUrlhierarchyTestOper3ProfileUpdateNotAllowed
165k ± 0%                      80k ±13%  -51.30%  (p=0.008 n=5+5)
DataExampleUrlhierarchyTestUserAllowed
88.2k ± 0%                    45.0k ± 3%  -48.91%  (p=0.008 n=5+5)
DataExampleUrlhierarchyTestUserNotAllowed
90.3k ± 1%                    46.7k ± 3%  -48.25%  (p=0.008 n=5+5)
DataExampleUrlhierarchyTestUserPublic
63.0k ± 0%                    39.1k ± 3%  -38.03%  (p=0.008 n=5+5)
DataExampleUrlhierarchyTestUseroperUserlistReadAllowed
127k ± 1%                      77k ± 4%  -39.50%  (p=0.008 n=5+5)
DataExampleUrlhierarchyTestUseroperUserReadAllowed
143k ± 1%                      77k ± 4%  -46.38%  (p=0.008 n=5+5)
DataExampleUrlhierarchyTestUseroperUserUpdateNotAllowed
163k ± 1%                      97k ± 4%  -40.63%  (p=0.008 n=5+5)
DataExampleUrlhierarchyTestOper1UserReadNotAllowed
139k ± 1%                      73k ± 4%  -47.58%  (p=0.008 n=5+5)
DataExampleUrlhierarchyTestGoodsNotAllowed
```

```
87.6k ± 0%                              40.8k ± 3%   -53.36%   (p=0.008 n=5+5)

name                                                 old alloc/op
new alloc/op                         delta
DataExampleUrlhierarchyTestAdminAllowed
28.8kB ± 0%                          15.9kB ± 0%   -44.64%   (p=0.008 n=5+5)
DataExampleUrlhierarchyTestOper1ProfileReadAllowed
54.3kB ± 0%                          27.2kB ± 0%   -49.85%   (p=0.008 n=5+5)
DataExampleUrlhierarchyTestOper1ProfileUpdateAllowed
59.7kB ± 0%                          32.5kB ± 0%   -45.56%   (p=0.016 n=5+4)
DataExampleUrlhierarchyTestOper2ProfileReadAllowed
51.8kB ± 0%                          24.7kB ± 0%   -52.27%   (p=0.016 n=5+4)
DataExampleUrlhierarchyTestOper2ProfileUpdateNotAllowed
59.0kB ± 0%                          31.8kB ± 0%   -46.12%   (p=0.008 n=5+5)
DataExampleUrlhierarchyTestOper3ProfileReadNotAllowed
55.8kB ± 0%                          28.7kB ± 0%   -48.51%   (p=0.000 n=5+4)
DataExampleUrlhierarchyTestOper3ProfileUpdateNotAllowed
59.0kB ± 0%                          31.7kB ± 0%   -46.15%   (p=0.016 n=5+4)
DataExampleUrlhierarchyTestUserAllowed
29.9kB ± 0%                          17.0kB ± 0%   -43.33%   (p=0.029 n=4+4)
DataExampleUrlhierarchyTestUserNotAllowed
31.8kB ± 0%                          18.8kB ± 0%   -40.81%   (p=0.029 n=4+4)
DataExampleUrlhierarchyTestUserPublic
22.0kB ± 0%                          15.1kB ± 0%   -31.53%   (p=0.008 n=5+5)
DataExampleUrlhierarchyTestUseroperUserlistReadAllowed
46.0kB ± 0%                          30.2kB ± 0%   -34.41%   (p=0.000 n=5+4)
DataExampleUrlhierarchyTestUseroperUserReadAllowed
51.1kB ± 0%                          30.3kB ± 0%   -40.78%   (p=0.008 n=5+5)
DataExampleUrlhierarchyTestUseroperUserUpdateNotAllowed
63.4kB ± 0%                          42.5kB ± 0%   -33.00%   (p=0.000 n=5+4)
DataExampleUrlhierarchyTestOper1UserReadNotAllowed
49.7kB ± 0%                          28.8kB ± 0%   -42.00%   (p=0.029 n=4+4)
DataExampleUrlhierarchyTestGoodsNotAllowed
31.6kB ± 0%                          17.8kB ± 0%   -43.71%   (p=0.008 n=5+5)

name                                                 old allocs/op
new allocs/op                        delta
DataExampleUrlhierarchyTestAdminAllowed
647 ± 0%                             342 ± 0%   -47.14%   (p=0.008 n=5+5)
```

```
DataExampleUrlhierarchyTestOper1ProfileReadAllowed
1.23k ± 0%                          0.56k ± 0%   -54.49%  (p=0.008 n=5+5)
DataExampleUrlhierarchyTestOper1ProfileUpdateAllowed
1.31k ± 0%                          0.64k ± 0%   -51.30%  (p=0.008 n=5+5)
DataExampleUrlhierarchyTestOper2ProfileReadAllowed
1.19k ± 0%                          0.52k ± 0%   -56.23%  (p=0.008 n=5+5)
DataExampleUrlhierarchyTestOper2ProfileUpdateNotAllowed
1.29k ± 0%                          0.62k ± 0%   -52.05%  (p=0.008 n=5+5)
DataExampleUrlhierarchyTestOper3ProfileReadNotAllowed
1.24k ± 0%                          0.57k ± 0%   -53.74%  (p=0.008 n=5+5)
DataExampleUrlhierarchyTestOper3ProfileUpdateNotAllowed
1.29k ± 0%                          0.62k ± 0%   -52.05%  (p=0.008 n=5+5)
DataExampleUrlhierarchyTestUserAllowed
669 ± 0%                            360 ± 0%   -46.19%  (p=0.029 n=4+4)
DataExampleUrlhierarchyTestUserNotAllowed
692 ± 0%                            383 ± 0%   -44.65%  (p=0.029 n=4+4)
DataExampleUrlhierarchyTestUserPublic
471 ± 1%                            327 ± 1%   -30.43%  (p=0.008 n=5+5)
DataExampleUrlhierarchyTestUseroperUserlistReadAllowed
965 ± 0%                            604 ± 0%   -37.41%  (p=0.008 n=5+5)
DataExampleUrlhierarchyTestUseroperUserReadAllowed
1.11k ± 0%                          0.61k ± 0%   -45.08%  (p=0.008 n=5+5)
DataExampleUrlhierarchyTestUseroperUserUpdateNotAllowed
1.28k ± 0%                          0.78k ± 0%   -39.02%  (p=0.008 n=5+5)
DataExampleUrlhierarchyTestOper1UserReadNotAllowed
1.08k ± 0%                          0.58k ± 0%   -46.29%  (p=0.008 n=5+5)
DataExampleUrlhierarchyTestGoodsNotAllowed
681 ± 0%                            348 ± 0%   -48.90%  (p=0.008 n=5+5)
```

두 배의 성능 향상은 인상적인 수치다. 그러나 내장 함수 구현은 별도의 바이너리를 빌드하거나 Go 클라이언트 라이브러리 사용 시 포함하는 방법을 통해서만 사용할 수 있다. 따라서 데이터가 크거나 로직이 복잡해서 성능 차이가 심한 경우가 아니라면 REGO로 작성된 규칙으로 구현하는 것이 훨씬 관리 및 유지보수가 용이하므로 특별히 높은 성능이 중요한 경우가 아니라면 규칙으로 구현하는 것을 추천한다.

OPA 플러그인

이번에는 OPA 플러그인을 통한 기능 확장을 살펴보자. OPA 내장 함수는 규칙들에서 호출할 수 있는 기능들을 함수로 제공하는 반면 플러그인은 opa run 명령을 통해 실행되는 REST 서버나 REPL 등을 위한 확장 기능들을 구현한다.

OPA 플러그인 구조

OPA에서 플러그인을 구현할 때 필수적으로 요구하는 것은 플러그인 인터페이스와 플러그인 팩토리 인터페이스의 구현이다. 두 가지 인터페이스를 구현해야만 OPA 플러그인으로 등록할 수 있다. 더불어 플러그인의 생명주기와 상태를 관리하고 status API로 조회할 수 있도록 플러그인 매니저를 제공한다.

OPA 플러그인이 구현해야 할 인터페이스는 다음과 같다. Start, Stop, Reconfigure는 각각 플러그인이 시작될 때, 중단될 때, 재설정될 때 호출된다. 이 함수들을 살펴보면 전부 플러그인의 생명주기에 관한 것임을 확인할 수 있다.

```
type Plugin interface {
    Start(ctx context.Context) error
    Stop(ctx context.Context)
    Reconfigure(ctx context.Context, config interface{})
}
```

플러그인 팩토리가 구현해야 할 인터페이스는 다음과 같다. Validate는 해당 플러그인의 설정 내용에 문제가 없는지 검증하고 설정되지 않았다면 기본값을 적용하는 등의 작업을 수행한다. New는 넘겨받은 설정으로 플러그인 인스턴스를 새로 생성해서 리턴한다.

```
type Factory interface {
    Validate(manager *Manager, config []byte) (interface{}, error)
    New(manager *Manager, config  Plugin
}
```

앞서 설명한 플러그인 팩토리와 플러그인을 각각 구현하면 cmd.RootCommand.Execute() 가 호출되기 이전에 runtime.RegisterPlugin()을 호출해서 플러그인을 등록할 수 있다. RegisterPlugin의 첫 번째 인자는 플러그인의 이름이고, 두 번째 인자는 플러그인을 생성하는 팩토리다.

플러그인을 사용하려면 OPA 설정 파일의 plugins 섹션을 설정해야 한다. plugins 섹션의 구조를 살펴보면 다음과 같다.

```
plugins:
  <플러그인1 이름>:
    <플러그인1 속성1 이름>: <플러그인1 속성1 값>
    <플러그인1 속성2 이름>: <플러그인1 속성2 값>
    ...
  <플러그인2 이름>:
    <플러그인2 속성1 이름>: <플러그인2 속성1 값>
    <플러그인2 속성2 이름>: <플러그인2 속성2 값>
    ...
```

OPA 설정 파일이 로딩될 때 plugins 섹션의 설정 정보들은 해당 이름을 가진 플러그인에 JSON으로 <속성 이름>:<속성값>들이 전달된다.

플러그인 예제

예제를 통해 실제 플러그인이 어떻게 동작하는지 확인해 보자. 만들어 볼 플러그인은 다양한 네트워크 프로그램 예제에 자주 사용되는 핑 요청을 보내면 단순한 메시지로 응답하는 핑 서버 플러그인이다.

가장 먼저 수행할 일은 프로젝트 생성이다. 다음과 같이 pingplugin이라는 디렉터리를 생성한 후 go 모듈을 초기화하자.

```
$ mkidr pingplugin
$ cd pingplugin
```

```
$ go mod init
```

코드 작성에 앞서 플러그인의 설정부터 정의해 보자. 핑 플러그인에서 설정으로 사용할 값
은 서버를 동작시킬 포트와 응답 메시지로 하고 다음과 같이 정의하고 opa_plugin.conf라
는 이름으로 저장했다. 이 파일은 플러그인 설정만 담은 OPA 설정 파일이며 YAML 형식
이다. port:, msg: 다음에 공백이 한 칸 필요함을 주의하자.

〈chap10/pingplugin/opa_plugin.conf〉

```
plugins:
  pingpong_plugin:
    port: 9992
    msg: Pong!!!
```

플러그인 예제는 코드 가독성을 위해서 파일을 main.go, factory.go, plugin.go 3개로 분
할했다. 동일한 main 패키지에 속하므로 파일이 분할된 것은 서로 참조에 영향은 없다.

우선 main.go의 내용을 살펴보면 다음과 같다.

〈chap10/pingplugin/main.go〉

```
package main

import (
    "fmt"
    "os"

    "github.com/open-policy-agent/opa/cmd"
    "github.com/open-policy-agent/opa/runtime"
)

func main() {
    runtime.RegisterPlugin(PluginName, Factory{})

    if err := cmd.RootCommand.Execute(); err != nil {
```

```
        fmt.Println(err)
        os.Exit(1)
    }
}
```

앞서 설명한 것처럼 cmd.RootCommand.Execute()를 실행하기 전에 runtime.RegisterPlugin
으로 플러그인을 등록한다. PluginName과 Factory는 main 패키지의 다른 파일에 선언된 것
을 참조했다.

플러그인 구현을 담고 있는 plugin.go의 내용을 살펴보면 다음과 같다.

〈chap10/pingplugin/plugin.go〉

```go
package main

import (
    "context"
    "fmt"
    "log"
    "net/http"
    "sync"

    "github.com/open-policy-agent/opa/plugins"
)

const PluginName = "pingpong_plugin"

const DefaultPort = 9999
const DefaultMessage = "Pong!"

type Config struct {
    Port int32  `json:"port"`
    Msg  string `json:"msg"`
}

type PingPongServer struct {
    manager *plugins.Manager
```

```go
    mtx     sync.Mutex
    config  Config
}

func (p *PingPongServer) Start(ctx context.Context) error {
    log.Printf("Start PingPong Server, config=%+v\n", p.config)

    start(&p.config)

    p.manager.UpdatePluginStatus(PluginName, &plugins.Status{State: plugins.StateOK})

    return nil
}

func (p *PingPongServer) Stop(ctx context.Context) {
    log.Println("Stop PingPong Server")

    p.manager.UpdatePluginStatus(PluginName, &plugins.Status{State: plugins.
StateNotReady})
}

func (p *PingPongServer) Reconfigure(ctx context.Context, config interface{}) {
    p.mtx.Lock()
    defer p.mtx.Unlock()

    p.config = config.(Config)
}

func start(config *Config) {
    listen := fmt.Sprintf(":%d", config.Port)

    log.Printf("listen addr=%s", listen)

    http.HandleFunc("/ping", func(res http.ResponseWriter, req *http.Request) {
      fmt.Fprintf(res, "%s\n", config.Msg)
    })
    log.Fatal(http.ListenAndServe(listen, nil))
}
```

main.go에서 참조한 PluginName 상수가 이 파일에 정의됐다. 플러그인 이름은 pingpong_plugin이며 플러그인 설정은 서비스를 동작시킬 포트를 담은 port 필드와 응답 메시지를 담은 msg 필드를 가진다. 플러그인의 Start() 함수는 HTTP 서버를 시작하고 플러그인 매니저를 통해 플러그인 상태를 OK로 변경한다. 플러그인의 Stop() 함수는 플러그인의 상태를 NotReady로 변경한다. Reconfigure() 함수는 설정 변경 시 호출되는 함수인데 동시에 호출되는 경우를 대비해서 락을 걸고 설정값을 단순히 업데이트했다.

〈chap10/pingplugin/factory.go〉

```go
package main

import (
    "log"

    "github.com/open-policy-agent/opa/plugins"
    "github.com/open-policy-agent/opa/util"
)

type Factory struct{}

func (Factory) New(m *plugins.Manager, config interface{}) plugins.Plugin {

    log.Printf("Config=%+v\n", config)

    m.UpdatePluginStatus(PluginName, &plugins.Status{State: plugins.StateNotReady})

    return &PingPongServer{
      manager: m,
      config:  config.(Config),
    }
}

func (Factory) Validate(_ *plugins.Manager, config []byte) (interface{}, error) {
    parsedConfig := Config{}
    err := util.Unmarshal(config, &parsedConfig)
```

```
    if err != nil {
        log.Println("Error occured while validate config:%v\n", err)
    } else {
        if parsedConfig.Msg == "" {
            parsedConfig.Msg = DefaultMessage
        }

        if parsedConfig.Port == 0 {
            parsedConfig.Port = DefaultPort
        }
    }

    return parsedConfig, err
}
```

main.go에서 참조하는 Factory 구조체와 플러그인 팩토리가 구현해야 할 New, Validate 함수가 구현됐다. New 함수는 StateNotReady 상태로 플러그인 상태를 초기화한 후 플러그인을 구현한 PingPongServer 구조체를 플러그인 매니저의 포인트와 넘어온 설정의 포인터로 초기화해 리턴한다. Validate 함수는 설정을 파싱해 plugin.go에 선언된 Config 구조체에 담는다. 이 과정에서 Msg나 Port 필드가 설정되지 않았다면 plugin.go에 선언된 기본값 상수들로 설정한다.

코드를 빌드하려면 다음과 같은 명령을 실행하면 되는데 생성되는 바이너리의 이름은 opapp로 했다.

```
$ go build -o opapp
```

빌드가 완료됐으면 OPA 서버를 동작시킬 때 실징 파일을 지징했던 깃치럼 opa_plugin.conf를 설정 파일로 서버를 동작시키자.

```
$ ./opapp run -s -c opa_plugin.conf
2021/02/24 15:09:32 Config={Port:9992 Msg:Ping!!!}
```

340

{"addrs":[":8181"],"diagnostic-addrs":[],"level":"info","msg":"Initializing server.",
"time":"2021-02-24T15:09:32+09:00"}
```
2021/02/24 15:09:32 Start PingPong Server, config={Port:9992 Msg:Pong!!!}
2021/02/24 15:09:32 listen addr=:9992
```

서버가 동작하면 설정된 포트에 대해 /ping URL에 다음과 같이 http 요청을 보내면 설정한 메시지가 응답된다.

```
$ curl localhost:9992/ping
Pong!!!
```

플러그인 버전 설정

핑 플러그인이 추가된 opapp 바이너리의 버전을 다음 명령으로 확인해 보자. 내용을 확인해 보면 OPA 버전, Go 버전, 웹어셈블리 지원 여부는 표시되지만 빌드와 관련된 정보는 표시되지 않았다.

```
$ ./opapp version
Version: 0.26.0
Build Commit:
Build Timestamp:
Build Hostname:
Go Version: go1.15.2
WebAssembly: unavailable
```

버전 정보에 핑 플러그인을 포함한 공식 버전과는 다른 OPA 바이너리임을 표현할 방법이 있다면 버전 정보를 수정하는 것이 혼동을 방지할 수 있을 것이다.

다음은 OPA 소스 코드 중 출력되는 버전 정보를 담고 있는 version/version.go 파일의 내용이다. 모듈로 OPA 라이브러리를 가져올 때는 안정 버전인 0.26이 설치되는데 소스 코드의 마스터 브랜치이므로 현재 개발 버전인 0.27.0-dev로 version 변수가 설정됐다.

```
package version

import (
    "runtime"
)

var Version = "0.27.0-dev"

var GoVersion = runtime.Version()

var (
    Vcs       = ""
    Timestamp = ""
    Hostname  = ""
)
```

위의 값들을 변경해 임의의 버전이 바이너리에 기록되고 출력되게 하려면 빌드 시 컴파일러 옵션을 설정해서 특정 변수 값을 오버라이드할 수 있다. 자바 실행 시 -D 옵션으로 프로퍼티를 설정해 주는 것과 비슷하지만 컴파일 시 적용돼 바이너리에 포함되는 점은 다르다.

다음 명령을 이용해 다시 빌드해 보자. opa의 version.Version 변수를 0.26+pingplugin으로 설정해서 OPA 0.26 버전에 핑 플러그인을 포함한 바이너리임을 알 수 있게 했고 소스 코드가 빌드된 호스트 이름은 devpc라고 설정했다.

```
$ go build -o opapp -ldflags "-X github.com/open-policy-agent/opa/version.Version
=0.26+pingplugin -X  github.com/open-policy-agent/opa/version.Hostname=devpc"
```

수정한 바이너리에 대해 다시 버전 명령을 확인하면 다음과 같이 변경된다.

```
$ ./opapp version
Version: 0.26+pingplugin
Build Commit:
Build Timestamp:
Build Hostname: devpc
```

342

```
Go Version: go1.15.2
WebAssembly: unavailable
```

빌드와 관련된 커밋 정보와 타임스탬프도 필드 이름만 다를 뿐 동일한 방법으로 변경할 수 있다. 빌드 관련 정보들은 CI/CD와 연동해서 변경하면 관리에 큰 도움이 될 것이다.

특별한 OPA 플러그인들

OPA 플러그인은 플러그인 팩토리 인터페이스와 플러그인 인터페이스를 구현하는 것 이외에 특별한 것을 요구하지는 않지만 OPA의 기능 중 일부는 OPA의 특정 기능을 다른 구현으로 쉽게 교체할 수 있도록 구체적인 인터페이스를 정의한다.

현재 OPA 버전(책을 쓰는 시점의 버전은 0.26)에서는 외부 HTTP 서비스와 연동될 때 토큰 등 인증 수단을 설정할 수 있도록 해 주는 HTTP 인증 플러그인과 정책 로그를 남기는 정책 로거 플러그인 두 가지의 보다 구체적인 플러그인 인터페이스를 정의한다.

HTTP 인증 플러그인은 Plugin 인터페이스 이외에 다음과 같은 HTTPAuthPlugin 인터페이스를 구현해야 한다. NewClient 함수는 설정으로부터 HTTP 클라이언트를 생성하고 포인터와 에러를 리턴하며, Prepare 함수는 http.Request 구조체의 포인터를 넘겨받아서 HTTP 요청 전 HTTP 헤더에 토큰을 설정하는 작업을 구현한다.

```
type HTTPAuthPlugin interface {
    NewClient(c Config) (*http.Client, error)
    Prepare(req *http.Request) error
}
```

HTTP 인증 플러그인을 사용할 때에는 plugins 섹션에 플러그인과 플러그인 속성을 선언한 후 services 섹션의 해당 서비스 부분에서 credentials.plugin 속성에 플러그인 이름을 지정하면 된다. 예를 들어 my_auth라는 HTTPAuthPlugin 이름을 갖고 token을 설정값으로 설정하는 플러그인을 개발했다면 다음과 같이 설정할 수 있다.

```
services:
  my_service:
    url: https://localhost/sevice/v1/
    credentials:
      plugin: my_auth
plugins:
  my_auth:
    token: abc1234
```

HTTP 인증 플러그인의 구현 예제는 공식 홈페이지에서 잘 설명하고 있으므로 이 책에서 다시 설명하지 않는다. 관련 내용은 https://www.openpolicyagent.org/docs/latest/configuration/#example-4에서 확인할 수 있다.

정책 로거 플러그인은 다음과 같이 기존의 플러그인 인터페이스에 Log 함수를 추가적으로 구현하도록 요구한다. plugins.Plugin과 같이 인터페이스 내부에 다른 인터페이스를 기술하면 Go 언어에서는 해당 인터페이스를 함께 구현해야 한다는 의미다. 위의 HTTP 인증 플러그인을 구현할 때에도 plugins.Plugin을 구현해야 하므로 HTTPAuthPlugin에도 plugins.Plugin을 구현하도록 강제해도 차이는 없다.

```
type Logger interface {
    plugins.Plugin

    Log(context.Context, EventV1) error
}
```

결정 로거 플러그인도 비슷한 방법으로 설정이 가능하다. new_decision_logger라는 플러그인을 개발하고 설정으로 에러가 발생한 경우만 로그를 남기도록 설정을 받도록 했다면 설정은 다음과 같을 것이다.

```
decision_logs:
  plugin: new_decision_logger
plugins:
```

```
new_decision_logger:
  onlyerror: false
```

정책 로기 플리그인에 에게는 공식 홈페이지에서 잘 설명하고 있으므로 이 책에서 다시
설명하지 않는다. 관련 내용은 https://www.openpolicyagent.org/docs/latest/exten
sions/#putting-it-together에서 확인할 수 있다.

OPA 개발이 더 진행됨에 따라 OPA의 기본 기능을 플러그인으로 교체할 수 있는 부분이
점차 많아질 것으로 예상된다. 또 플러그인과 OPA가 정보를 교환하고 플러그인을 제어
하는 기능들도 점차 확장될 것이다. 독자들이 책을 읽는 시점에는 더 많은 것들을 플러그
인으로 구현할 수도 있으므로 OPA 공식 문서를 한 번 확인하기를 권한다.

▌ 정리

10장에서는 내장 함수와 플러그인을 통해 OPA를 확장하는 방법을 설명했다. 5장에서 규
칙으로 구현할 때 효율적으로 구현할 수 없었던 부분도 내장 함수로 다시 구현해서 동작시
켜 봤다. 또 확장 기능들을 포함한 OPA 바이너리를 빌드하는 방법과 새로 생성된 바이너
리의 버전 정보를 수정하는 방법에 대해서도 살펴봤다. 마지막으로 OPA의 기본 동작 중
보다 구체적인 플러그인 인터페이스를 통해 교체가 가능한 HTTP 인증과 결정 로거 플러
그인에 관해서도 간략히 설명했다.

10장에서 설명한 내용들은 Go 언어로 개발해야 하는 내용들이다. 11장에서는 Go 언어로
개발하거나 OPA를 별도 REST 서버로 동작시키지 않더라도 활용할 수 있는 방향성을 보
어주는 웹어셈블리에 관해 설명한다.

11장

OPA와 웹어셈블리

11장에서 다루는 내용

- 웹어셈블리 언어 개요
- OPA의 웹어셈블리 활용 및 장점
- node.js 환경에서 OPA 웹어셈블리 SDK 활용
- 자바 등 기타 환경에서 OPA 웹어셈블리 활용

11장에서는 웹어셈블리로 OPA 정책을 컴파일하고 실행하는 방법을 설명한다. 특히 node. js와 자바 프로그램에서 별도의 OPA 웹 서버 없이 웹어셈블리 런타임을 라이브러리로 연동해 OPA 정책들을 로컬로 실행하는 부분은 굉장히 흥미로울 것이다.

최근 OPA 개발은 웹어셈블리에 관련된 부분들을 중심으로 진행되고 있는데 그 이유와 현재 제약사항 및 향후 전망에 대해서도 설명한다.

OPA의 웹어셈블리 활용

웹어셈블리 개요

웹어셈블리^{WASM, Web Assembly}는 다양한 언어로 작성한 프로그램을 컴파일해 웹상에서 네이티브에 가까운 속도로 실행할 수 있는 바이너리를 생성하기 위한 표준이다. 현재 웹 브라우저에서 실행되는 HTML과 자바 스크립트를 중심으로 작성되는데 웹어셈블리를 적용하면 C++, 자바, 러스트 등으로 작성된 코드가 공통된 바이너리 포맷으로 컴파일된 후 브라우저에 내장된 웹어셈블리 런타임을 통해서 실행될 수 있다. 뿐만 아니라 웹어셈블리 런타임은 자바 스크립트 엔진과 연동해 동작할 수 있다.

각 언어로 작성된 코드를 웹어셈블리 바이너리로 컴파일하기 위해서는 웹어셈블리 컴파일러를 사용한다. OPA에서 사용하는 Rego도 일종의 프로그래밍 언어이며 OPA도 Rego 언어를 웹어셈블리 바이너리로 컴파일해 주는 컴파일러를 제공한다.

웹어셈블리 바이너리를 실행하는 웹어셈블리 런타임은 일반적으로 웹 브라우저에 내장되지만 최근에는 자바 스크립트가 아닌 다양한 언어와 웹어셈블리 런타임을 연결할 수 있는 WASI^{Web Assembly System Interface}가 주목받고 있다. WASI를 지원 런타임으로 사용하면 웹 브라우저 이외의 환경에서 컴파일된 웹어셈블리 바이너리를 다른 개발 언어로 작성한 코드와 연동해 사용할 수 있다. 널리 사용되는 웹어셈블리 런타임은 wasmer와 wasmtime 등이 있고 이 런타임들은 다양한 언어에서 사용할 수 있는 바인딩을 제공한다. OPA는 웹어셈블리 런타임과 함께 이런 바인딩을 활용해 OPA 정책 실행에 필요한 기능들을 추가로 구현한다.

웹어셈블리 지원을 통해 기대할 수 있는 장점

OPA 프로젝트에서 웹어셈블리 지원을 강화하고 있는 이유는 다음 두 가지로 생각된다.

1) 다양한 개발 언어 지원

다른 정책 전용 언어와 달리 OPA는 다양한 내장 함수들을 제공한다. 다양한 내장 함수 제공은 장점이지만 OPA를 Go 언어 이외의 다양한 개발 언어로 포팅한다면 지원하는 개발 언어가 추가될 때마다 Rego 언어 실행 엔진뿐만 아니라 많은 수의 내장 함수를 새로 개발해야 하고 기존의 내장 함수와 호환되게 해야 하는 어려움이 발생한다.

내장 함수를 웹어셈블리로 작성하고 웹어셈블리 런타임을 라이브러리 형태로 프로그램에 통합한다면 내장 함수를 한 번만 개발해도 웹어셈블리 통합을 지원하는 언어에서 사용할 수 있다. 이는 중복 개발뿐 아니라 다양한 언어에서 실행될 내장 함수들이 동일한 웹어셈블리 코드를 통해 동작하기 때문에 호환성에서도 훨씬 유리하다.

2) 성능 향상에 유리

웹어셈블리는 범용적인 사용을 전제로 개발되기 때문에 많은 프로젝트에서 사용되고 많은 개발자의 도움으로 성능 향상이 이루어질 확률이 높다. OPA에서 자체적으로 Rego 런타임을 개선하는 속도보다는 웹어셈블리의 성능 개선 속도가 훨씬 빠를 가능성이 높다.

웹어셈블리 성능이 더 개선된다면 OPA에서 정책 개발 및 테스트에는 Rego를 사용하고 정책 실행은 웹어셈블리로 컴파일된 웹어셈블리 바이너리를 사용하는 패턴이 일반화될 수 있을 것이다.

OPA 웹어셈블리를 사용하기 위한 요구사항

OPA는 번들 생성 도구에서 Rego 언어를 웹어셈블리로 컴파일해서 웹어셈블리 번들을 생성하는 기능을 제공한다. 이렇게 생성된 번들은 bundle.tar.gz 내부에 policy.rego 대신 policy.wasm 파일을 포함한다. bundle.tar.gz 압축을 풀면 wasm 파일을 추출할 수 있다. 그러나 이 policy.wasm을 실행하기 위해서는 추가 기능을 구현해서 OPA 런타임을 통해서 연동해야 한다. OPA 공식 문서에서는 이를 위한 SDK가 필요하다고 안내하고 있고 현재 OPA를 위해 사용할 수 있는 웹어셈블리 SDK 목록은 표 11-1과 같다.

SDK	지원 언어	프로젝트 홈페이지
golang-opa-wasm	Go	https://github.com/open-policy-agent/golang-opa-wasm
npm-opa-wasm	node.js	https://github.com/open-policy-agent/npm-opa-wasm
dotnet-opa-wasm	.Net	https://github.com/christophwille/dotnet-opa-wasm

표 11-1 OPA 웹어셈블리 실행을 위한 SDK

위의 SDK들을 사용하면 각 지원 언어에서 웹어셈블리로 컴파일된 OPA 정책을 로딩하고 실행할 수 있다. 기존에 SDK가 존재하지 않는 언어에 대해서는 홈페이지에 안내된 방법에 따라 SDK를 작성해야 웹어셈블리 정책을 사용할 수 있다. 국내에서 많이 사용되는 자바나 파이썬에 대한 SDK가 없는 점이 아쉬운데 11장의 후반부에 간단한 자바 SDK를 제작해 보고 정책을 실행해 본다.

npm-opa-wasm을 통한 OPA 웹어셈블리 모듈 적용

npm-opa-wasm을 사용해서 웹어셈블리로 컴파일된 OPA 정책을 로딩하고 평가하는 node.js 애플리케이션을 작성해 보자.

먼저 프로젝트로 사용할 디렉터리를 생성하고 npm-opa-wasm 모듈을 npm으로 설치한다. node.js가 설치되지 않은 독자들은 명령 실행에 앞서 https://nodejs.org/ko/download/에서 사용하는 플랫폼에 적합한 node.js를 다운받아 설치해야 한다.

```
$ mkdir node-opa-wasm-example
$ cd node-opa-wasm-example
$ npm install @open-policy-agent/opa-wasm
```

테스트에 사용할 정책은 다음과 같다. 코드의 내용은 user값을 키로 role 객체에서 해당 사용자의 역할을 조회하고 "admin"인지 비교한다. admin인 경우 allowed가 true가 되는 규칙이다.

```
package opa.wasm.test

default allowed = false

allowed {
    user := input.user
    data.role[user] == "admin"
}
```

테스트에 사용할 데이터를 정의하면 다음과 같다. "alice"가 "admin"이므로 위의 규칙과 함께 동작한다면 input.user가 "alice"인 경우 opa.wasm.test.allowed가 true가 될 것이다.

〈chap11/node-opa-wasm-example/data.json〉

```
{
    "role" : {
        "alice" : "admin",
        "bob" : "user"
    }
}
```

정책 및 데이터 파일 작성이 완료됐으면 웹어셈블리 번들을 생성해 보자. 웹어셈블리 번들 생성도 opa build 명령을 사용하며 -t wasm 옵션으로 타깃을 웹어셈블리로 지정하고 실행할 쿼리를 -e 옵션으로 지정해야 한다. 쿼리를 지정할 때에는 .이 아니라 /를 구분자로 사용한다는 점에 주의하자.

다음과 같이 명령을 실행해서 번들을 생성한 다음 tar x 명령으로 번들에 policy.wasm이 포함됐는지 확인해 보자.

```
$ opa build -t wasm -e 'opa/wasm/test/allowed' policy.rego data.json
$ tar tvzf bundle.tar.gz
tar: Removing leading `/' from member names
```

```
-rw------- 0/0                40 1970-01-01 09:00 /data.json
-rw------- 0/0               108 1970-01-01 09:00 /policy.rego
-rw------- 0/0            404411 1970-01-01 09:00 /policy.wasm
-rw------- 0/0               101 1970-01-01 09:00 /.manifest
```

다음 명령을 실행해서 bundle.tar.gz에서 policy.wasm 파일을 추출해 보자.

```
$ tar xvf bundle.tar.gz /policy.wasm
tar: Removing leading '/' from member names
/policy.wasm
```

웹어셈블리 파일도 준비됐으므로 이를 사용하는 node.js 코드를 작성해 보자. 다음과 같은 코드를 작성하고 app.js로 저장하자.

⟨chap11/node-opa-wasm-example/app.js⟩

```
const { loadPolicy } = require("@open-policy-agent/opa-wasm");
const fs = require('fs');

const policyWasm = fs.readFileSync('policy.wasm');
const dataJson = fs.readFileSync('data.json','utf-8');

input = JSON.parse('{"user": "alice"}');
data = JSON.parse(dataJson);

loadPolicy(policyWasm).then(policy => {
    policy.setData(data);
    resultSet = policy.evaluate(input);
    if (resultSet == null) {
        console.error("evaluation error")
    }
    if (resultSet.length == 0) {
        console.log("undefined")
    }
    console.log("resultSet=" + JSON.stringify(resultSet))
    console.log("result=" + resultSet[0].result)
```

```
}).catch( error => {
    console.error("Failed to load policy: ", error);
})
```

코드 내용을 설명하면 policy.wasm 파일을 읽어서 @open-policy-agent/opa-wasm 모듈에서 가져온 loadPolicy 함수를 호출해 정책을 로딩한다. 정책이 성공적으로 로딩되면 setData로 데이터를 설정하고 evaluate에 JSON 포맷의 입력을 넘겨서 정책을 평가한 후 정책 평가 결과를 콘솔에 출력한다. 입력과 데이터는 문자열이 아닌 파싱한 JSON 객체를 넘겨야 하는 점에 주의하자. 문자열을 인자로 넘기면 생각한 대로 동작하지 않는다. 다음 명령으로 작성한 코드를 실행해 보면 예상한 결과가 출력된 것을 확인할 수 있다.

```
$ node app.js
resultSet=[{"result":true}]
result=true
```

▌ 자바를 위한 OPA 웹어셈블리 SDK 작성

이 절에서는 국내에서 많이 사용되는 자바에서 OPA 정책을 사용할 수 있도록 OPA 자바 웹어셈블리 SDK를 간단히 작성하는 방법을 설명한다. 이 절에서 설명한 내용과 책의 소스 코드를 참조하면 간단한 OPA 정책을 자바 프로그램에서 사용할 수 있다. 자바에서 웹어셈블리를 통해 OPA를 활용할 수 있음을 보여주는 것이 목적인 단순한 코드이므로 실서비스 적용에는 Go 클라이언트 라이브러리, npm-opa-wasm SDK 혹은 별도의 OPA 서버를 사용하기를 추천한다. 이 절에서 설명하는 SDK의 GitHub 저장소는 https://github.com/sangkeon/java-opa-wasm이다.

웹어셈블리 SDK 요구사항

웹어셈블리 SDK를 사용하면 SDK에서 웹어셈블리로 컴파일된 OPA 정책을 사용하기 위한 다양한 작업을 대신 수행해 주기 때문에 생각했던 것보다 쉽게 코드를 작성할 수 있다.

SDK의 요구사항을 설명하기 전에 OPA가 생성한 wasm 바이너리를 한 번 살펴보자. wasm 확장자의 파일은 바이너리이므로 wat 포맷으로 변환해 보자. wat 포맷으로의 변환은 WABT Web Assembly Binary Toolkit에 포함된 wasm2wat 유틸리티를 사용하면 된다. https://github.com/WebAssembly/wabt/releases에 접속해 사용하는 플랫폼에 적합한 바이너리를 다운받아 설치하자. 설치가 완료됐으면 다음 명령으로 wasm 파일을 wat 포맷으로 변환해 보자.

```
$ wasm2wat policy.wasm -o policy.wat
```

변환된 policy.wat 파일의 내용을 살펴보면 다음과 같다.

〈policy.wat〉

```
(module
  (type (;0;) (func (param i32 i32 i32) (result i32)))
  (type (;1;) (func (param i32 i32) (result i32)))
  (type (;2;) (func (param i32 i32)))
  (type (;3;) (func (param i32 i32 i32 i32)))
  (type (;4;) (func (param i32)))
  (type (;5;) (func (param i32) (result i32)))
  (type (;6;) (func (param i32 i32 i32 i32 i32)))
  (type (;7;) (func (param i32 i32 i32)))
  (type (;8;) (func (param i32 i32 i32 i32 i32 i32 i32)))
  (type (;9;) (func (param i32 i32 i32 i32) (result i32)))
  (type (;10;) (func (param i32 i32 i32 i32 i32 i32) (result i32)))
  (type (;11;) (func (param i32 i32 i32 i32 i32) (result i32)))
     ... 〈중략〉 ...
  (type (;28;) (func (param i32 i32 i32 i32 i32 i32 i32 i32) (result i32)))
  (import "env" "memory" (memory (;0;) 2))
  (import "env" "opa_abort" (func $opa_abort (type 4)))
  (import "env" "opa_builtin0" (func $opa_builtin0 (type 1)))
  (import "env" "opa_builtin1" (func $opa_builtin1 (type 0)))
  (import "env" "opa_builtin2" (func $opa_builtin2 (type 9)))
```

```
(import "env" "opa_builtin3" (func $opa_builtin3 (type 11)))
(import "env" "opa_builtin4" (func $opa_builtin4 (type 10)))
(func $opa_agg_count (type 5) (param i32) (result i32)
  (local i32 i32 i32 i64)
  global.get 0
  i32.const 16
  i32.sub
... <후략> ...
```

내용을 살펴보면 어셈블리 언어와 유사한 느낌을 받을 수 있어 웹어셈블리 모듈이라는 것을 체감할 수 있을 것이다. 모듈의 가장 처음 부분은 모듈에서 사용되는 함수의 타입들을 나열하고 있다. 인자와 리턴 타입이 거의 대부분 i32인데 이는 32bit 정수형 타입을 의미한다. OPA는 웹어셈블리 모듈과 통신할 때 32bit 메모리 위치 오프셋을 사용하기 때문에 거의 모든 타입이 i32다.

타입 선언부 다음에는 외부 모듈에 대한 import문이 존재한다. "env"라는 모듈에서 메모리와 함수들을 임포트하고 있는데 env 모듈은 웹어셈블리에 기본으로 정의된 라이브러리가 아니라 OPA 웹어셈블리 SDK에서 제공해야 하는 모듈이다. 웹어셈블리 런타임을 통해 자바 프로그램과 연동하고 싶다면 자바로 env 모듈을 작성해서 연결해 줘야 하고, 파이썬 프로그램과 연동하고 싶다면 파이썬으로 env 모듈을 작성해야 한다. env 모듈은 웹어셈블리 코드와 데이터를 교환하는 데 사용할 공유 메모리와 내장 함수 중 웹어셈블리로 구현돼 있지 않은 함수가 존재할 때 호출되는 핸들러 등을 담고 있다.

그 다음 부분은 OPA가 생성해 준 함수들인데 내장 함수들과 OPA 정책들을 로딩하고 평가하고 쿼리하기 위한 함수들이다. 앞의 예제에서 살펴본 예제에서 사용한 setData, evaluate 등의 함수는 내부에서 OPA 모듈 함수들을 여러 번 호출한다. npm opa-wasm의 app.js 파일에서 evaluate 함수의 구현을 찾아보면 다음과 같다. this.wasmInstance. exports에 존재하는 함수들이 OPA가 웹어셈블리 모듈을 생성할 때 모듈에 포함된 함수들이다. SDK는 이런 메모리 위치를 직접 다루는 저수준의 함수 호출들을 감싸서 사용자가 쉽게 사용할 수 있는 API를 제공하는 역할을 한다.

```
evaluate(input) {
  // 평가 전 데이터 힙 포인터 초기화
  this.wasmInstance.exports.opa_heap_ptr_set(this.dataHeapPtr);

  // 입력 데이터 로딩, _loadJSON도 SDK에서 구현한 함수
  const inputAddr = _loadJSON(this.wasmInstance, this.mem, input);

  // 평가를 위한 콘텍스트 셋업
  const ctxAddr = this.wasmInstance.exports.opa_eval_ctx_new();
  this.wasmInstance.exports.opa_eval_ctx_set_input(ctxAddr, inputAddr);
  this.wasmInstance.exports.opa_eval_ctx_set_data(ctxAddr, this.dataAddr);

  // 실제 평가 수행
  this.wasmInstance.exports.eval(ctxAddr);

  // 결과 조회
  const resultAddr = this.wasmInstance.exports.opa_eval_ctx_get_result(
    ctxAddr,
  );

  // 메모리의 JSON을 읽어서 반환
  return _dumpJSON(this.wasmInstance, this.mem, resultAddr);
}
```

자바 SDK 인터페이스 정의

OPA 웹어셈블리 SDK를 위한 자바 인터페이스를 정의해 보자. 여기서 정의할 인터페이스는 웹어셈블리 런타임의 종류에 상관 없이 자바 인터페이스의 관점에서만 정의한다.

앞서 설명했듯이 OPA가 요구하는 env 모듈을 구현하기 위해 필요한 모듈, 메모리, 함수들의 이름을 다음과 같이 정의했다. 이런 이름들은 OPA 웹어셈블리 모듈의 입장에서는 임포트할 대상이 된다.

```
// OPA WASM 임포트를 위한 정의
public static final String MODULE = "env";
public static final String MEMORY = "memory";

public static final String OPA_ABORT = "opa_abort";
public static final String OPA_BUILTIN0 = "opa_builtin0";
public static final String OPA_BUILTIN1 = "opa_builtin1";
public static final String OPA_BUILTIN2 = "opa_builtin2";
public static final String OPA_BUILTIN3 = "opa_builtin3";
public static final String OPA_BUILTIN4 = "opa_builtin4";
public static final String OPA_PRINTLN = "opa_println";
```

OPA 웹어셈블리 모듈에서 외부에서 호출할 수 있도록 익스포트하는 함수들의 이름을 정의하면 다음과 같다.

```
// OPA WASM 익스포트를 위한 정의
public static final String OPA_MALLOC = "opa_malloc";
public static final String OPA_HEAP_PTR_GET = "opa_heap_ptr_get";
public static final String OPA_HEAP_PTR_SET = "opa_heap_ptr_set";
public static final String OPA_JSON_DUMP = "opa_json_dump";
public static final String OPA_JSON_PARSE = "opa_json_parse";
public static final String OPA_EVAL_CTX_NEW = "opa_eval_ctx_new";
public static final String OPA_EVAL_CTX_SET_INPUT = "opa_eval_ctx_set_input";
public static final String OPA_EVAL_CTX_SET_DATA = "opa_eval_ctx_set_data";
public static final String OPA_EVAL_CTX_GET_RESULT = "opa_eval_ctx_get_result";
public static final String BUILTINS = "builtins";
public static final String EVAL = "eval";
public static final String ENTRYPOINTS = "entrypoints";
public static final String OPA_EVAL_CTX_SET_ENTRYPOINT = "opa_eval_ctx_set_
entrypoint";
public static final String OPA_FREE = "opa_free";
public static final String OPA_VALUE_PARSE = "opa_value_parse";
public static final String OPA_VALUE_DUMP = "opa_value_dump";
public static final String OPA_VALUE_ADD_PATH = "opa_value_add_path";
public static final String OPA_VALUE_REMOVE_PATH = "opa_value_remove_path";
}
```

OPA에서 익스포트하는 함수들의 타입과 설명은 공식 문서 https://www.openpoli
cyagent.org/docs/latest/wasm/#exports에서 확인할 수 있다. 공식 문서에 설명된 함
수들을 자바 인터페이스로 옮겨보면 다음과 같다. 웹어셈블리 타입은 주소와 에러 코드에
대해서 모두 32비트 정수 타입을 사용하지만 정수 타입을 사용하면 혼동이 있을 수 있으
므로 메모리 주소는 int 변수를 내부에 가진 OPAAddr 클래스로 정의했고, OPAErrorCode는
열거형(enum)으로 정의했다. 이 인터페이스를 OPA 웹어셈블리 코드와 연결하는 방법은
사용하는 웹어셈블리 런타임에서 제공하는 API에 따라 달라진다.

```java
public interface OPAExportsAPI {
    public OPAErrorCode eval(OPAAddr ctxAddr);

    public OPAAddr builtins();

    public OPAAddr entrypoints();

    public OPAAddr opaEvalCtxNew();

    public void opaEvalCtxSetInput(OPAAddr ctxAddr, OPAAddr inputAddr);

    public void opaEvalCtxSetData(OPAAddr ctxAddr, OPAAddr dataAddr);

    public void opaEvalCtxSetEntryPoint(OPAAddr ctxAddr, int entrypoint_id);

    public OPAAddr opaEvalCtxGetResult(OPAAddr ctxAddr);

    public OPAAddr opaMalloc(int bytes);

    public void opaFree(OPAAddr addr);

    public OPAAddr opaJsonParse(OPAAddr addr, int jsonLength);

    public OPAAddr opaValueParse(OPAAddr addr, int jsonLength);

    public OPAAddr opaJsonDump(OPAAddr valueAddr);
```

```java
    public OPAAddr opaValueDump(OPAAddr valueAddr);

    public void opaHeapPtrSet(OPAAddr addr);

    public OPAAddr opaHeapPtrGet();

    public OPAErrorCode opaValueAddPath(OPAAddr baseValueAddr, OPAAddr pathValueAddr,
OPAAddr valueAddr);

    public OFAErrorCode opaValueRemovePath(OPAAddr baseValueAddr, OPAAddr
pathValueAddr);
}
```

정의된 인터페이스를 살펴보면 웹어셈블리는 문자열 등 데이터를 직접 전달하지 않고 메모리 주소로 전달하고 있음을 볼 수 있다. 메모리 주소에서 데이터를 처리하는 방법은 구현 부분에서 다룬다.

웹어셈블리 런타임 연동

웹어셈블리를 위한 런타임으로 wasmtime(https://wasmtime.dev/)을 사용했다. wasmtime은 러스트로 작성된 웹어셈블리 런타임으로 러스트, 파이썬, 닷넷, Go, C 언어를 위한 바인딩을 공식 프로젝트를 통해 제공하며 자바 등 다른 언어에 대한 바인딩은 공식 프로젝트에서 직접 관리하지 않지만 외부 기여자들이 관리하는 다양한 프로젝트가 존재한다. 자바의 경우 wasmtime-java라는 이름으로 https://github.com/kawamuray/wasmtime-java와 https://github.com/bluejekyll/wasmtime-java 두 가지가 존재하며 이름만 동일할 뿐 서로 다른 API를 제공한다.

이 책의 OPA 웹어셈블리 자바 SDK 구현에서는 OPA env 모듈을 웹어셈블리 런타임에 연결하는 기능을 구현하기 위한 임포트 기능을 제공하는 https://github.com/kawamuray/wasmtime-java를 사용한다. 독자들이 다른 웹어셈블리 런타임을 사용하기를 원한다면 자바 바인딩에서 우선 임포트 기능이 제공되는지 확인해야 한다. wasmtime과 다른 인기 있는 런타임인 wasmer의 경우에도 Wasmer Java(https://github.com/wasmerio/wasmer-java)
가 임포트 기능을 제공하지 않으므로 사용할 수 없는 점도 참조하기 바란다.

SDK를 위한 메이븐 설정 파일은 다음과 같다. wasmtime-java, OPA 번들에서 바로
wasm 파일을 읽기 위한 commons-compress, JSON 파싱을 위한 org.json, 단위 테스트를
위한 junit을 포함했고 자바 버전은 1.8로 설정했다.

```xml
<project xmlns="http://maven.apache.org/POM/4.0.0" xmlns:xsi="http://www.w3.org/2001/
XMLSchema-instance"
  xsi:schemaLocation="http://maven.apache.org/POM/4.0.0 https://maven.apache.org/xsd/
maven-4.0.0.xsd">
  <modelVersion>4.0.0</modelVersion>
  <groupId>io.github.sangkeon</groupId>
  <artifactId>opa-wasm</artifactId>
  <version>0.1</version>
  <properties>
      <maven.compiler.target>1.8</maven.compiler.target>
      <maven.compiler.source>1.8</maven.compiler.source>
  </properties>
  <dependencies>
    <dependency>
        <groupId>io.github.kawamuray.wasmtime</groupId>
        <artifactId>wasmtime-java</artifactId>
        <version>0.4.0</version>
    </dependency>
    <dependency>
      <groupId>org.apache.commons</groupId>
      <artifactId>commons-compress</artifactId>
      <version>1.20</version>
    </dependency>
    <dependency>
        <groupId>org.json</groupId>
        <artifactId>json</artifactId>
        <version>20201115</version>
    </dependency>
    <dependency>
```

```
      <groupId>junit</groupId>
      <artifactId>junit</artifactId>
      <version>4.13.2</version>
      <scope>test</scope>
    </dependency>
  </dependencies>
</project>
```

wasmtime을 초기화하고 env 모듈을 구현해서 wasmtime에 연결해 보자. 관련된 구현은 소스
코드의 OPAModule.java 파일에서 생성자 부분을 살펴보자.

```
public OPAModule(String filename) {
    store = new Store();
    engine = store.engine();
    module = Module.fromFile(engine, filename);

    linker = new Linker(store);

    initImports();

    wasi = new Wasi(store, new WasiConfig(new String[0], new PreopenDir[0]));
    wasi.addToLinker(linker);

    String modulename = "policy";

    linker.module(modulename, module);

    exports = OPAExports.getOPAExports(linker, modulename);

    _baseHeapPtr = exports.opaHeapPtrGet();
    _dataHeapPtr = _baseHeapPtr;
    _dataAddr = loadJson("{}");

loadBuiltins();
  }
```

Store, Module, Linker, Wasi 등 클래스는 wasmtime에서 제공하는 클래스다. 코드를 살펴보면 우선 wasmtime 스토어와 엔진을 초기화한 후 웹어셈블리 파일(wasm 확장자)을 읽어 모듈을 초기화한다. initImports() 부분은 메모리와 함수를 담은 객체를 만들어서 링커에 연결하는 데 자세한 내용은 곧 설명한다. 그 다음은 WASI를 초기화하고 링커를 추가하고 링커에 모듈을 연결하는 과정을 수행한다. OPAExports.getOPAExports는 링커와 모듈 이름을 넘겨받아 앞서 정의한 OPA에서 익스포트하는 함수들을 호출할 수 있도록 OPAExports 인터페이스를 구현한 인스턴스를 리턴한다. 이 부분도 곧 더 자세히 살펴본다. 다음 부분은 익스포트된 웹어셈블리 API를 활용해 메모리를 초기화하고 아무 내용도 없는 빈 객체로 데이터를 초기화하는 부분이다. 이 부분은 웹어셈블리로 익스포트된 API를 자바 코드에서 호출한다는 점을 제외하고는 npm-opa-wasm 등 다른 OPA 웹어셈블리 SDK와 동일한 로직이다. 마지막 loadBuiltins()는 OPA에서 웹어셈블리로 구현하지 않아 SDK에서 구현해야 실행할 수 있는 내장 함수 목록을 로딩하는 코드다.

initImports() 부분을 살펴보면 다음과 같다. 생략된 부분이 많으니 전체 코드는 소스 코드를 참조하기 바란다.

```
private void initImports() {
    memory = new Memory(store, new MemoryType(new MemoryType.Limit(2)));

    Extern opamemory = Extern.fromMemory(memory);

    linker.define(OPAConstants.MODULE, OPAConstants.MEMORY, opamemory);

    builtin2 = WasmFunctions.wrap(store, I32, I32, I32, I32, I32,
        (builtinId, opaCtxReserved, addr1, addr2) -> {
            return 0;
        }
    );

    Extern opabuiltin2 = Extern.fromFunc(builtin2);

    linker.define(OPAConstants.MODULE, OPAConstants.OPA_BUILTIN2, opabuiltin2);
```

```
    }
```

코드의 내용은 메모리나 함수 객체를 만든 다음 생성된 객체를 참조하는 Extern 객체를 생성한 후 링커에 모듈 이름과 메모리/함수 이름, Extern 객체를 사용해서 메모리/함수를 정의해 준다. MemoryType.Limit은 처음에 초기화할 메모리 페이지의 수를 인자로 받는데 OPA 데이터나 정책이 복잡하다면 처음에 좀 더 큰 값을 지정해도 된다. 메모리가 더 필요하면 내부에서 grow 호출을 통해 필요한 만큼 더 할당된다.

WasmFunctions.wrap()의 첫 번째 인자는 wasmtime을 초기화할 때 생성한 스토어이며 그 다음에는 인자들의 타입과 람다 함수를 넘겨받는다. 자세히 살펴보면 인자들 타입의 수가 람다 함수의 인자 수보다 하나 많은 것을 알 수 있는데 마지막 타입은 함수 리턴값의 타입이다. 웹어셈블리로 구현할 수 없는 내장 함수를 사용하는 등 특별한 경우가 아니면 env 모듈의 임포트 함수들은 구현하지 않아도 동작에 문제가 없고 이 SDK는 자바에서 웹어셈블리로 컴파일된 정책이 실행된다는 점을 설명하기 위한 것이므로 임포트 함수들은 구현하지 않고 단순히 0을 리턴했다.

이번에는 OPAExports 클래스의 구현을 살펴보자. 내용을 살펴보면 다음과 같으며 전체 코드가 유사한 패턴을 가지므로 일부만 발췌했다.

```
public class OPAExports implements OPAExportsAPI, Disposable {
    private Linker linker;

    private Func opaHeapPtrSetFn = null;
    private Func opaJsonDumpFn = null;

    private OPAExports(Linker linker, String moduleName) {
        this.linker = linker;

        initFns(moduleName);
    }

    public static OPAExportsAPI getOPAExports(Linker linker, String moduleName) {
```

```java
        return new OPAExports(linker, moduleName);
    }

    public void initFns(String moduleName) {
        opaHeapPtrSetFn = linker.getOneByName(moduleName, OPAConstants.OPA_HEAP_PTR_
SET).func();
        opaJsonDumpFn = linker.getOneByName(moduleName, OPAConstants.OPA_JSON_DUMP).
func();
    }

    public void disposeFns() {
        if(opaHeapPtrSetFn != null) {
            opaHeapPtrSetFn.dispose();
            opaHeapPtrSetFn = null;
        }

        if(opaJsonDumpFn != null) {
            opaJsonDumpFn.dispose();
            opaJsonDumpFn = null;
        }
    }

    public void dispose() {
        disposeFns();
    }

    @Override
    public void opaHeapPtrSet(OPAAddr addr) {
        WasmFunctions.Consumer1<Integer> opa_heap_ptr_set = WasmFunctions.consumer
(opaHeapPtrSetFn, I32);
        opa_heap_ptr_set.accept(addr.getInternal());
    }

    @Override
    public OPAAddr opaJsonDump(OPAAddr valueAddr) {
        WasmFunctions.Function1<Integer, Integer> opa_json_dump = WasmFunctions.func
(opaJsonDumpFn, I32, I32);
        int strAddr  = opa_json_dump.call(valueAddr.getInternal());
```

```
        return OPAAddr.newAddr(strAddr);
    }
}
```

클래스 생성자에서는 initFns를 호출하는데 OPA에서 익스포트하는 함수들을 링커의 getOneByName()을 호출해 Func 객체들을 받아온다. Func 클래스는 wasmtime-java에서 함수를 추상화하기 위해 정의한 것이다. 함수가 여러 번 호출될 수 있으므로 Func 객체는 참조를 클래스에 저장하고 재사용한다.

@Override 어노테이션이 붙은 함수들은 앞서 정의했던 자바 인터페이스에서 선언한 함수들이다. 구현을 보면 Func 객체와 타입을 WasmFunctions.func()에 인자로 전달해서 함수를 생성하는데 WasmFunctions.FunctionX는 인자가 X개이고 리턴값이 있는 함수이며 WasmFunctions.ConsumerX는 인자가 X개이고 리턴값이 없는(void 타입) 함수다. 웹어셈블리에서 정의한 함수는 int형을 리턴하기 때문에 주소를 담은 OPAAddr 타입으로의 변환을 위해 OPAAddr.newAddr()를 호출했다. 소스 코드 전체를 참조하면 다른 함수들도 유사한 패턴으로 구현된 것을 확인할 수 있다.

마지막으로 Func 객체는 사용이 끝나면 dispose()를 호출해서 해제해 줘야 하는데 OPAExports 객체가 wasmtime-java의 Disposable 인터페이스를 구현하도록 해서 dispose() 함수의 생성자에서 할당한 Func 객체들에 대해 dispose()를 호출하도록 했다. wasmtime-java의 Disposable은 자바의 Closable 인터페이스를 확장하므로 OPAExports 객체를 try 블록 내에서 사용할 수 있다. OPAExports 객체 사용이 끝나면 dispose()를 호출하면 할당한 Func 객체들을 정리할 수 있다.

SDK API 구현

OPA에서 익스포트한 API들을 활용해 SDK를 위한 API를 작성해 보자. 우선 OPAAddr로 반환된 주소에서 메모리값을 읽어 문자열로 변환하는 기능을 구현해 보자.

```
private String dumpJson(OPAAddr addrResult) {
    OPAAddr addr = exports.opaJsonDump(addrResult);
    return decodeNullTerminatedString(memory, addr);
}
```

dumpJson() 함수는 OPA 익스포트 함수들이 리턴한 주소 값을 받아서 exports.opaJson
Dump()를 호출한다. opaJsonDump의 결과도 OPAAddr 타입으로 리턴되는데 해당 주소에서
메모리를 복사하기 위한 decodeNullTerminatedString(Memory memory, OPAAddr addr)를 구
현했다.

```
private static String decodeNullTerminatedString(Memory memory, OPAAddr addr) {
    int internalAddr = addr.getInternal();
    int end = internalAddr;

    ByteBuffer buf = memory.buffer();

    while(buf.get(end) != 0) {
        end++;
    }

    int size = end - internalAddr;

    byte[] result = new byte[size];

    for(int i = 0; i < size; i++) {
        result[i] = buf.get(internalAddr + i);
    }

    return new String(result);
}
```

Memory는 wasmtime-java에서 제공하는 클래스이며 메모리 할당은 웹어셈블리 모듈에 임포
트로 연결할 env 모듈에서 할당하고 링커로 연결했었다. Memory 객체에 대해 getBuffer()
를 호출하면 자바 ByteBuffer 클래스를 리턴받을 수 있고 OPA 웹어셈블리 모듈에서 리

턴하는 주소를 ByteBuffer에 대한 오프셋으로 사용하면 메모리값을 읽을 수 있다. 문자열을 읽기 위해 NULL 문자를 만날 때까지 오프셋을 증가시키면서 문자열의 마지막 위치를 찾고 바이트 배열을 할당해서 복사했다. 마지막으로 바이트 배열을 문자열 생성자에 넘겨 문자열을 생성하고 리턴했다.

이번에는 반대로 SDK에서 메모리를 할당해 JSON 문자열을 웹어셈블리 모듈로 전달하는 부분을 구현해 보자. 먼저 Memory 객체에 문자열을 쓰는 코드를 작성하면 다음과 같다.

```java
private OPAAddr writeString(Memory memory, String string) {
    byte[] stringBytes = string.getBytes();

    OPAAddr addr = exports.opaMalloc(stringBytes.length);

    ByteBuffer buf = memory.buffer();

    int internalAddr = addr.getInternal();

    for(int i = 0; i < stringBytes.length; i++ ) {
        buf.put(internalAddr + i, stringBytes[i]);
    }

    return addr;
}
```

먼저 문자열을 바이트 배열로 변환하고 바이트 배열의 길이만큼 OPAMalloc으로 메모리를 할당해서 메모리 주소를 받는다. 그 후 Memory 객체에서 ByteBuffer를 받아 OPAMalloc에서 리턴한 주소를 시작점으로 바이트 배열의 길이만큼 ByteBuffer에 put()을 호출하면 된다.

JSON 파일을 메모리에 로딩하고 정확히 로딩됐는지 파싱해 보는 함수를 구현해 보면 다음과 같다.

```java
public OPAAddr loadJson(String json) {
    OPAAddr addr = writeString(memory, json);
```

```
        OPAAddr parseAddr = exports.opaJsonParse(addr, json.length());

        if (parseAddr.isNull()) {
            throw new NullPointerException("Parsing failed");
        }

        return parseAddr;
    }
```

writeString()을 호출해 문자열을 쓰고 주소를 받아온 다음 exports.opaJsonParse를 호출
해 OPA에서 사용할 수 있는 JSON 형식인지 파싱한다. 파싱에 실패하면 예외를 리턴하고
예외가 없으면 메모리 주소를 리턴한다.

마지막 SDK에서 제공하는 함수 중 가장 복잡한 함수인 evaluate() 함수를 살펴보자.

```
    public String evaluate(String json) {
        exports.opaHeapPtrSet(_dataHeapPtr);

        OPAAddr inputAddr = loadJson(json);

        OPAAddr ctxAddr = exports.opaEvalCtxNew();
        exports.opaEvalCtxSetInput(ctxAddr, inputAddr);
        exports.opaEvalCtxSetData(ctxAddr, _dataAddr);

        exports.eval(ctxAddr);

        OPAAddr resultAddr = exports.opaEvalCtxGetResult(ctxAddr);
        return dumpJson(resultAddr);
    }
```

평가에 앞서 데이터 힙 포인터를 초기화하고 입력으로 사용할 JSON을 로딩한다. 그 후 평
가를 위한 콘텍스트를 생성한 후 입력과 데이터를 설정한다. 마지막으로 평가를 수행하고
평가 결과를 JSON으로 받아서 반환한다. SDK 내부에서 구현된 함수들은 웹어셈블리 호

출과 바인딩하는 방법만 다를 뿐 로직은 거의 동일하다.

OPA 웹어셈블리 자바 SDK 사용 예제

현재 SDK를 메이븐 저장소에 업데이트하지 않았으므로 java-opa-wasm 디렉터리로 이동
후 mvn install을 실행해서 SDK를 로컬로 설치하자. 라이브러리 설치가 끝나면 예제 프로
그램에서 사용할 pom.xml을 다음과 같이 작성하자.

〈chap11/java-opa-wasm-example/pom.xml〉

```xml
<project xmlns="http://maven.apache.org/POM/4.0.0" xmlns:xsi="http://www.w3.org/2001/
XMLSchema-instance"
  xsi:schemaLocation="http://maven.apache.org/POM/4.0.0 https://maven.apache.org/xsd/
maven-4.0.0.xsd">
  <modelVersion>4.0.0</modelVersion>
  <groupId>io.github.sangkeon</groupId>
  <artifactId>opa-wasm-exam</artifactId>
  <version>0.1</version>
  <properties>
      <maven.compiler.target>1.8</maven.compiler.target>
      <maven.compiler.source>1.8</maven.compiler.source>
  </properties>
  <dependencies>
    <dependency>
        <groupId>io.github.sangkeon</groupId>
        <artifactId>opa-wasm</artifactId>
        <version>0.1</version>
    </dependency>
  </dependencies>
  <build>
    <plugins>
      <plugin>
        <groupId>org.codehaus.mojo</groupId>
        <artifactId>exec-maven-plugin</artifactId>
        <version>1.6.0</version>
        <configuration>
            <mainClass>Main</mainClass>
```

```
            </configuration>
        </plugin>
    </plugins>
  </build>
</project>
```

설치한 opa-wasm 라이브러리의 0.1 버전을 참조했고, mvn 명령으로 예제를 쉽게 실행할 수 있도록 exec 플러그인을 추가했다.

npm-opa-wasm SDK를 설명할 때 사용했던 코드를 자바로 옮겨보면 다음과 같다. 다음 내용을 src/main/Main.java로 저장하자.

⟨chap11/java-opa-wasm-example/src/main/Main.java⟩

```
import io.github.sangkeon.opa.wasm.OPAModule;

public class Main {
    public static void main(String[] args) {
        try (
            OPAModule om = new OPAModule("./sample-policy/wasm/policy.wasm");
        ) {
            String input = "{\"user\": \"john\"}";
            String data = "{\"role\":{\"john\":\"admin\"}}";

            om.setData(data);

            String output = om.evaluate(input);
            System.out.println("Result=" + output);
        }
    }
}
```

코드를 저장한 후 메이븐으로 컴파일하고 실행해 보면 다음과 같이 예상한 결과를 얻을 수 있다.

```
$ mvn compile exec:java
... <중략> ...
Result=[{"result":true}]
[INFO] ------------------------------------------------------------------------
[INFO] BUILD SUCCESS
[INFO] ------------------------------------------------------------------------
[INFO] Total time:  1.097 s
[INFO] Finished at: 2021-03-08T18:17:14+09:00
[INFO] ------------------------------------------------------------------------
```

자바 SDK를 구현할 때 bundle.tar.gz에 내장된 policy.wasm과 data.json을 로딩하는 기능을 함께 구현했다. 해당 코드는 첨부된 소스를 참조하기 바라며 번들을 이용한 예제는 다음과 같다.

〈chap11/java-opa-wasm-example/src/main/BundleMain.java〉

```java
import io.github.sangkeon.opa.wasm.Bundle;
import io.github.sangkeon.opa.wasm.BundleUtil;
import io.github.sangkeon.opa.wasm.OPAModule;

public class BundleMain {
    public static void main(String[] args) {
        try {
            Bundle bundle = BundleUtil.extractBundle("./sample-policy/bundle/bundle.
tar.gz");

            try (
                OPAModule om = new OPAModule(bundle);
            ) {
                String input = "{\"user\": \"alice\"}";
                String output = om.evaluate(input);

                System.out.println("Result=" + output);
            }

        } catch(Exception e) {
            e.printStackTrace();
```

```
        }
    }
}
```

데이터를 bundle.tar.gz에서 로딩하므로 setData()를 호출하지 않았지만 번들 데이터를 사용하지 않고 새로운 데이터를 사용하고 싶다면 setData()를 호출하면 된다. 코드를 실행하려면 pom.xml의 mainClass만 BundleMain으로 변경하고 실행하면 된다.

OPA 웹어셈블리 SDK와 내장 함수

SDK에서 구현해야 할 내장 함수 확인

일부 내장 함수는 SDK가 구현해야 하며 나머지 내장 함수는 OPA에서 웹어셈블리로 작성해서 제공한다. 어떤 함수가 제공되는지, 어떤 함수를 SDK에서 구현해야 하는지를 확인하려면 OPA 공식 문서의 내장 함수 관련 부분(https://www.openpolicyagent.org/docs/latest/policy-reference/#built-in-functions)을 참조하면 된다.

그림 11-1 OPA 공식 문서의 내장 함수 웹어셈블리 지원 여부 표시

그림 11-1과 같이 OPA에서 웹어셈블리로 작성해서 제공하는 함수는 Wasm Support 항목에 녹색 체크 표시가 있고 SDK가 구현해야 할 함수는 SDK-dependant로 표시된다.

SDK를 통해 호출할 내장 함수 목록 초기화

OPAModule 클래스의 생성자의 마지막 부분에서 loadBuiltins()를 호출했었다. 이 함수와 관련된 구현을 살펴보면 다음과 같다.

```java
private Map<Integer, String> builtinFunc = new HashMap<>();

public void loadBuiltins() {
    builtinFunc.clear();

    OPAAddr builtinaddr = exports.builtins();

    if(!builtinaddr.isNull()) {
        String jsonString = dumpJson(builtinaddr);

        JSONObject jObject = new JSONObject(jsonString);

        Iterator<String> iter = jObject.keys();

        while(iter.hasNext()) {
            String key = iter.next();
            int val = jObject.getInt(key);

            builtinFunc.put(val, key);
        }
    }
}

public String getFuncName(int id) {
    return builtinFunc.get(id);
}
```

이 함수는 OPA에서 익스포트하는 builtins() 함수를 호출해서 OPA 웹어셈블리 모듈에서 제공하지 않지만 호출하는 내장 함수의 목록(즉 SDK에서 구현돼야 할 내장 함수 목록)을 JSON으로 전달받는다. 다른 OPA 익스포트 함수와 마찬가지로 메모리 주소를 리턴하기 때문에 dumpJson()을 호출해 문자열을 읽어와야 한다. 읽어온 JSON 문서는 {"urlquery. encode":0, "http.send":1},처럼 키가 내장 함수 이름이고 값이 32비트 정수 아이디다. 내장 함수가 호출될 때에는 이 32비트 정수 아이디를 사용해 호출하므로 정수 아이디를 키로 하고 함수 이름을 값으로 하는 HashMap에 저장한다. getFuncName(int id)를 호출하면 코드에서 호출한 함수의 이름을 알 수 있고 찾을 수 없다면 null이 리턴된다.

내장 함수 구현 예시

내장 함수를 한 번 구현해 보자. OPA 공식 문서의 SDK가 구현해야 할 함수 중 구현이 쉬운 urlquery.encode를 구현해 보자. 구현한 코드는 다음과 같다.

```
builtin1 = WasmFunctions.wrap(store, I32, I32, I32, I32,
    (builtinId, opaCtxReserved, addr1) -> {
        String funcName = getFuncName(builtinId);

        if(funcName == null) {
            throw new UnsupportedException("builtin function builtinId=" +
builtinId + " not supported");
        }

        String arg1 = dumpJson(OPAAddr.newAddr(addr1));

        switch (funcName) {
            case "urlquery.encode":
                String unquoted = arg1.substring(1, arg1.length() - 1);
                String result = arg1.charAt(0) + java.net.URLEncoder.encode
(unquoted)
                    + arg1.charAt(arg1.length()-1);

                return loadJson(result).getInternal();
            default:
                break;
```

```
        }

        return 0;
    }
);
```

urlquery.encode는 단일 문자열 인자를 받는다. 인자 수가 하나이므로 builtin1 익스포
트 함수 내부에 구현해야 한다. 앞서 설명한 getFuncName(builtinId)를 호출해서 함수
의 이름을 받아온 다음 함수 이름에 switch문을 적용해서 매칭되는 경우 해당 로직을 구
현했다. 인자는 모두 주소로 넘어오는데 dumpJson()으로 해당 주소의 문자열을 읽어올
수 있다. dumpJson은 JSON만 읽어올 수 있는 것이 아니고 앞서 내장 함수 구현에서 설명
했던 AstTerm 형식과 유사한 표현을 문자열로 읽어올 수 있다. 인자가 문자열 형식으로
호출됐다면 따옴표로 둘러싸인 문자열 표현이 전달된다. 따옴표를 제거한 후 java.net.
URLEncoder.encode()를 호출해 값을 처리한 후 다시 따옴표를 앞뒤로 추가해 준다. 결과 문
자열은 loadJson을 호출해서 메모리에 읽어 저장한 후 주소를 리턴한다.

사용자 내장 함수 구현

OPA 공식 문서에서 SDK에서 구현해야 한다고 표시된 함수들은 builtinX 익스포트 함수
들을 구현하면 구현할 수 있음을 확인했다. 사용자가 정의한 내장 함수들도 호출할 수 있
을까? 호출하려면 어떻게 해야 할까? 우선 사용자 정의 내장 함수들이 Go 코드로 기존
OPA를 확장해서 구현돼야 한다. 그렇지 않으면 OPA에서 wasm으로 컴파일할 때 찾을 수
없어 컴파일이 되지 않는다. 일단 컴파일이 되면 builtins() API 함수와 목록을 알 수 있
고 내장 함수가 호출될 때 builtinsX() 함수가 호출되므로 인자 수 X에 적합한 builtinsX()
함수 내부에서 함수 이름이 매칭되면 해당 함수를 기본 내장 함수와 동일한 방식으로 구
현해서 호출하면 된다.

▌정리

11장에서는 웹어셈블리를 활용해 OPA 정책을 컴파일하고 다양한 플랫폼에서 사용하는 방법을 다뤘다. 먼저 공식적으로 제공되는 자바 스크립트를 위한 OPA 웹어셈블리 SDK인 npm-opa-wasm을 사용하는 방법을 설명했다. 또 국내에서 널리 사용되는 자바 환경에서 OPA 웹어셈블리를 사용할 수 있도록 자바 SDK를 간단히 제작하고 자바로 OPA 정책을 활용하는 예제를 설명했다. 현재는 OPA의 웹어셈블리 구현이 완벽하다고 볼 수는 없지만 좀 더 시간이 지나면 다양한 개발 언어에서 별도의 서버 없이 OPA를 안정적으로 잘 활용할 수 있을 것으로 기대되며 11장에서 그 가능성을 확인할 수 있었다.

찾아보기

OPA 시작하기

클라우드 네이티브 애플리케이션과 마이크로서비스를 위한 정책, 권한 엔진

발 행 | 2021년 7월 28일

지은이 | 이 상 근

펴낸이 | 권 성 준
편집장 | 황 영 주
편 집 | 이 지 은
디자인 | 윤 서 빈

에이콘출판주식회사
서울특별시 양천구 국회대로 287 (목동)
전화 02-2653-7600, 팩스 02-2653-0433
www.acornpub.co.kr / editor@acornpub.co.kr

책값은 뒤표지에 있습니다.